JN246497

第3世代の
サービスイノベーション

小坂満隆 編

第3世代のサービスイノベーション研究会 著

社会評論社

まえがき

　21 世紀に入り、世界的にサービスの重要性が認識されるようになってきた。特に、サービス・ドミナント・ロジックが発表されて以来、サービスは、関与者の価値共創であり、関連する様々なリソース統合によって実現されるとする捉え方が注目を集めている。そして、サービスは、既存のサービス産業だけでなく、製造業や情報産業など様々な産業で重要性が認識されるようになった。また、産業のみならず、地域社会や高齢化社会の課題解決に向けてサービス価値共創の考え方が応用されるようになり、様々な分野でサービスイノベーションが期待されている。

　これまでのサービスイノベーションの歴史を見ると、情報技術の進展と大きな関係があることがわかる。すなわち、サービスイノベーションは、情報技術の進展と同期をとりながら進展してきた。第 1 世代のサービスイノベーションは、イントラネットに対応している。企業情報システムで収集した顧客データ、売り上げデータなどのデータベースのデータやイントラネットのネットワーク環境を利用して、サービス価値創造を行った。ここでは、セブンイレブンの POS システムを活用したサービスなどが典型的な成功事例である。第 2 世代のサービスイノベーションは、インターネットに対応している。24 時間／365 日、世界とつながっているインターネットによって、様々な新しいサービスが出現してきた。具体的にはロングテールビジネス、Airbnb などのサービスマッチングビジネス、など多くの事例があげられる。

　情報技術の進展を考えると、現在は IoT（Internet of Things）や AI（Artificial intelligence）などが盛んに議論されている。これらの技術は、人と人がネットワークでつながれたインターネットとは本質的に異なる新たな機能を提供している。これらの新しい技術が、サービス・ドミナント・ロジックのような新たなサービス論理と結びついて、新たな分野で、第 1 世代、第 2 世代とは違った形の新しいサービスイノベーションを起こすと考えられている。これを、第 3 世代のサービスイノベーションと呼ぶことにする。

この第 3 世代のサービスイノベーションはどのようなものなのか？　これに対して、北陸先端科学技術大学院大学 iMOST コースの小坂研究室の社会人学生と電気学会サービスイノベーション調査専門委員会のメンバが第 3 世代のサービスイノベーション研究会を構成し、サービスシステム、サービス価値、サービスへ応用できる新たな技術、新たなビジネスとそこにおけるリスク、サービスの共創、などのテーマに関して検討を行った。本書は、研究会メンバが第 3 世代のサービスイノベーションに対する検討を行った結果をまとめたものである。アイデアが主体で、十分な体系化や実証はこれからの課題であるが、サービスイノベーションの新しい方向性を考える方々に興味をもっていただければ、幸甚である。

　本書の基本構想は、科研費（No.15K00436）に支援された研究であり、ここに謝意を表する。

（小坂満隆）

目　次

1 第3世代のサービスイノベーション

1.1 情報技術はサービスを変革してきた

　これまで、情報通信技術（以下、ICT：Information communication technology）の進展は、様々なサービスの変革に寄与してきた。過去の多くのサービスイノベーション事例を見れば、ICT が顧客にとってのサービス価値を向上するのに大きな役割を果たしてきたといえる。そして、第1世代のイントラネットワーク、第2世代のインターネットワークと発展を遂げてきた ICT は、IoT（Internet of Things）や Deep learning の登場により、新たなステージに入りつつある。このような ICT の革新は、必然的に様々な分野におけるサービスの変革につながる。21 世紀に注目を集め始めた、製造業のサービス化、地域コミュニティにおけるサービス、医療・介護におけるサービス等の課題の解決が、新たな ICT を活用したサービスイノベーションと深くかかわってくると考えられる。サービスサイエンス研究は、人に対する価値創造を行うというサービスの本質を追求することであり、ICT の革新にともなって、サービスサイエンス研究も新たな方向性を見つけることが必然的な流れといえよう。

　本書では、第3世代のサービスイノベーションというコンセプトを導入し、サービスサイエンスの新たな研究開発の方向性を検討する。第1章では、まず、IT 技術とサービスイノベーションの歴史を俯瞰し、技術の大きな革新、サービス研究の応用対象、ビジネスにおける価値創造方法論が、サービスイノベーションに大きく関係していることを示す。次に、第3世代のサービスイノベーションにおけるサービス価値創造のメカニズムをサービスシステムと捉え、ICT が顧客の価値創造にどういう役割を果たすのかを考察する。サービスシステムは、システムサイエンスの観点からすると、第3世代のシステムサイエンスと考えることもできる。さらに、本章の最後に、本書の構成に関して概説する。

1.2 サービスイノベーションを3世代で捉える

　これまでのサービスイノベーションをICTの進展に対応させると、図1.1のように、3世代のサービスイノベーションとして整理できる。

　第1世代は、ICTとしてイントラネットシステムを前提とし、既存のサービスビジネスを対象にしたサービスイノベーションである。第1世代のサービスイノベーションは、オペレーションズリサーチとマネジメントを中心とするサービスマーケティングの研究成果と、イントラネットのICT、特にオンラインシステムと顧客データベース、販売データベースによって実現されている。非常に多くの事例があるが、代表的な事例として、金融オンラインサービス、セブンイレブンのPOS活用システム、航空会社のイールドマネジメントシステムなどがある。

　これらのサービスでは、提供するサービスとそれを利用する顧客層が明確である。ICTを使うことによって、顧客のデータを集め、これを分析すれば、顧客のコンテキストを深く理解でき、提供するサービスと顧客ニーズとの関係性をより正確につかむことができる。ICTにより、販売データや顧客データを集めれば、データ処理をすることによってそれが可能になる。セブンイレブンのPOS活用事例では、POSによる売り上げデータを分析した。航空会社のイールドマネジメント事例では、季節ごとの顧客の利用実績を利用して、各顧客層のニーズを把握した。ICT

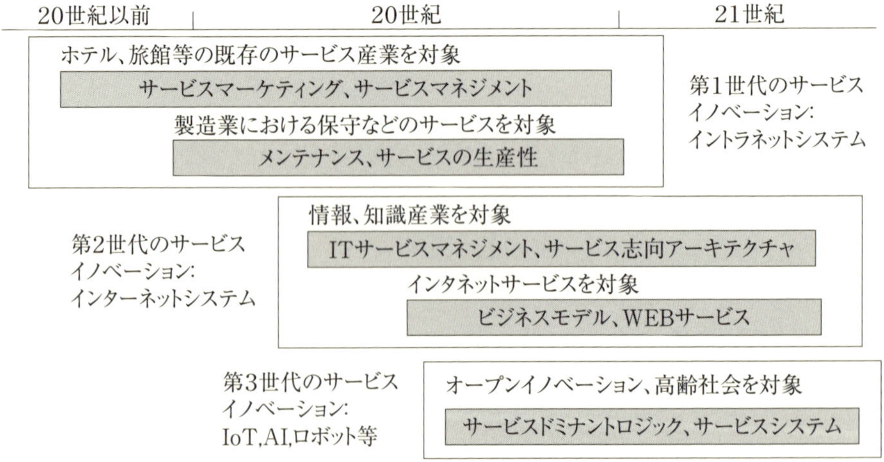

図1.1　3世代のサービスイノベーション

を活用して、提供するサービスとそれを必要とする顧客との関係性をしっかり把握し、これをサービス価値向上につなげている。

第2世代のサービスイノベーションでは、ICTとしてインターネットシステムが登場し、サービスが質的に変化した。24時間、365日、世界のどこにいてもサービス行為を実現でき、顧客とサービス提供者の価値創造が、実空間ではなく、ネットワークの中で行われるようになり、新たなサービスビジネスモデルが議論されるようになった。代表的な事例として、インターネットバンキング、ロングテールビジネス、サービスメディエータとしてのAirbnb、GoogleやYouTubeなどの情報サービスがある。

ここでは、インターネットの持つ特性、すなわち、時空間を拡張することによるサービスの拡張、新たにつなぐことによるサービス価値創造が起こってきた。ネットワークによって世界中がつながることになれば、これまで、見えていなかったサービス提供者とサービスを必要とする顧客をうまくつなぐことによって、新たな価値を創造するサービスビジネスを考えることができる。これは、サービスメディエータと呼ばれ、サービスの提供者とサービスを必要とする顧客の間で、価値創造につながるサービスをうまくマッチングするビジネスである。

第3世代のサービスイノベーションは、IoTやDeep learningに代表されるAIなどの新たなICTの出現により、まさにこれから始まろうとしている。また、サービス・ドミナント・ロジックのように、サービスを価値共創やリソースインテグレーションとして捉える、サービスに対する新たな考え方も登場している。第3世代のサービスイノベーションは、こうした流れの中で、新しい情報技術が顧客にとっての価値創造に対してどのような役割を果たすのかという本質的な課題を解決しなければならない。

1.3　第3世代のサービスイノベーションの3つの変革要因

ICTの変革だけでなく、21世紀のサービスを考える上で、これまでと大きく違う点は、サービス・ドミナント・ロジックなどの新たなサービス論理の登場や、少子高齢化や地方創生などの社会的な変化に応じた新たなサービスニーズの登場である。第3世代のサービスイノベーションにおいて、サービスを変革する3つの要因を概説する。

変革要因1：サービス・ドミナント・ロジック

　サービスに対する新たな考え方として、サービス・ドミナント・ロジック、SDL（Service Dominant Logic）が登場し、サービスは、顧客にとっての価値創造行為であり、すべてのビジネスの基本であるとする見方が生まれた。これは、製造業のサービス化や地域コミュニティサービスなど、今日的な課題を捉えるうえで、有効な考え方である。サービス・ドミナント・ロジックでは、サービス価値共創において、サービス提供者もサービス受容者も、リソースインテグレーターとして価値を共創するとしている。こうした新しいサービスに対する考え方が、従来のサービスの捉え方を変え、新たなサービスイノベーションを生み出す背景となっている。

変革要因2：情報技術

　リソースインテグレーションによるサービス価値創造を実現する背景となるICT技術が、IOT（Internet of Things）、Big Data、Deep learning、クラウドコンピューティングという新たな技術である。すべてのものがインターネットにつながることで、いろいろなデータが活用でき、それが様々なリソースインテグレーションにつながり、最適化を含め、新しい価値創造に結びつく。従来、技術開発の対象として扱われてきたIoT関連の技術が、サービスを変革する要因として経営学者やIT技術者から注目を集めている。新しいサービス研究と新しいICT技術は、新しいサービス価値創造に結びつき、インターネットの出現と同じように、サービスビジネスを革新するものと期待される。

変革要因3：サービスの新たな応用分野

　21世紀は、少子高齢化、グローバル化、環境問題の深刻化などの要因により、20世紀とは違った多くの課題が生じてきた。製造業のサービス化、高齢社会における医療・介護サービス、CO_2削減、など多くの課題の解決が望まれている。サービスは関与者による価値共創であるという考え方は、こうした今日的な課題を解決するものと期待されている。このような動きは、建設機械ビジネスにおけるIoTの活用、自治体におけるオープンデータの活用、高齢化社会におけるICT活用サービスなどのように、少しずつ現れ始めている。

　以上の3世代のサービスイノベーションは、情報技術、価値創造、ビジネス事例の視点から、表1.1のようにまとめることができる。

表1.1　3世代のサービスイノベーション

	情報技術	価値創造	ビジネス事例
第1世代	イントラネットデータベースネットワーク	ユーザニーズの把握（コンテキスト理解）	POS システム（セブンイレブン）イールド管理（American Airline）
第2世代	インターネット Web サービス情報検索	新たな顧客の把握（サービスマッチング）	サービスメディエータ（Airbnb）情報検索サービス（Google）
第3世代	IoT，ビッグデータ，AI,ロボット、クラウド環境	サービスシステムの最適化？	未来のビジネス

1.4　第3世代のサービスイノベーションにおけるサービス価値創造—サービスシステムからのアプローチ

1.4.1　サービスシステムの最適化

　サービスの価値は、そのサービスを必要とする度合（文脈、コンテキスト）とサービスとの関係性に依存する。いくらサービス品質の優れたサービスであっても、ユーザがそれを必要とするかどうかによってサービスの価値が異なる。すなわち、サービス価値は顧客の特性やそれを利用する状況（コンテキスト）によって変わるものである。サービス価値のこのような特徴に対して、第3世代のサービスイノベーションでは、ICT はどういう役割を果すべきかに関して考察する。

　第3世代のサービス価値創造は、サービス・ドミナント・ロジックで示されるように、リソースインテグレーションによる価値共創である。ここで、サービス価値は、サービス提供側のリソースインテグレーション、サービスを使用する側のリソースインテグレーションに基づく、双方の共創活動によって創造される。リソースインテグレーションによって、サービスを受ける側のコンテキストの理解がより深まり、サービスを提供する側では、変化するコンテキストに対応して新たなサービスを創造することが可能になる。サービス価値創造という視点で考えると、提供するサービスとそれを必要とするコンテキストの関係を、ICT を活用することにより最適な状態を保持することができることになる。

　サービス提供者とサービス利用者の関係をサービスシステムとして記述すれば、サービスシステムの目的である顧客のサービス価値創造の最大化のために、顧客の

コンテキストを IoT 等の手段で認識し、それに応じたサービスを Deep learning などの AI 技術を活用して最適化することになる。すなわち、第3世代のサービスイノベーションは、顧客の価値創造を、顧客の目的を最大化するサービスシステムの最適化の問題と捉えることができる。

1.4.2　第3世代のシステム科学

　システム科学は、第1世代のハードシステム科学、SSM（Soft System Methodology）に代表される第2世代のソフトシステム科学と進展を遂げてきた。サービスシステムは、図1.2に示すように、第3世代のシステム科学として位置づけることができる。第3世代のシステム科学は、要素間がインタラクティブに対応しながら、価値共創する成長システムと考えることができる。このサービスシステム上で、いかにしてサービス価値を最大化するかが課題である。サービスシステムを構成する要素として、センシングとしての IoT、予測のための BigData、最適化のための AI 等の様々な技術が活用され、サービスシステムの構成方法や最適化の方法が確立できれば、それをビジネスやコミュニティなどの応用分野へ展開して、新たなサービスイノベーションにつなげることが可能になる。

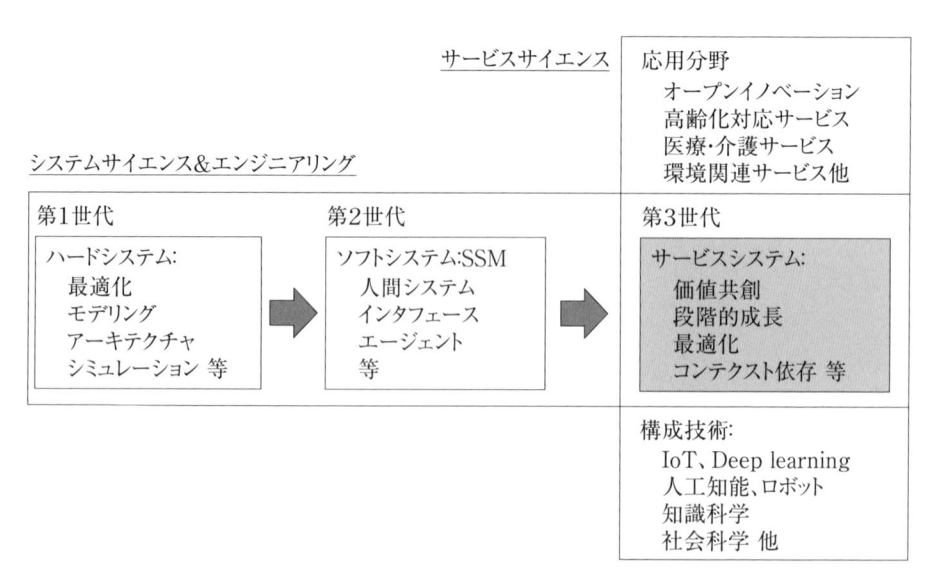

図1.2　サービスシステムの位置づけ

1.5 本書の構成

　本書は、前述の第3世代のサービスイノベーションというコンセプトを導入し、IoT や Deep learning などの新たな情報技術を背景として、新たなサービスの研究開発の方向性を示すことを目的とする。読者層としては、企業において新しいサービスイノベーションを検討している人、大学や研究機関で新しいサービス研究を行っている人たちを想定している。

　まず、本章で、IT 技術とサービスイノベーションの歴史を俯瞰し、技術の大きな変化、サービスイノベーションの対象、ビジネスにおける価値創造方法論が、大きく関係していることを示した。そして、第3世代のサービスイノベーションでは、サービス価値創造のメカニズムをサービスシステムと捉え、顧客の価値創造はサービスシステムの最適化に他ならないことを述べた。

　第2章では、サービスの新しい捉え方に関して検討する。ここでは、サービス視点での価値、サービスアーキテクチャ、サービス価値を創出する枠組みとしての場とコミュニティ、サービスデザイン、フロントシステムとバックシステムの関係、サービスの評価に関して述べる。

　第3章は、サービス価値創造を変革する情報技術に関して検討する。まず、第3世代のサービスイノベーションに関する情報技術として、IoT 技術、AI 技術、ロボット技術、その他の技術を取り上げ、これらを概観する。次に、これらの技術を、知識創造プロセス、コンシェルジュサービス、スマートホーム、ソーシャルイノベーションに応用した場合、どのような変化が起こるかを検討する。

　第4章は、新しいビジネスと価値共創リスクに関して述べる。まず、第3世代のサービスイノベーションの新しいビジネス事例を検討する。具体的には、企業間連携における農業支援サービス、新しい漁業、高齢者生活支援サービス、医療サービス、離島の電力需給モデル、ロジスティックサービス、衛星ビジネスなどである。さらに、こうした新たなビジネスで起こりうるリスクに関しても検討する。

　第5章は、バリューオーガナイザーコンセプトの提案である。第3世代のサービスイノベーションでは関与者間の価値共創が重要な課題であるとされているが、これをどのように行うべきかを事例を交えて検討する。

　第6章は、サービス概念を、おもてなし、高齢者の活性化、アクティブラーニング、福祉サービスの新たな分野に応用して、価値共創モデルの構築を行う研究事例を紹介する。

第7章は、新しい情報技術の応用研究を紹介する。具体的には、適応学習のための IoT によるサービス、若年層におけるコミュニケーションサービス利用意識の変化、Web から形成されるサービスに対する事前期待の可視化である。

　第3世代のサービスイノベーションは、従来のサービス業だけでなく、製造業のサービス化、高齢化社会や地域の活性化等様々な分野で展開されると考える。サービスサイエンスの新たな展開として大いに期待できる。

（小坂満隆）

2 サービス理論の新しい展開

2.1 サービス価値

　サービスイノベーションを考える上で、サービス価値は大変に重要な項目であり、誰に対してどのような状態変化を起こし、便益をもたらすかの検討が必要である。価値に関しては、哲学・心理学および経済学の分野などで研究が進められており、その構造や定義について述べられている。そこでの価値は、経済的価値（機能的金銭価値）と非経済的価値（精神的価値・社会的価値）に分けられている。価値は、図2.1 に示すように、何らかの犠牲（Scrifice）を支払って得られる利益（Benefit）であると言える。本節では、いくつかの分野での価値の考え方をサーベイし、サービス価値を考える上での視座を得られるよう検討を行った。

2.1.1 価値に対する既往研究

(1) 人の内面的な価値
　サービス価値を考える場合、サービスを受ける人の目的、ライフスタイル、趣味趣向によって、サービスによりもたらされる状態変化やプロセスに対する評価が異なる。すなわち、サービスが提供した価値を人々が内面的に判断していると言える。このような価値については、哲学・心理学の分野で研究されており、「道徳的価値」

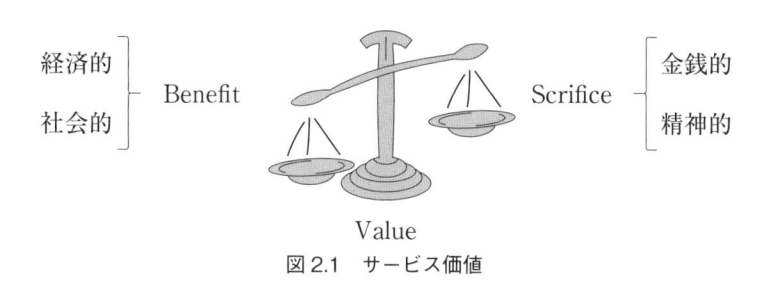

図 2.1　サービス価値

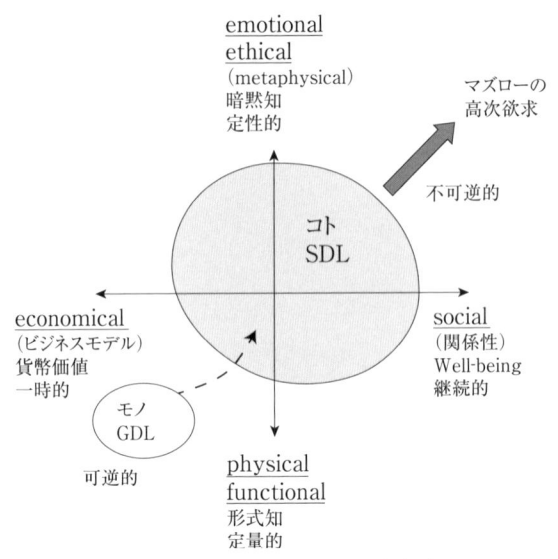

図2.2　サービス価値展開の方向性

「美的価値」などとして検討され、さまざまな視座が存在する。価値哲学では、その認識、事実との関係、体系などを主題に、代表的な新カント学派では真・善・美・聖の4価値を説いた。一方、英米圏では経験主義が中心であり、価値とは、事実とは区別される人間の感情や行為の機能であると考え、それゆえ価値は欲求や関心の度合いにより相対的なものであるとした。価値の哲学的な解釈は、社会的に認識されている絶対的な価値軸と個々人の目的や状況により変化する相対的な価値軸によって構成される。

　心理学では、人々の価値観についての分類を行った研究事例があり、例えばドイツの哲学者・心理学者であるシュプランガー（E.Spranger, 1882-1963）は、生活領域による価値観類型の考えとして「個々の人は，理論、審美、経済、宗教、社会、政治のうち、その人生においていずれを志向（最も価値を置く、最大目標とする）するかにより類型化される」として、以下の6分類の型を提唱した。

(a) 理論型：理論が通じることや真理に価値をおく。論理的に理解することで真理を追究する。

(b) 経済型：金銭的・社会的地位に価値をおく。利己主義的で、経済的観点から物事を捉える。

(c) 審美型：美的なもの、楽しいことに価値をおく。ものごとを、感情を通して考える。

(d) 宗教型：神を崇め、信仰に価値をおく。博愛的で、人生を見つめ、道徳的に生きようとする。

(e) 権力型：他人を自分の意のまま従わせることに価値をおく。権力掌握に満足感を覚える。

(f) 社会型：社会への奉仕活動や福祉にかかわることに価値をおき、人の役に立つ行動をとる。

　これらの型以外にも、心理学において価値観の研究事例があるが、いずれも同一の価値観グループの存在を示しており、そのグループ内ではサービスに対する価値評価にも共通するものがあると考えられる。

(2) 経済的な価値

　経済学では、経済的な価値は商品が持つ交換価値の本質とされるもので、価値学説とも表現されている。これは、経済的価値の本質を説明する学説である。古典学派による、商品価値の実体を、その生産に要した労働量とみなす労働（客観）価値説と、オーストリア学派による、人間の欲望を満足させる効用とみなす効用（主観）価値説との大きな2つの説がある。

　労働価値説（labour theory of value）とは、人間の労働が価値を生み、労働が商品の価値を決めるという理論であり、アダム・スミス、デヴィッド・リカードを中心とする古典派経済学の基本理論として発展し、カール・マルクスに受け継がれた。サービス価値としては、サービス提供に必要なリソースとして、人件費、設備費、消耗品費などのコストを積み上げて価値を費用換算するものだと言える。

　効用価値説（utility theory of value）とは、財（商品）の価値は、効用（満足感）の大きさで決まると説明する理論であり、財の交換価値の大きさが、一人ひとりの主観的な限界効用の大きさで決まると考えるところから、主観的価値論とも呼ばれている。効用価値説は、ゴッセンにより創始され、メンガー、ワルラス、ジェボンズらによって提唱された19世紀半ばの新古典派経済学の価値論である。サービス価値としては、サービス受容者の満足度に応じて価値、価格を決定する事になるが、貨幣経済的な評価としては個々人の可処分所得などに依存する部分が大きく、定額設定が困難と言える。インターネット上では、サービスに対する満足に関する評価情報を共有できる機能もあり、貨幣経済以外の価値も具現化している。

　より実学的な分野では、資本主義社会の一般的な商取引において、市場価値という概念で価値が表象化されている。市場価値は、ある価格で買う意欲のある買い手と売る意欲のある売り手のそれぞれが、市場及び資産に関する十分な情報を持ち、

慎重に、かつ強制されずに行動し、適切なマーケティングの後に、第三者間の公正な取引交渉を経て、当該資産が交換されると思われる貨幣換算の評価額である。サービス価値としては、短期的にはオークションのように、サービス提供者が内容を公開し、必要とする受容者が貨幣的な金額を提示し、コンセンサスが得られればサービス価値が決定したと言える。具体的な例としては、クラウドソーシングといわれる分野で実際の取引が行われている。長期的には、サービスに対する費用対効果が顧客の満足度や評価として公表されるので、適切なサービス価値を提供していない組織体は、いずれ受容者がいなくなるため、サービス価値、あるいは品質の見直しを迫られ、最終的に適切な対価に収束することとなる。

2.1.2 サービス価値の捉え方の変遷

(1) サービス価値の考え方

　従来のグッズ・ドミナント・ロジックに基づく経済論では、交換価値を中心にしており、交換対象となる「モノ（商品）」を貨幣という中間媒体に置き換えて、価値を定量化して表現した。この価値は、労働量に比例して評価されたり、市場での希少性によって定量化され、基本的にはその時点における可逆的な交換と言えよう。

　一方、サービスが中心となるサービス・ドミナント・ロジックに基づく経済論では、価値はステークホルダーとリソースにより、サービス（コト）という活動によって共創される。ここでの価値は、一時的には事前に設定された貨幣価値で表現されるが、サービス提供後の評判価値や注目価値によって、サービス提供組織の長期的な価値が左右される。

　さらに高次のサービス価値は、サービスのエコシステムを形成するコミュニティによって醸成される価値観によって規定される。そこでのサービスは不可逆的な活動であり、継続的な活動より価値は変化し、このプロセスにおいて価値項目は定性的な領域で暗黙的に蓄積されていくと考えられる（諏訪, 2015）。

(2) 第1世代のサービスイノベーションにおけるサービス価値

　第1世代のサービスイノベーションでは、物理空間でのサービスが対象であり、総体的なサービスパッケージとして捉えれば、交換価値をベースにした対価のやりとりが中心であると考えられる。チップなど、サービスに対する価値を満足度に応じて貨幣に置き換えるプロセスもあるが、ほとんどはある程度の社会規範に則った広範な価値基準、いわば古典経済学の労働価値説で提唱されたような経済的な価値

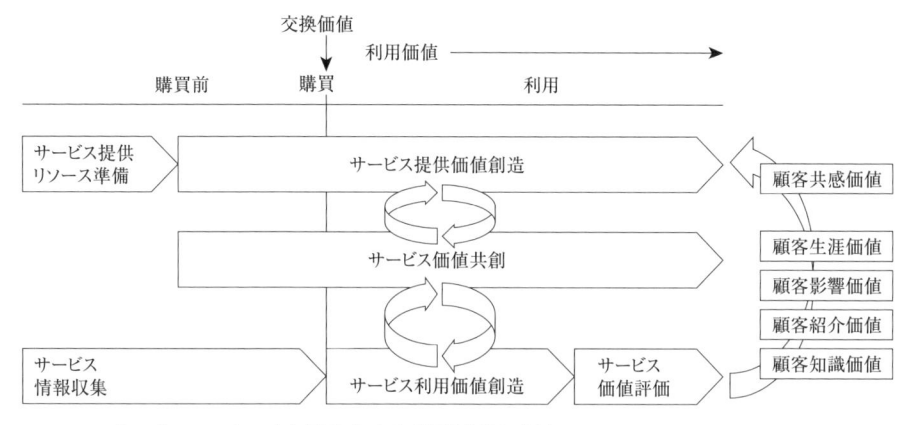

Gronroos,C(2010),Kumar(2010)を参照した時系列価値共創概念図

図2.3　サービスの時系列価値共創の概念図

であると言えよう。

(3) 第2世代のサービスイノベーションにおけるサービス価値

　第2世代のサービスイノベーションでは、インターネット上である程度物理的・時間的な制約を乗り越えたサービスが展開される。また、サービスに対する人々の行動や評価などの情報がネット上で共有、蓄積され、サービス受容者サイドで価値判断の参考にされると考えられる。いずれのサービス、製品もネット上でオーダーが可能となり、貨幣に変換される価値もサービス受容者側で設定可能な場合が多く、いわゆる市場経済、市場価値が広範に行われる。そのような状況において、サービスの価値に関して同じような判断基準をもつメンバーが集まる「場」はコミュニティであると言えよう。そしてサービスに対する価値は、オーダーする際の一過性の価値よりも、それがいかに効用をもたらしたか、良い経験を与えたかが重視される利用価値の視点がサービス受容側の価値観となっている。

　一方、第2世代のサービスイノベーションにおけるサービス価値をサービス提供側から捉えると、いかにして、市場やサービス受容者コミュニティと、ビジネスエコシステムとして良い関係を構築できるかが課題となる。すなわち、近年のサービスは、一時的な価値ではなく、関係性継続性の価値が重要である。それらは「顧客生涯価値（生涯価値）CLV」「顧客紹介価値（紹介価値）CRV」「顧客影響価値（影響価値）CIV」「顧客知識価値（知識価値）CKV」に分類でき、総体としての「顧客共感価値（共感価値）CEV」として、サービスに関する非貨幣的な価値が生まれる。

これらの概念を Gronroos（2010）および Kumar（2010）の図を参照し、図 2.3 に示すサービスの時系列価値共創の概念図にまとめた。

　第 2 世代のサービスイノベーションにおけるサービス価値は、効用価値説にもとづくとも言えるが、新古典経済学の観点では、主観的な限界効用の大きさで財の交換価値が決まる。ネット上では、交換価値が貨幣経済に基づく財だけでなく、評判経済や注目経済に基づくネット上の財にも変換され、これはコミュニティおよび時間軸で変化する価値であると言えよう。

(4) 第 3 世代のサービスイノベーションにおけるサービス価値

　第 3 世代では、古典経済学での価値基準の根源となっていた労働において、物理的な労働は「ロボティクス」、定型的な知識労働は「AI」、コミュニケーションに関わる活動は「IoT」に代替され、貨幣経済的な交換価値は、ほぼ「無料」になりうる。そうなると、サービス受容者の「欲望」をいかに満たしたかの効用に対する価値が主体になる。しかしながら、ここで疑問となるのは、第 3 世代における人々の「欲望」がいかなるものになるかである。人間の欲求に関して、マズローの五段階説に基づき考えると、第 1 世代のサービスイノベーションでは、生理的〜安全の欲求を満たすサービスに対しての交換価値が中心であった。第 2 世代のサービスイノベーションでは、社会的〜承認の欲求に注目し、評判経済上の利用や効用価値が考えられた。第 3 世代のサービスイノベーションの顕著なサービス活動としては、自己実現さらには自己超越、コミュニティの発展要求が想定される。この世代の欲求・欲望が「自己」の基準で価値判断され、コミュニティの内部のエコシステムとして経済活動が回っていくことになろう。

2.1.3　サービス価値のまとめ

　サービス価値は基本的に以下の数式で示される。
（サービスの顧客価値）＝（顧客にもたらした結果＋過程の品質）
　　　　　　　　　　／（価格＋サービスを消費するための諸コスト）

　この式は、交換価値をベースに考えられていると言えるが、使用価値の見える化が一般化されれば、新しいサービスイノベーションの世代でも利用可能であると考えられる（黒須, 2013）。

　サービス価値は世代により変化してきたが、同時に経済活動も変容してきたと考えられる。現代は、サービス経済の時代と言われており、交換価値中心の経済シス

テムから、使用価値中心の経済システムに変化している兆しが見て取れる。具体的には、かつてはマスメディアのみが持ちえていた情報発信スキームを一般の人々が持ちうるようになり、芸能プロダクションに入られなければスターになれないという常識が崩れている。流通システムに関しても、従来はリアル店舗が販売のタッチポイントであったが、購買行動という体験がインターネットショッピングの登場で大きく変わり、スーパーマーケットや書店は大幅にその数を減らしている。将来的には、現代の経済活動の基本をなしている貨幣、通貨がビットコインなどバーチャルなデータに代わり、国という仕組みの位置付けも異なってくると予想される。そのような環境変化の中で、第3世代のサービスイノベーションでは、人々の重視する価値観も大きく変容するはずであり、求められるスキル、求められる経験、求められる品質、求められる人間関係も変わってくると言えよう。以下、サービス価値についてのまとめを示す。

・価値は、客観価値⇒主観価値⇒コミュニティ観価値で展開されてきている。

・サービスにおける価値は、サービスイノベーションの世代ごとに交換価値～経験価値、評判価値などに分類できる。

・第3世代のサービスイノベーションにおける価値は、より多次元的な価値軸をもつようになり、それぞれのエコシステム（コミュニティ）の中で創出、共有される。

・同じサービス価値の軸を持つコミュニティも、別のコミュニティと関わることで、新たな価値感が生まれ、コミュニティも変容していく。

（近藤朗）

2.2　サービスアーキテクチャー

2.2.1　サービスアーキテクチャーとは

　サービスは、「人や組織がその目的を達成するために必要な活動を支援するサービス行為を提供し、目的達成によって顧客に価値をもたらし、それによって対価をいただくプロセス」と定義される（Kosaka, 2012）。つまり、サービスとは、顧客にとって有益な「価値」を創造することを目的とし、それを創造する人や組織などのステークホルダーを「価値創造者（アクター）」として、これらの構成要素を関連づける「サービスアーキテクチャー」と価値創造の過程を示す「サービスプロセ

ス」によって構成されるサービスシステムであると解釈できる。

　システムとは、コントによると「基本構成要素の集まりとその相互関係から成り立っており、システム全体を理解するには、その部分群とそれらの相互関係を理解することが基礎的要件である。」としている（中森, 2010 から引用）。サービスシステムにおいて、システムの基本構成要素であるアクターが、価値創造においてどのような役割をもち、アクター間でどのような相互関係を持って価値を創造するかについての構造を理解することは、サービスの本質である価値創造を明らかにする上で非常に重要である。これは、サービスアーキテクチャーを理解することに他ならない。

　サービスイノベーションにおいても、サービスの基本的な構成要素とその相互関係を示した「サービスアーキテクチャー」を理解することが必要となる。アーキテクチャーに関しては、すでに多くの製品アーキテクチャーの研究がある。そこでは、製品の基本構成要素としてのモジュール、モジュール間の関係を示すインターフェイス、及びモジュールの配置方法やインターフェイスの構築方法が示されている。第3世代のサービスイノベーションでは、製品やシステムとアクターの相互作用により価値創造が促進されると想定されるので、既存の製品アーキテクチャーを参考にしながら、第3世代のサービスイノベーションに向けたサービスアーキテクチャーを検討することが有効と考える。

　ここでは、製品において発展してきた製品アーキテクチャー論を参考にサービスにおけるモジュールの配置を考察し、サービスアーキテクチャーとして言及する。そして、第1世代から第3世代までのサービスイノベーションを、サービスアーキテクチャーの視点から論じる。さらに、第3世代のサービスイノベーションにおけるアーキテクチャーの重要な基本構成要素についても言及する。

2.2.2　製品アーキテクチャーとモジュール・インターフェイス

　製品アーキテクチャーは、構成要素の構造（Henderson & Clark, 1990）、構成要素のアレンジ方法（Ulrich, 1995）、製品機能（Cutherell, 1996）、顧客ニーズ（Zamirowski & Otto, 1999）の視点から研究されている。これらの製品アーキテクチャーの研究では、目標とする製品の機能や特徴をモジュールに分解することによって、モジュール間の関係を明確にしている。製品に価値を持たせるために、製品の特徴や機能を物理的構成要素のモジュールとして配置すること（Ulrich, 1995）が製品アーキテクチャーの目的であり、物理的構成要素の配置の結果として製品アーキテクチ

ャーが示される（Henderson & Clark, 1990）。モジュール間のインターフェイス（Schilling, 2000）については、モジュール間の関係性を規定し、製品システムをモジュールとしてのサブシステムへ分解する方法を規定している（Mikkola, 2007）。

　製品アーキテクチャーにおけるモジュールとは、いくつかの特徴を有する物理的或いは概念的構成要素であり（Newcomb, 1996）、その特徴は、モジュール内での相互作用やモジュール間の関係性を示すことによって明確になる。このような視点からアーキテクチャーを明確にするためには、構成要素としてのモジュールに分解し、その関係性を示すモジュラリティが重要となる。

　製品アーキテクチャーは、目標とする製品の仕様や機能に応じたモジュールの機能と、その機能を有効に作用されるためのモジュール間のインターフェイスから構成される。つまり、製品アーキテクチャーの重要な目標は、機能に応じてモジュールに分解し、目標とする機能が得られるモジュールを選択し、モジュールを結合するインターフェイスを決めることである。モジュール間のインターフェイスでは、顧客ニーズ、製品の機能面からの構造、物理的構成など異なる視点を同調させて、モジュールを統合できるように、効果的なインターフェイスが求められる（Zamirowski& Otto, 1999）。そして、モジュール間の相互作用を特徴づけるために、モジュール間の配置方法を示すモジュラリティや、モジュール間のインターフェイスの標準化や分解を含むインテグリティ（Newcomb et al., 1996）が重要になる。

　製品アーキテクチャーでは、モジュールとインターフェイスを決定するプロセスも重要である（Tu et al., 2004）。Tu らは、製品アーキテクチャーをデザインする組織であるダイナミック・チーミングと、製品アーキテクチャーのデザインプロセスとしてのプロセス・モジュラリティを提案している。ダイナミック・チーミングは、モジュールの追加や変更などが柔軟にできる組織であり、これによって製品アーキテクチャーやモジュラリティが有効に活用される。そのためには、モジュールやモジュール間の関係の変化に対応したプロセスの標準化が必要となる。これを、プロセス・モジュラリティと呼んでいる。他社に対する競争優位性や市場の変化、製品に対しての顧客の満足度の変化によって、モジュールの特徴やモジュール間の関係は変化する。そこで、多様な視点から、製品アーキテクチャーを柔軟に対応させるプロセスも重要になる（Jiao et al., 2007）。このためには、製品機能の多様性を確保できるようにモジュールの機能や特徴を分解し、変化に柔軟に対応できるインターフェイスを構築することが必要であり、これによって多様な顧客の価値に対応できるようになる。

　製品アーキテクチャーのモジュールとサービスシステムのアクターは対応してい

る。なぜなら、モジュールとアクターは、システムにおける価値創造の主体的な構成要素だからである。製品アーキテクチャーでのモジュールは、製品の機能価値を構成する要素であり、機能的価値を提供するために、モジュール間の関係性をインターフェイスによって示していた。一方、サービスシステムにおけるアクターは、創造する価値に対応して、他のアクターとの関係性やその役割を柔軟に変えることが求められる。

このように、製品アーキテクチャーにおけるモジュールとモジュール間のインターフェイスは、価値創造のためのリソースや価値創造者間の関係を示すサービスシステムに応用できると考える。以上の考察をもとに、製品アーキテクチャーを参考にして、サービスアーキテクチャーについて述べる。

2.2.3 サービスシステムにおけるサービスアーキテクチャー

サービスは、価値創造者間の相互作用による価値創造プロセス（Maglio et al., 2009; Payne et al., 2007）であり、サービスシステムの視点から、価値創造者やリソースの配置（Spohrer et al., 2008）、価値提案者と価値創造者の関係（Akaka et al., 2013; Vargo et al., 2008）が議論されている。

サービスシステムは、「緩く結合した社会的、経済的なリソースを統合する価値創造者（アクター）間の自己充足、自己調整的なシステム」であり、アクター間で共有された制度（Institutional）と相互の価値創造によりアクターは結合し（Vargo et al., 2016）、価値創造のための構成要素の相互作用の関係性を示すものである（Spohrer et al., 2008）。サービスシステムでは、アクターは自身や関係者の便益のために、社会的・経済的環境の下でアクター間の関係性の文脈に応じて柔軟にリソースを統合することによって価値創造を行う。そのために、リソースの統合には規則やルールが必要である。このように、サービスシステムはアクターとその関係性により構成されており、モジュールとインターフェイスから構成されている製品アーキテクチャーと同様の構造を持っている。従って、サービスアーキテクチャーを以下のように定義する。

サービスアーキテクチャーは、価値を創造するためのサービスシステム、ビジネスモデル、その構成要素であるモジュール、モジュール間のインターフェイス、及び価値創造のためのモジュール間の関係性から構成されている。このサービスアーキテクチャーをストラクチャーとして示したのが図 2.4 である。

サービスアーキテクチャーにおける価値には、サービス価値と交換価値がある。

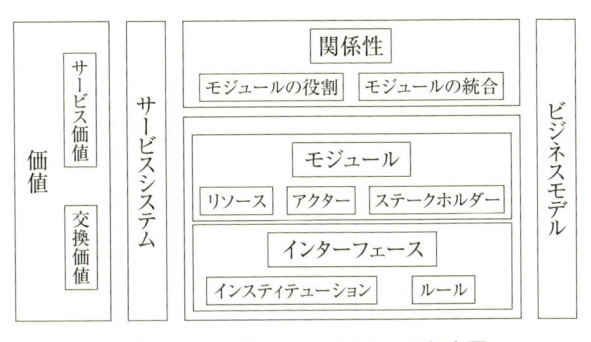

図2.4　サービスアーキテクチャの概念図

サービス価値とは、顧客である人や組織が目標を達成することによって得られる顧客にとっての有益性や有用性である。その目標は、顧客が明確に示すことができる場合と、顧客の文脈に埋め込まれ、顧客との共同活動によって明確になる場合がある。従って、顧客にとっての有益性を示すためには、その時の文脈や価値創造時の状況をアクターが把握することが重要となる。すなわち、顧客の文脈を理解することによってサービス価値が創造される。そして、サービスシステムとビジネスモデルを関連づけることによって、サービス価値の対価としての交換価値を得ることができる。

　価値を創造するためのモジュールは、価値創造者であるアクター、価値創造のためのリソース、価値に対しての利害関係者であるステークホルダーで構成される。これらのモジュール間のインターフェイスは、モジュールとその関係性に対する制度（Institution）やルールを設定し（Lusch, 2015）、価値創造の文脈に応じて、モジュールによる価値創造を促進する。モジュール間のインターフェイスが価値創造に有効に作用するためには、価値創造の文脈に応じてモジュールの役割を柔軟に変化させる。つまり、価値創造の文脈に応じてリソースを分割し、統合することで価値創造を行う。また、アクターは、フロントステージやバックステージで、他のアクターとの関係性を構築して、アクターの役割を分解、統合して価値を創造する。

2.2.4　各世代のサービスイノベーションにおけるサービスアーキテクチャーの発展について

　このようなサービスアーキテクチャーは、第1世代から第3世代のサービスイノベーションにおいて、ICT の発展とともにどのように変化してきたのであろうか。以下では、各世代のサービスイノベーションを、サービスアーキテクチャーの構成

要素である、「価値（サービス価値／交換価値）」、「モジュール（アクター／リソース）」「モジュール間の関係性」、「インターフェイス」、の4つの視点から説明する。

【第1世代のサービスイノベーションにおけるサービスアーキテクチャー】

　第1世代のサービスイノベーションは、既存のサービス産業を対象にし、金融オンラインシステム、セブンイレブンのPOS活用システム、航空会社のイールドマネジメントのように、イントラネットシステムを活用している。ここでのサービス価値は、顧客のニーズに応えることや課題を解決するソリューションである。サービス提供者は、存在している課題に対してICTを活用してこれを解決し、顧客の生産性や利便性を向上させ、サービス価値を提供した。そのために、企業はオンラインシステムを活用し、顧客のサービス利用データを収集し、これを分析して、顧客のニーズに対するソリューションを提供したのである。

　第1世代のサービスイノベーションでは、サービス提供者である企業が価値創造のアクターであり、価値創造のリソースは企業が所有し、顧客はそのための情報提供者である。そのため、特定のニーズや課題を持った顧客、そのソリューションを提供する企業、その価値を交換するステークホルダー間でサービスシステムが構成されている。このサービスシステムでは、サービス価値提供者である企業は、顧客の状況とニーズを分析できるように、顧客との直接的なコミュニケーションだけでなく、顧客の情報分析ができる組織や社員の役割を変えることが必要となる。つまり、価値提供者である企業は、顧客情報を得るためのインターフェイスを整えることが求められる。

　以上のように、第1世代のサービスイノベーションにおけるサービスアーキテクチャーは、顧客のニーズや課題を解決するアクターとしての企業、収集した顧客情報を分析するリソース、情報収集のための企業と顧客とのインターフェイスにより構成される。これは、価値提供者が主体となり、顧客に有益なサービス価値を提供するサービスシステムである。顧客は自身のリソースを活用しなくても、提供されるサービス価値を利用することができるので、顧客関与が小さいサービスシステムであると言える。そのため、第1世代のサービスイノベーションにおけるサービスアーキテクチャーでは、リソースとしての顧客情報を得るために、顧客と価値提供者である企業との関係性を構築するためのインターフェイスが主となっている。

【第2世代のサービスイノベーションにおけるサービスアーキテクチャー】

　第2世代のサービスイノベーションでは、インターネットシステムによって、企

業は時間や場所に限定されることなく、ネットワーク上で顧客に価値提案をできるようになった。このため、不特定多数の異なるニーズをもつ顧客へと価値提案の対象が多様化した。インターネットの出現は、アクター間の関係性に大きな変化をもたらした。第1世代のサービスイノベーションでは、顧客と企業は、特定の顧客のニーズに対応したソリューションの提供による、提供者と受益者の関係にあった。第2世代のサービスイノベーションでは、インターネットにより顧客や企業の垣根を超えて情報を共有し、伝達することが可能になった。また、顧客自身の課題を解決するコミュニティとして、SNSなどによるコミュニティが形成された。企業は、異なる立場や異なるセグメントの顧客の情報を分析することにより、これまでとは違った属性の顧客に対してソリューションを提供することが可能となった。こうした関係は、全体のサービスシステム中でサブサービスシステムを構成することになる。つまり、顧客がアクターとして相互に関係性を構築する新たなサブサービスシステムにおいて、新たなサービス価値が創造され、企業は、このようなアクターにより構成されるサブサービスシステム上でのサービス価値創造活動を促進する仲介者として、サービス価値創造に貢献するようになった。このように、顧客がアクターとして価値提案者となり、企業と顧客の関係も変化し、サービスアーキテクチャーの重要な構成要素も変化した。

　顧客はアクターとして、自らの知識や経験、その時の状況における効果的な情報などのリソースを統合して、サービス価値を提案することができるようになった。そのため、インターフェイスを介してアクターはリソースを活用し、サービスシステム内で継続的に価値創造を促進する環境が整った。

　このように、第2世代のサービスイノベーションにおけるサービスアーキテクチャーは、多様なサービス価値を創造するアクターとアクター間の関係性、顧客が自身の有益性を最大化するための自らのリソース活用とその統合、顧客がアクターとして活動するコミュニティ、アクターの活動を促進するメディエーターとそれらのインターフェイスから構成される。また、アクター間の関係性は、ネットワークを介してサービス価値や交換価値を実現する構造になっている。

【第3世代のサービスイノベーションにおけるサービスアーキテクチャー】

　第3世代のサービスイノベーションでは、IoT（Internet of Things）やディープラーニング（Deep learning）などのICTが出現し、人に限定されていた価値創造者に対してシステムやモノが大きく関与することになる。つまり、サービスシステムやサービスアーキテクチャーが、第1世代と第2世代のサービスイノベーションと

比較して劇的に変化することが予想される。センサーなどのデバイスから得られる新たな情報とディープラーニングにより、アクター間での文脈の相互理解と相互認識が促進される。アクター間での文脈の相互理解が深まることにより、企業と顧客が共に価値提案者となる。これは、アクター間ネットワークによって実現され、顧客と企業によるサービス価値の共創を前提とした関係へと発展する。

アクター間の価値共創を効果的に行うには、アクター間ネットワークをコントロールする必要がある。そのためには、アクター間のインターフェイスやアクターの役割を、価値創造の文脈に対応できるようにしたサブシステムが効果的である。

企業は、このようなサブシステムを形成するために、アクターやリソースの統合を進めるプラットフォームを提供することが新たな役割となる。そこでは、デバイスやセンサーなどから得られる新たな情報が分析され、ネットワーク上でのアクターの役割の変化が促される。プラットフォームには、価値創造の文脈に対応して価値創造を最大化するために、機能分解されたモジュールとそれらを統合するための関係性を示すインターフェイスが含まれている。

また、アクターの関係が複雑なネットワークでは、相互の文脈理解のために従来の経済的関係性に加えて、社会的な繋がりが重要になってくる。価値創造のためには、第2世代のサービスイノベーションと同様に、サブシステム間の相互作用により他のサブシステムとの関係性を強めることが重要である。従って、第3世代のサービスイノベーションでは、モジュール間の関係性、サブシステム間の関係性、社会との関係性、による価値創造ネットワークを形成するサービスアーキテクチャーとして、モジュールやインターフェイスを理解する必要がある。

価値創造のためのネットワークを形成するには、価値創造の活動者としてのアクター（第3世代の場合、人に加えてモノも含まれる）だけでなく、価値創造の文脈においてどのようなリソースをどのように統合するかのプロセスが重要である。知識やスキルによる価値創造だけでなく、そのための情報や情報の分析技術が第3世代のサービスイノベーションの価値創造に大きな影響を与えるからである。価値創造のリソースとしての情報とそれに基づく価値創造が、サービスアーキテクチャーの重要な構成要素である。そこで、サービスアーキテクチャーにおける情報技術の活用について、以下に説明する。

2.2.5 第3世代のサービスイノベーションにおけるサービスアーキテクチャーの構成要素

第3世代のサービスイノベーションでは、価値創造プロセスやリソースの種類、

活用・統合方法がサービスアーキテクチャーの構成要素とその関係に大きな影響を及ぼす。それゆえ、価値創造プロセスを構成要素としたサービスアーキテクチャーが必要である。こうしたサービスアーキテクチャーには、以下の要素を具備する必要がある。

・オペランドリソースとオペラントリソースとしての情報の統合方法
・サービスアーキテクチャーの構成要素としての価値創造方法
・プラットフォーム／サブシステムをもとにしたサービスアーキテクチャー

　サービスイノベーションでは、ICT を使い情報を活用することで価値が創造されてきた。このような観点から、情報はサービスイノベーションにおいて重要な役割を果たしていると言える。情報は、無形、動的、無限なリソースであるが、使用する状況や目的によって、オペラントリソースにもオペランドリソースにもなりえる。第 1 世代と第 2 世代のサービスイノベーションでは、情報はオペランドリソースとして活用される機会が多かった。第 1 世代では、交換価値を効率的に得るために顧客データベースや販売データベースなどを利用していた。データベースは、企業活動などの活動の状況などを蓄積することによって得られる情報である。そして、データベースを利用することによってデータベースに付加価値が発生する。また、データベースの蓄積と活用は異なる時間の活動であるため、顧客との間接的な相互作用といえ、オペランドリソースとして活用される傾向が大きいと考えられる。第 2 世代のサービスイノベーションでは、データベースの活用範囲を広げるという視

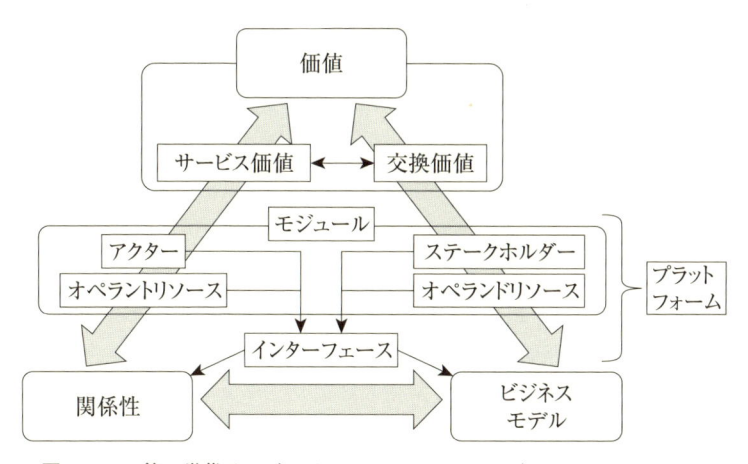

図2．5　第3世代サービスイノベーションのサービスアーキテクチャー

点では、オペランドリソースとして情報が使用されている。また、アクターとしての顧客が自身の知識やスキルを活用して、アクター間の相互作用を行うために情報を活用しており、オペラントリソースとしての側面もある。

　第3世代のサービスイノベーションでは、IoT によって、第2世代までは収集できなかった顧客のリアルタイムの情報を得ることができ、多様なデータベースを作ることが可能になる。このデータベースは、多くの交換価値を得るために使用することも、サービス価値創造のためにアクター間の相互作用による価値創造プロセスを促進することに使用することもできるようになる。つまり、オペラントリソースとオペランドリソースとしての両面で、情報が活用される機会が増えてくる。

　第3世代のサービスイノベーションでは、価値創造ネットワークにおける価値に対応して、使用するリソースを使い分けることが求められる。サービス価値創造を行うアクターも交換価値創造のステークホルダーとしての対応を柔軟に使い分けることが求められる。また、第3世代のサービスイノベーションでは、サブシステム内やサブシステム間において、価値創造の文脈に応じて、モジュールの分解と統合によって相互作用が促進される。このような相互作用の促進方法として、アクターの知識を創造する KIKI モデル（Kosaka, 2012）、システム内でのアクターの関係性を形成することを促進するソフトシステムアプローチ（Checkland, 1990）、知識と関係者をサブシステムにより統合する i-System（中森, 2010）などがある。サービス価値は、アクターのもつ文脈やアクター間の関係性に基づいて、オペラントリソースを統合することによって創造されるが、知識創造は、サービスシステムの視点から見ると、サービス価値の創造のための有効な手段である。

　第3世代のサービスイノベーションにおけるサービスアーキテクチャーには、オペラントリソース、オペランドリソースの2つの側面を持つ情報、価値創造を効果的に行うための価値創造プロセス、及び価値創造のためのプラットフォーム、が追加される。そして、サブサービスシステムにおけるモジュールの分解と統合により、サービス価値と交換価値が創造され（図2.4）、アクターやリソース、サービスシステム間の関係性ネットワークによって価値が伝搬する。そこでは、アクターやリソースの役割やモジュールを利用する目的や方法が多様である。プラットフォームを活用し、このような多様なアクターやリソースの相互作用によって価値が創造される。そのため、第3世代のサービスアーキテクチャーでは、インターフェイスとしての価値創造プロセスとそれを支えるプラットフォームが重要な役割を果たす。

（大西俊暢）

2.3　サービスの価値と持続性を高めるコミュニティの役割

2.3.1　サービス化の文脈

　サービス化と言われて久しい。モノからコトへとか所有から利用へ、あるいはサービス視点の強化といった表現は何を意味しているのであろうか。経済のサービス化とは、製品の機能を向上させることによる価値提供から、製品を媒介にしたサービスを提供することへの転換を意図している。これに対し、社会のサービス化とは、社会生活を支援し生活の well-being を向上させることを目的としたサービスが、近代化・都市化により希薄化した人と人の関係性をいかにして回復できるか、換言すれば、人と人の間にある「共の領域」（コモンズ）をどのようにして蘇生させることができるか、という課題の解決を意図している。例えば、街の歩道にテーブルを並べて会話を楽しむ欧米スタイルのカフェは、サードプレースの代表としてコモンズを用いたサービスの典型的形態である。こうしたプラットフォームが人々にゆとりと居場所を提供し、相互の関係性を育むのである。

　本節ではこうした観点から、サービスの関係性を支える「場」としてのコミュニティを取扱い、その役割と形成の諸条件を論じる。

2.3.2　共の領域としてのコミュニティの位置づけ

　コミュニティが実現する互酬的関係性の領域（本稿では公と私に対してその間全般を「共の領域」とよぶ）がどのような位置づけを持ち、他の指導原理とどのような関係を持つかを図示したのが図 2.6 である。

　公の領域（政治）は、分配の理論が働く領域であり、公平が指導原理となる。これに対し、私の領域（経済）は市場原理を基盤に交換を媒介にした自由競争が促進される領域である。K. ポランニーは「経済の文明史」の中で、元来経済資本は社会生活を豊かにするために設計されたものであり、社会（関係）資本に埋め込まれていたはずであるが、貨幣経済の発展に伴い社会が経済に呑み込まれるようになり、この修正のために再埋め込みを行うことが必要である、と主張した（Polanyi, 1947）。経済領域の肥大化により共の領域が狭まり、人間同士の関係性が希薄化してきたことに対する反省と、一方で多様化した要請を公が受け止めきれない状況の中で、改

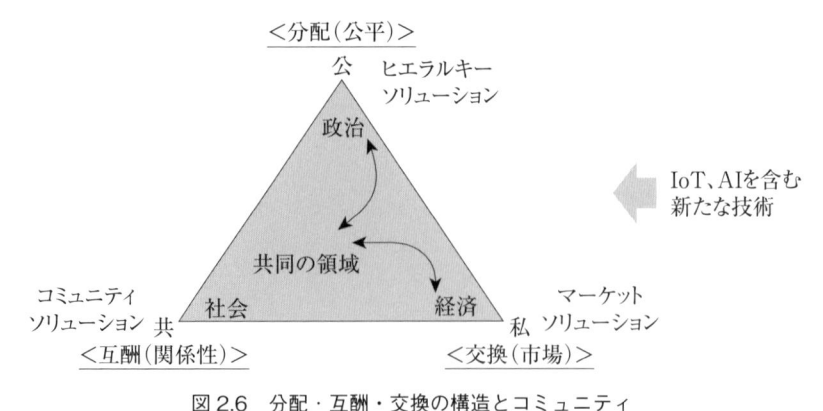

図 2.6　分配・互酬・交換の構造とコミュニティ

（Polanyi 1947, Putnam,1993, Hart, 2007, Pestoff,1998 を基に作成）

めて 3 つのバランスを回復し、互酬的な共創関係が成立する共の領域の重要性が認識されてきている。共の領域では自律的原理に従う解決が図られ、互酬的な共創関係が成立する。このことがコミュニティ論の要請とこれを支えるサービスの役割への期待を大きくしているのである。今後の IoT、AI といった新たな技術の急速な普及は、こうした構造やコミュニティの機能に影響を与えると思われる（図 2.6 参照）。

2.3.3　サービスの関係性と場の役割

　サービス提供は、サービス提供者とサービス受容者の相互作用の上に成り立つ関係性が本質である。単に実現してほしい機能を充たす労務提供を行うだけではなく、生活の質を向上させ、豊かな質感を伴った価値を共有する場が必要であり、これにより well-being が実現するのである。人が集う場であるコミュニティが持続的な人的関係性を保つプラットフォームとなる（広井 , 2009）。

　ここで言う場とは単なる物理的空間ではなく、人が意図や文脈を共有化することにより、「居場所」として意味づけられる重要な心の領域である。先行研究によると、場とは「shared context」すなわち共有された文脈（Nonaka et al., 2000）、ないしは「人々が参加し、意識・無意識のうちに相互に観察し、コミュニケーションを行い相互に理解し、相互に働きかけ合い、共通の体験をする、その状況の枠組みのこと」（伊丹 1999, 2005）等と定義されており、いずれの解釈でも人の関係性が本質となっていることが解る。このように、場は共通理解を生む源泉であり、知識が

共同化・表出化・連結化・内面化の4つの変換モードを経て、相互に知識交換・知識創造を起こす触媒であると考えることができる（Nonaka et al., 1995）。

2.3.4 コミュニティとは何か

それでは場の典型としてのコミュニティとは何であろうか。本節では特にサービスビジネスを媒介としたコミュニティに焦点をあて考察する。また本稿では、サービスコミュニティを、サービス提供者とサービス受容者を中心とした多様なステークホルダーがサービスを媒介にして持続的な関係性をもちコンテキストを共有するプラットフォームであり、視座を共有する人々の繋がりである、と定義する。

コミュニケーションに関する基本的先行研究として、テンニース及びマッキーバーが挙げられる。テンニースはコミュニティをゲマインシャフトとゲゼルシャフトに分類し、ゲマインシャフトからゲゼルシャフトへ（身分から契約へ）の変化を社会発展の過程として分析した（表2.1）。

当時の分析ではジェンダーや社会的階層・年齢階層等の要素まで分類に含ませているが、本質的意志／自然的人格と選択的意志／人為的人格の区分はその後のコミュニティ議論の大きな基礎となっている。

また、マッキーバーはコミュニティとアソシエーションを分類した。コミュニティとは共同的な生活が営まれている場であり、社会の在り方や文化等が共有されている結合体であるとされ、アソシエーションはコミュニティの部分領域として内包されていると位置づけられている。コミュニティはさまざまなものを包摂する社会的統一体であるが、アソシエーションは共同の関心または諸関心の追及のために明確に設立された社会生活の組織体であるとされる（Maciver, 1917）。現在では両者

表2.1　テンニースによるコミュニティの分類
（Tonnies, 1887 第3編第1章及び附言より作成）

	ゲマインシャフト	ゲゼルシャフト
定義	本質意志	選択意志
形態	自体、大有・土地	人格・財産・貨幣
	身分権	債権
生活	家庭生活・村落生活・町生活	大都市生活・国民生活・世界主義的生活
経済	家内経済・農業。芸術	商業・工業・学問
その他	自然的・身分・同胞体	選択的・人為的・契約・結社

表 2.2 共同体の種類

項目	共同体	意図した集団
定義	コミュニティ ゲマインシャフト 第1次集団 基礎集団	アソシエーション ゲゼルシャフト 第2次集団 機能（派生）集団
属性	自己目的的	合目的的
	存在自体が目的、帰属	目的に沿った存在、意味・目的
	本能的・全人的な結合	人為的・作為的選択肢
	そこにあるものとしての集団	何かをするための集団

は分離・区分され、並存すると考える方が一般的である。ペストフのトライアングルにおいてもアソシエーションは私的で非営利的要素がありながら目的を共有する分、コミュニティよりはフォーマルな存在と位置付けられている（Pestoff, 1998）。

　これらをまとめると、共同体の区分としては表2.2のように、従来型の共同体は、コミュニティ、ゲマインシャフト、第1次集団、基礎集団等の呼び方がなされている。他方意図した集団としての、アソシエーション、ゲゼルシャフト、第2次集団、機能（派生）集団と言われる集団がある。前者は自己目的的であり、集団の存在自体及びそれに帰属すること自体が目的となり、本能的・全人的な結合である（そこにあるものとしての集団）。これに対し、後者は、合目的的でアプリオリに存在する目的に沿った存在であり、意味や目的という考え方が重要であり、人為的・作為的選択肢である（何かをするための集団）。

　コミュニティとソサエティは相対的なものであり、地縁や血縁の関係が希薄化した中で、個々人の発する意図や共感できる活動を通して、関係性やつながりを継続していく形態が主流になってきている。表2.2に示すように、インターネットの普及や今後のIoT等の発展によっては、さらに濃度は少ないが範囲の広い関係性が中心的なものになる可能性がある。そこでは価値観や意図や文脈の共有が重要になり、コミュニティによる人的関係性・地域の活性化等を促進する重要な要素になると考えられる。

　こうしたコミュニティに発生するコミュニティ感情としては、共属意識（われわれ感情・共属感情）、役割意識、依存意識が存在すると言われている。反対に解釈すれば、これらが整うことがコミュニティが形成され円滑に促進される要件ともなる。

2.3.5　サービスの関係性深化とサービスコミュニティの関係

　サービスビジネスの進展と持続性の観点から、サービスビジネスにおいてもコミュニティ形成の動きは盛んになっており、事業の発展に伴ってコミュニティが形成される道程を提示した研究がある（杉山2012, 2013, Sugiyama, Shirahada, Kosaka, 2014）。これによれば、サービスビジネスは単なる機能が埋め込まれた製品の売買から、事業形態のサービス化段階（販売取引から利用へ）、ホスピタリティの向上段階（リラックスできる豊かな空間）、信頼の進展に伴う掛け替えのない存在・実現することの意味への共感、等の段階及びコミュニティ形成段階、へと変移している（図2.7）。

　例えば、スターバックス社の事業発展の歴史を見ると、当初は薄いコーヒーしかなかった米国のコーヒー市場に欧州からのアラビカ種を輸入販売したことが出発点であった（段階Ⅰ）。その後店舗でコーヒーを提供するビジネスのサービス化が行われた（段階Ⅱ）。この段階までは美味しいコーヒーを豆ないし店舗の場で提供するという機能主体のサービスである。これに加えて、「最高のコーヒー・くつろげる空間・パートナーによる魅力的なサービス」の3つの要素を備えたサードプレースを確立し、ホスピタリティを付加した新たな価値が定義された（段階Ⅲ）。ここで言うサードプレースとはオルデンバーグが指摘した家・職場に次ぐ第三の場のことであり、家庭や職場での役割を離れて自己を取り戻せる場を意味している（Oldenberg, 1989）。段階Ⅳ、Ⅳ'に入ると更にシアトルカフェスタイルというファッショナブルな生活スタイルを開拓し、コーヒー文化の浸透といった社会的意味合いを実現することで、個人にとっての特別な思い入れや共感等の新たな付加価値要素を付与している。コーヒーセミナーの開催やWeb上のユーザーコミュニティ活動等はこの現われである（浅沼, 2013, Bedbury, 2002）。

　以上のような変移は、スターバックス以外の、顧客コミュニティを促進している先進的企業でも類似の形態が見出だされ、サービス深化のための必要な要素と理解することができる。そこで提供されている価値は飲料提供という機能的価値から行きつけの店のホスピタリティ価値、更にはユーザーの思い入れや共感といった意味的価値にまで進展していると考えることができる。この進展に従い、相互に共有される価値は徐々に非代替的な掛け替えのないものになり、ビジネスの持続可能性に貢献すると共に、well-beingを向上させることになる。他の事例としては、体験価値を重視するツーリズムや美術館・図書館等の公的サービスに至るまで様々な事例

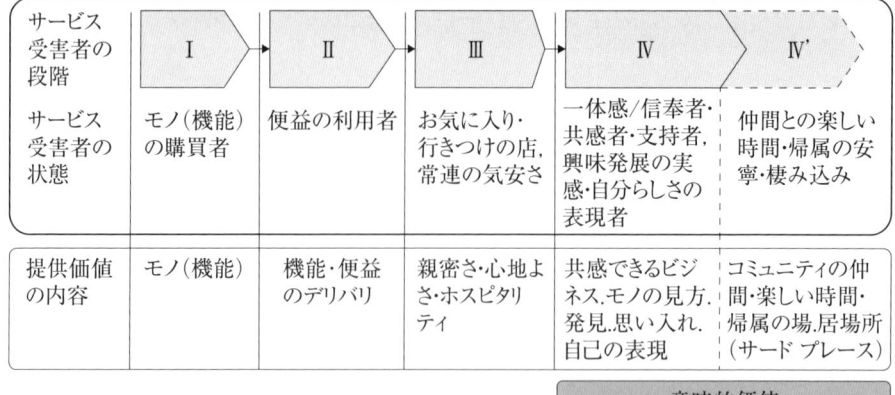

図2.7　サービス深化の段階とサービスコミュニティ

が挙げられるが、いずれのケースにおいても、仲間同士や街との一体化のために、交流を促進するコミュニティが重要な役割を果たしている。地域との持続的関係性が重要になればなる程、経済性だけではない「街づくりの論理」を併せ持つことが重要である。

　以上、総じていうならば、サービスの関係性が深まっていくと、サービスの中にコミュニティが位置づけられることで、サービス受容者とサービス提供者の関係性を掛け替えのない存在あるいは相互一体的なものにし、意味的価値（延岡, 2008）を共有した間主観的なものに成熟させる効果を発生しうるものである。

2.3.6　コミュニティ形成による社会関係資本の醸成

　こうしたサービスの発展プロセスの背景にある原理が社会関係資本の拡充であると考えられる。以下ではその内容を研究の発展を通して振り返り、コミュニティ形成のための重要な要素を考察したい。

　社会関係資本とは、協調的行動を可能にする、信頼・互酬性の行動規範・ネットワークなどを構成要素とした人的関係性に関わる概念である。サービスが社会的側面を持ち、社会関係性を創出することを本質とするとすれば、そこで創出された関

係性はこの社会関係資本に該当する。

　社会関係資本の議論は、パットナムがイタリアおよび米国の社会状況を詳細に分析したことで注目された。パットナムは、「調整された諸活動を活発にすることによって社会の効率性を改善できる、信頼、規範、ネットワークといった社会組織の特徴をいう」(Putnam 1993, 日本版 2001) と定義している。パットナムの研究以来、社会関係資本の議論が深まったことを考えても、パットナムが本課題に与えた影響は大きく、現在の社会関係資本議論の発端となったということができる。パットナムは「哲学する民主主義」(Putnam, 1993) においてイタリアの地方制度改革の成否を分析し、民主的な政府がうまく機能したり失敗したりする原因がなぜかを分析した。行政パフォーマンスが良好に機能するかどうかは地域社会の社会的・文化的環境の違いに原因があるとし、社会関係資本が蓄積されると市民社会度 (civicness) が高くなり経済的にも豊かになると分析している。パットナムはその後米国社会を対象に「孤独なボーリング」を発表し (Putnam 2000)、各州間の社会関係資本を比較しながら、市民参加と社会関係資本の関係が過去 30 年間でどのように変化したかを分析している。

　社会関係資本の研究はパットナムに先立って、ハニファン、ブルデュー、コールマン等の教育学や社会学、社会心理学、経営学等多岐に亘る分野で行われてきており、幅広く社会に影響があることが解る (Bourdieu, 1986, Coleman, 1988)。サービスとの関係を分析した文献は少ないが、サービスの社会的側面を考える上では必須の領域である。従って前述のようにサービスの関係性深化の過程の中で、サービス提供者とサービス受容者の相互信頼関係が樹立され、踏み込んだサービスの為の価値観の共有と互酬的価値贈与関係を見出し、相互のネットワークをコミュニティとして鼎立することが社会関係資本の樹立を促すと考えることができる。

2.3.7　コミュニティの類型と形成持続要因

　このような社会関係資本を醸成するコミュニティないしサードプレースにはどのような類型があり、どのような条件のもとに成立し持続性を持つのであろうか。スターバックスにみられるサードプレースの源流として、オルデンバーグが最初に示した形態は社交場としてのコミュニケーションの場であった。しかしながら欧州や米国のカフェと日本のカフェでは求められるものが異なるという側面もあり、サードプレースに求められる所要に従って類型を以下のように区分した研究がある (Sugiyama, Shirahada, Kosaka, 2015)。

（1）パーソナライズ（個化）型サードプレース

    ①コミュニケーション（対話）志向型：対話の社交場

    ②プライベートスペース型（居場所）志向型：落ち着ける居場所

（2）パースペクティブ（視座）型サードプレース

    ①結果志向型（意味探究）：ボランティアや社会活動

    ②過程志向型（知識探究）：博物館や美術館等の知的刺激の場

　パーソナライズ（個化）型サードプレースとは、個に寄り沿い個々のこだわりや思い入れを充足する場である。その中でも、（1）①は対話と新たな人との出会いを求めて社交の場として人が集まる場である。欧米のカフェが歩道という共の領域にテーブルを並べ、人々が集い出会う場を提供しているのはこの典型であり、オルデンバーグの想定したサードプレースが該当する。しかしながら日本では歩道に出店することが法的に許容されておらず、この点でも共の領域が狭まっていることが解る。日本ではむしろ居酒屋、とりわけカウンター席のみの狭い空間の場所では、顧客とサービス提供側とが一体不可分になっているケースが多く見られ、この色彩が強い。これに対し、（1）②は日本のカフェの多くが該当する、自身を取り戻すための心の落ち着ける場所である。完全に一人である必要はなく、むしろ適度なノイズは一人であることにとってプラスである。

　これに対し、パースペクティブ（視座）型サードプレースは社会的意味や文化的理解に対する共感をベースに成り立つ場である。（2）①はボランティアや地域活動、文化や歴史の浸透、災害復興支援等の主に社会的意味にフォーカスした場であり、共感価値を提供する。これに対し、（2）②は博物館や美術館等の知的刺激のシャワーを浴び、知を共有し広める等、知にフォーカスした世界観を持つ場である。

　現在では、こうしたサードプレースや地域コミュニティと言われる集まりや場は多様な形態をもち、一人が複数の場に参画することで自身のさまざまな分人としての顔を充たしているものと考えられる。

2.3.8　技術世代変革に伴うコミュニティの発展進化

　コミュニティも技術世代変革と共に徐々に形を変えてきている。本節では世代視点からコミュニティの変化を考察する。

第1世代：地縁・血縁を中心としたコミュニティ（地縁・血縁）

　（リアルコミュニティ（共同体）中心）

第2世代：ネット時代のバーチャル／リアル融合コミュニティ（知縁・関心縁）

情報世界、SNS、クラウドファンディング、フィンテック等
　空間的時間的制約を減少させたコミュニティ
第3世代：IoT、AI 時代の包括的社会システム（智連社会）
　人と最新技術（IoT、AI、VR、ウェアラブル、ロボット等の機器）
　の融合、自動情報収集、社会システムとしてのコミュニティ

　第1世代は、知縁・血縁を中心とした旧来型の共同体型コミュニティである。日本には以前から、講・結・無尽といった集まり（呼称は地域によって異なる）が存在した（恩田，2006）。これらは現在調査しても各地に残っており決して過去のものではない。少しずつ形と関係性の範囲を変えながら現代にも趣旨と実態が継続されている。関係性の濃淡でいうと、最も濃度の深いものでは、毎月の集まりで金銭を融通し合い、所要事情のある人が集まった金銭を優先して受領し、毎月順繰りに借り手を決めていく形態さえある（頼母子講とか取無尽と呼ばれる）。これらは地域で顔の知れた信頼関係のある仲間同士で実施されるものであり、主宰する人物がさまざまな調整を行う。これ以外にも冠婚葬祭の支援、業務情報の融通、地元祭りへの協力、積立旅行や単純な親しい仲間同士の飲み会までさまざまな段階はあるが、定期的に交流を図る特別な仲間という位置づけは共通である。こうした関係性は手法を広げながら第2世代に連続性をもって拡張されていく。
　第2世代は、インターネット時代の技術を用いたリアルとバーチャルを融合したコミュニティである。ディジタル技術の発展は、空間的・時間的制約を取り払い、遠く離れた人のつながりを可能にした。現実世界に対する情報世界が広がり、ソーシャルネットワークによる情報伝達範囲の飛躍的拡大、クラウドファンディングによる少額資金のロングテール的集約、フィンテック等新たな価値交換や資金決済の拡充、所要とリソースを効率的につなげるウーバー等、価値交換の範囲と内容は大きく拡張された。その結果、地縁・血縁に縛られることなく、同じ考えや価値観、動機づけや効用を持つ人がつながりあう可能性が増え、社会的背景や階層を超えたフラットな働きかけが、大きな社会的動きをイニシエートする可能性が出てきた。ティッピングポイント（Gladwell, 2000）の閾値が下がったことで可能性が拡大したともいえる。従って地縁や血縁がなくとも、何らかの社会的テーマ（テーマ縁）や個人的関心事（関心縁）が認知され共有化されることをきっかけに集合知が形成されることになる。リアルの現実世界がネットを活用することで縦横につながりをもつようになり、情報世界が足し算ではなく掛け算で拡張し、意図せぬところとのつながりができる可能性が拡張されている。これは、従来の地縁・血縁に対し知縁と

でも言えるものと考える。

　第3世代は、IoT、AI時代の智連社会とも呼ばれるコミュニティである。ソサエティ5.0はこうした時代のスマート社会を想定するが、急速に発展する技術が何をもたらすかについては、予測できない面も大きい。IoT、AI、VR、ウェアラブル、ロボット等の最新技術の発展により人も機器も全てがつながり、自動的に情報収集がなされ、相互にコミュニケーションを始めることで、インテグレートされたインテリジェントな社会システムが出来上がることは予測できる。こうした中で、自・他・モノ・情報すべてが主体となってつながりを誘導し、人とモノとの関係性が変わる（増加する）ことにより、人と人との関係性も変わっていくのではないかと考えられる。ただし、コミュニティがどこに向かうかといった、エコシステムにディレクション（方向付け）を与え制御の意思決定をするのは、あくまで人の意図であり価値観である。ダブル・ループ学習の枠組みや社会システムの設計は人の価値観無しには決定することはできないからである。

　また、今まで気づかなかった選択肢をモノ側が提案してくれることで選択肢が増えることは選択の精度を上げることになるが、同時に選択負荷（意思決定コスト）を増加させることにもなる。部分的には、意思決定増加分をAIが過去の選択履歴のデータ解析によるレコメンデーション提供等により中和することになるであろう。いずれにせよ、あらゆるものが繋がった時に、あらためて人が自身の意図の内容と他者との交錯可能性を認知し、選択の幅を拡げながら、意思決定コストの増大と複雑性の縮減の狭間で悩み続けることになると思われる。

（杉山大輔）

2.4　サービスデザイン

2.4.1 現在のサービスデザイン研究

　1980年代、マーケティング界では製品とサービスの分離や違い、サービスの特徴付けなどの領域からサービスデザインの研究が始められていた。その後まもなくして、サービス・ブループリントなど現在のサービスデザインの中核となる手法がいくつか考案されていった。1990年代からは、欧米の先進的企業において、デザインの研究対象はインターフェースデザインからインタラクションデザインへとシ

フトし、顧客体験を中心としたデザイン研究が始まった。既存のデザイン研究との領域違いが強調され、製品サービスシステムやサービス・サイエンスが議論されるようになり、サービスデザインはサービスシステムやサービスライフサイクルへと研究対象を広げてきた。

「This is Service Design Thinking」（Stickdorn & Schneider, 2013）は、以下のように述べている。

「サービスデザインは、サービスのアイディア発想や設計のためのヒントを発見し、より良いカスタマーエクスペリエンスを実現するために使われる。サービスの利用やタッチポイントにおける顧客の行動はもちろん、顧客の思考や感情まで把握し、カスタマーエクスペリエンス（顧客体験）を理解する必要がある。」

このように、サービスデザインはカスタマーエクスペリエンス（顧客体験）を重視した方法論である。英国サービスデザイン会社の Engine 社は、「サービスデザインは、優れたサービスの開発と提供に役立つデザインの専門分野です。サービスデザインのプロジェクトは使いやすさ、満足度、信頼性、効率性といった各種のファクターを改善する働きがあり、環境デザイン、コミュニケーションデザイン、製品デザインなどのさまざまな領域に適用します。そしてサービス提供者にも利益をもたらすことも忘れてなりません」と言っている。このように、サービスデザインは、サービスの受給者のみならず提供者までも巻き込んだ満足度、信頼性、効率性、利益を考えていく手法である。

サービスデザインは、以下のように、インタラクションデザインからのアプローチとシステム科学からのアプローチがある。

（1）インタラクションデザインからのサービスデザイン

スマートフォンでは、電子メールを送信したり、写真を撮ったり、撮った写真を直ちに SNS にアップしたり、多くの応用がある。これらを使いやすくかつ便利で楽しいものにしたのは、インタラクションデザインや人間中心設計である。人々はこうした場面で優れたインタラクションデザインの恩恵を享受している。インタラクションデザインは、製品やサービスを介して製品と人／サービスと人とのより良いインタラクション（対話）を手助けするための技術である。

サービスデザインは、顧客とビジネス、組織をつなぐものである。サービスは何

を顧客にもたらすのか、どのような影響が生じるのか、それら課題を解決するには組織や社会にどのような仕組みや機能、再設計が必要になってくるのか等の問いで、アプローチをおこなう。そのためには顧客を理解し質の高い関係性を築く必要がある。顧客の痛みや幸福感等を知ることで、顧客のインサイトを探り本質を理解するために対話をおこなっていく。これは、人と人・人と組織・会社と地域・地域と社会などの多様なステークホルダー間のインタラクションを拡張しながら、そこで得られた情報や知識をサービスデザインへつなげていくことに他ならない。

(2) システム科学からのサービスデザイン

　これまで「経験と勘」に頼る割合が高かったサービスに、「科学的・工学的手法」アプローチを取入れることで、「人間」を主体にしたサービスを考えられるようになった。かつて、デザイン研究は人にとって操作しやすいテレビリモコン・携帯電話などの対象に限られていた。近年、スマートフォンによる通話・メールの記録、クレジットカードの購買記録、SUICA による駅通過記録等から人間の行動、行為を記録することができるようになった。これにより、科学的・工学的アプローチで、デザイン研究を進めることが加速された。さらに、IC タグなど IoT を利用した社会が進むと、体温、血圧などのバイタルデータもリアルタイムで計測、記録でき、自身の健康管理等がリアルタイムで可能となる。テクノロジーの進化によって人の行動・行為の結果を踏まえた人間中心アプローチがさらに発展していくであろう。

　人間中心アプローチが主軸であるサービスデザインは、複雑な企業経営や社会問題を解決する手段となりつつある。それぞれの組織の現場では、既存サービスの改善案や代替案が出てくるだろう。これらを実行していくには、トップマネジメントや中間管理職が、その組織のこれまでのビジネスの方向性をどのようにして変えていくかを真剣に考えていかなければならない。この時、サービスデザインが有効なアプローチとして活用できるのである。このように、サービスデザインはこれまでの企業のビジョンや戦略を変えてしまうような大きな力を秘めている。

　例えば、コンビニエンスストアのフロントカウンターでは顧客との接点があり、そこで顧客と店員の間で取引が行われ、様々な顧客体験がなされている。その後ろには店長が店舗全体を管理し、さらに POS や IT システムなどバックエンドのシステムで数々の記録を収集しながら全体を支えている。フロントとバックエンドのすべてをサービスシステムと捉えデザインしていく。それはひとつの業務や企業体だけではなく、パートナー・関連会社・住人地域などを含み、より良い社会や人々

の生活までをデザインしていくという広がりにつながる。

2.4.2　サービスデザインの5つの基本原則

　サービスデザインは、以下の5つの基本原則を提唱している。また、サービスデザインはデザイン思考をベースした反復プロセスのアプローチ方法をとっている。このため、以下に示す5つの基本原則は、デザイン思考と同じように顧客と一緒の体験や顧客との相互作用を中心とした、人間中心アプローチとなっている。

（1）ユーザ中心主義
　サービスは有形の製品とは異なり、利用者が実際に体験することでその存在が認められる性質のものである。そのためデザインする際には、利用者の体験を中心に考慮されることが求められる。利用者を理解する場面では、エスノグラフィー等が有効な手法として用いられる。

（2）共創
　すべてのステークホルダーが参加し共創できるようデザインする。これは無形であるサービスの特徴といえる。サービスが提供される場面では、利用者は様々なユーザーインターフェースを利用する。そこでは提供者と利用者のインタラクションが発生し如何なる体験になるかが決定されるのである。またサービスの体験の善し悪しは利用者自身の行動によっても変化してしまうこともある。利用者自身も単なるサービスの受け手としてだけではなくサービスの作り手として、利用の場に参加することが求められる。サービス提供側のフロントや利用者から見えていないバックのスタッフらもその共創のプロセスに参加している。このような共創の場に全てのステークホルダーがどのようにして参加してもらうかをデザインする。

（3）インタラクションの連続性
　例えばレストランで食事をするときのサービス体験を考えると、店を選び、選んだ店に入る。給仕から席に案内され、メニューを見て料理を選び、ソムリエと一緒にワインを選び、運ばれてきた料理を口にする。このような異なる複数のシチュエーションから成る連続的な体験である。このように顧客が一連のサービスを受けていく流れをあたかも旅をする感覚で捉えたものがカスタマージャーニー・マップである。異なるシチュエーションが連続的に配列されたサービス体験のプロセスだ

からこそ、いわゆる「間」や「時間」さらにはサービスを受ける「場」が重要になる。異なるシチュエーションから成るインタラクションの連続性を、利用者が快適に経験できるように「間」「時間」「場」のデザインが必要になってくる。

（4）物的証拠

　利用者に対してそのサービスを強く印象付けるためには、利用者の記憶に残る物理的なモノをサービスと一緒にデザインすることも必要である。例えば、日本に来た外国人には、ホテルのベッド上にさりげなく置かれた折鶴などがある。

（5）ホリスティック（全体的）

　これらの4つの要素を考慮しながら、サービスを全体的なシステムとしてデザインすることが大切である。利用者の体験という視座を中心にして、利用者と提供者側のインタラクション、カスタマージャーニーによる連続的なシチュエーションの「間・時間・場」、サービスを体験したという利用者の記憶に残る物理的な証拠、そうした要素を通じて利用者の体験を快適なものにするためにはどのようなシステムが必要かを考えデザインする。

2.4.3　サービスデザインと価値共創

　これまで、製品やサービスは企業から生産される様々な提供物そのものに価値があり、それを顧客が購入し満足すれば良いというモデルが一般的であった。しかしながら、ビジネスにおける競争力強化やイノベーションのためには、提供物そのものの価値から、顧客が生み出す価値や文脈へと価値創造の視点が変わってきている。企業はサービスを通じて、顧客の業務や生活の文脈の中の価値創造の仕組みに如何にして入り込み、貢献できるかが極めて重要なテーマになっている。

　価値共創という視点に立つと、企業からの提供物（有形・無形の双方）を顧客が利用することによって生み出される経験や体験的な価値が、これからのビジネスの競争優位を獲得するために必要な条件になってきている。また、情報システムやネットワークの技術発展によって、企業が顧客の業務や生活の場面に接する機会が多くなり、提供物を顧客が使用した時の価値をテクノロジーによって注視することも行われている。例えばSNSのような媒体を通して利用した製品などの感想や意見を述べたり、興味をつぶやいたりなど、顧客が企業の提供物の生産活動に積極的に

介入する機会も増えてきている。顧客の持っている価値と企業もしくは提供物の価値との接点により相互作用を持つことができる環境が整ってきていると言える。

　サービスデザインでは、企業と顧客がカスタマージャーニー（顧客がどのようにサービスとの接点を持って、これを認知し、関心を持ち、購入や登録に至るのか、というプロセスを旅に例えた言葉）に向かい、タッチポイント（顧客接点）で価値共創をおこなって顧客体験を作り上げること、サービスの全体感を持って設計していくことが必要である。そこで、重要となる価値共創の要素とタッチポイントを以下に述べる。

(1) 価値共創の要素

　C.K. Prahalad（2004）は、価値共創を可能にするための 4 つの要素の相互作用を挙げている。第 1 に「対話（Dialogue）」。企業と顧客が注意深く関わり合いながら両者とも対等な立場で行動に向けた意見を交換し合うことである。通常会話とは異なる。第 2 に「利用（Access）」。製品を所有することから経験することに変化している。このため企業は顧客との対話を増やすため、さまざまな場所・方法にアクセス可能な場を生成し相互作用が起こしやすい状況を作り出す。第 3 に「リスク評価（Risk Assessment）」である。リスク評価のプロセスを可視化することで顧客がリスクの判断ができるようになり、安心して共創に参加することが可能となる。第 4 に「透明性（Transparency）」である。これは企業と顧客が対等な立場になることによって情報の格差がなくなり、透明性が保たれ、共創のプロセスにおいても可視化可能となりリスクまでもが評価できるようになる。

(2) 価値共創としてのタッチポイント

　タッチポイントでは感覚、感情、イメージ、雰囲気、周りの空間や環境をも価値の範疇として考慮する。そして、顧客がタッチポイントでそのサービスを受ける前から受けた後までの一連のプロセスを、「以前」・「開始」・「途中」・「以後」の 4 つに分類し（Reason, Lovlie, Flu, 2015）、それぞれのプロセスで顧客が持っている価値や経験した価値の変化を把握し、これを受け入れて理解する。さらに顧客の気づいていない価値を、対話を進めながら価値の本質を摑んで行く。サービスの種類によって、これらのプロセスが長時間かけて行われるものや、一瞬で完了してしまうものがある。こうしたプロセスの経過を考慮し、顧客との対話を行いながら価値共創を起こし、顧客体験にどう繋げていくかをデザインしていく。

2.4.4 第3世代のサービスイノベーションにおけるサービスデザインと価値共創

　第3世代のサービスイノベーションにおけるサービスデザインは、これらの要素に加え、IoT や AI などの先端テクノロジーが組み合わされ多様なデザインを行う事になるだろう。これまでのサービスは、サービスを提供する企業とそれを利用する顧客という関係が明確になっていた。しかしテクノロジーを活用することで、時間・空間・場所を超え、これまでにない顧客体験、或いは企業側の体験、社会の体験を価値共創として得ることができる。これにより、サービスはさらに深化していくのではないかと考えている。あるコミュニティにおいて、まず顧客間で価値共創をおこない、その後から企業や自治体や社会がその共創に参加し連鎖することによって、新しい価値創造が生れ、それが新サービスとして人々の豊かな生活に役立つものになっていくような姿が一般的になってくるのではないだろうか。さらに、これまでのカスタマージャーニーよるタッチポイントは、サービス提供側から顧客に積極的に接近してくることも考えられ、タッチポイントの考え方を拡張していくことだろう。そしてサービスは、サービスに関わるすべての関係者を生態系として捉えて成長していくものと考えることができる。

　テクノロジーはサービスを提供するプラットフォームだけでなく、企業や社会にとってデザインに必要な知識やアイディアを提供し、顧客や生活者には企業と同等レベルの知識をタイムリーに提供する。これにより対話の活性化や人の内面を支援しながら、リスクを回避し、サービスの可視化を支援する。こうしたツールとして先端テクノロジーの活用は無限に広がっている。例えば保険会社は、顧客のバイタルデータを活用した健康管理とスマートフォンやデバイス等により行動履歴等の数々のデータを組み合わせて、最も適切な保険プランや料率を提案する。これは保険会社に求められるコンセプトが保障「何かあったら保障する」から予防「防ぎながら守っていく」へ大きくパラダイムシフトしていくことが想定される（PwC, 2015）。さらに、これらのデータから運動メニューや食生活等を提案し、人は生活習慣を良い方向へ変え新たな価値を生み出し、顧客接点であるタッチポイントが拡大され価値共創が高まることが期待される。

　第3世代のサービスは、テクノロジーによって医療機関・公共機関・交通機関・スポーツジム・ショッピングセンター・コンビニエンスストア・商店街・レストラ

ン・個人のスマートフォンやデバイスと連携し「人々が健やかに生活する」ための価値提案をおこない、生態系としての価値共創をサービスデザインによって実現してくであろう。そしてこれは地域社会へのイノベーションの鍵になる可能性を示している。

（小川貴巨）

2.5 サービス提供者内のシステム：フロントステージ・バックステージ

2.5.1 サービスシステムのフロントステージ・バックステージ

フロントステージ・バックステージは、サービス・エンカウンター・モデル（Lovelock 他, 2002）で示されている（図2.8）。サービス提供のシーンにおいて、提供者と利用者が出会う（エンカウンター）ことを示している。

この概念はサービスが無体物の価値の提供であることが出発点と考えられる。なぜならば、ここで述べるサービスは、サービス・ドミナント・ロジック（井上他, 1990）におけるグッズの対義語として示されるサービスだからである。経済学においても、有体物の提供によるサービスと無体物によるサービスには違いがあり、無体物によるサービスには「実体がない」「同時消費」「品質不均一」という特徴がある。そこで、サービスの提供で最も重要なのが提供の瞬間であると言われている。ノーマン（Normann, 1984）による「真実の瞬間（Moment of truth）」である。グッ

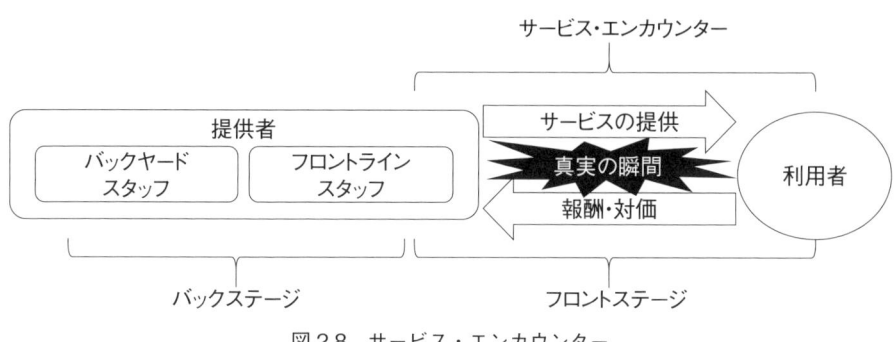

図2.8　サービス・エンカウンター

ズの価値は、材料調達、組み立て、調整等の制作工程において積み上げられ、完成したグッズの価値はどこで買っても誰から買っても変わらない。しかし、サービスの価値は、いくら事前に準備をしても多くの資金を投入しても、最終的に顧客に利用される瞬間で全てが決まる。だからといって、事前の準備や資金がなくても良いということではない。十分な後ろ盾があってこそ初めて最終的な価値の提供が行えるのである。このことをサービス・エンカウンター・モデルは適確に示している。顧客とサービス提供者の接点である真実の瞬間が起こる場をフロントステージ、サービス提供者の後方で、提供のためのあらゆる支援を行う場をバックステージとして示している。

　サービスを提供する企業組織をこの視点で俯瞰すると、総務・人事・労務・経理・技術開発などの部門はバックステージにあたる。一方、営業部門や店舗等のスタッフはフロントステージにいる者である。サービスアーキテクチャーの中では必ずしも明示されていないが、サービス提供のシーンには必ずフロントステージ・バックステージが内包されている。サービス・ドミナント・ロジックにおけるサービス（価値の交換）においても、価値の提供は必ずしも一人のアクターのみで提供できるわけではなく、アクターの中にフロントステージ、バックステージが内包されていると考える方が適切である。

　他のいくつかのサービスモデルに関しても言及する。サービストライアングル（Kotler, 1991）は、サービスの関係者として企業・従業員・顧客を挙げ、各々の関係のバランスが重要であるとしている。会社と従業員の関係はインターナルマーケティングと呼ばれ、バックステージ・フロントステージの関係といえる。このモデルで重要なのは、前述のインターナルマーケティングと、企業と顧客の関係を示すエクスターナルマーケティングが、顧客と従業員の関係であるインタラクティブマーケティングと同様に重要であると述べている点である。バックヤードは「裏方」として軽視されることもままあるが、サービスマーケティング理論においては重要視されていることが分かる。サービス・プロフィット・チェーン（Heskett, 2008）においても、最前線の従業員と顧客との間のサービス交換による価値や満足は顧客のロイヤリティにつながるとともに、従業員の満足度向上、従業員を支えるスタッフの満足度向上、企業の価値向上が連鎖していくことが示されている。従業員と顧客の間のフロントステージだけではなく、バックステージの存在がサービス全体の価値を高める力となっている。

　システムズアプローチ（田尾, 2012）の観点から述べると、組織はシステムである。さらに、「意図的に構造化された行為システム」ということができ、組織構造

はフロントステージ・バックステージを意識して意図的に構造化され、そのシステムは個人の意思ではなく組織の意志で動くものと規定される。なお、組織を構成している個人は組織内で相互に行き来しながら、協働、分業している。また、システムは創発性を有していると考えられることから、フロントステージ・バックステージという関係性の中でも新しい価値が創造されることになる。

現代組織論で題材になる官僚主義（ビューロクラシー）（田尾, 2012）とフロントステージ、バックステージの関係についても触れておく。ビューロクラシーは賛否両論があるが、各個人・部署の役割が明確で指揮命令系統も確立されているものという点で優れた組織形態の一つであり、ラインアンドスタッフ組織などのベースともなっている。その存在意義から、ビューロクラシーそのものがバックステージにおける組織形態を是認し、積極的に内包しているともいえる。一方、目まぐるしくニーズが変化する顧客との接点を構成するフロントステージを体現するには、ビューロクラシーは若干硬直的な印象を免れない。サービスシステムにおいては、ビューロクラシーと対比するデモクラシー的要素による「創発」「協働」「イノベーション」が語られ、重要視されている。ビューロクラシー＝バックステージ、デモクラシー＝フロントステージと捉えることもできる。一見対立する2つのステージであるが、双方の意思疎通は、ビューロクラシーで明示される上下伝達ではなく水平伝達であり、バランスが取れていることが重要である。

情報システムにおいても同様の概念があり、フロントエンド・バックエンドと呼ばれる（野中他, 2000）。システムが大規模化、高機能化するに連れて、主となる情報処理の前段でフロントエンドシステムが、後段でバックエンドシステムが働き、全体でサービスを提供している。

以上のように、フロントステージ・バックステージの概念はサービスに関する種々のモデルや概念に内包されており、必ずしも明示されてはいないが、サービスアーキテクチャーの基本概念として重要視されている。

2.5.2　時代・時系列によるシステムの変化

フロントステージ・バックステージの、時代による変化を示す。産業革命以前は、サービスの多くは個人間で行われており、サービス提供者がサービスを提供する準備として行ったものをバックステージと呼ぶことができる。すなわちサービス提供者個人の作業形態の分類である。その後、産業革命が興り、工場での大規模で効率的な生産が望まれることとなり、1つの製品を生み出すために多くのプロセスが必

要となった。この時点では、フロントステージ・バックステージは役割分担としての名称でしかなかったと考えられる。また、グッズの流通が社会の中心を担っていたといえる。その後現代に向かうにつれ、サービシィーズの重要性が注目され、サービス提供の瞬間であるフロントステージにおいていかに高い価値を提供できるかが議論されるようになる。それに対応するように、バックステージの重要性にも注目されるようになった。フロントステージとバックステージの関係、バックステージで働く者のモチベーション、顧客価値のフロントステージからバックステージへのフィードバックなど、多くの関連性が重要視されてきた。組織においても、通常バックステージに位置する経営者層が企業の説明責任を積極的に利用者に果たす時代になってきた。また、サービスそのものが組織対個人のインタラクションだけではなく、組織対組織、または再び個人対個人のインタラクションへと変化し、更にサービス・ドミナント・ロジックが「提供者」と「利用者」というラベルも取り払った。以上のように、時代によるサービスの変化に応じ、フロントステージ・バックステージも変化しながら基本概念として存在していたということができる。

今後も、サービスの変容に応じ、フロントステージ・バックステージの概念も組織内に固定化されているものではなく、サービスを取り巻く関係者間のアクティビティに応じて、組織をも超えて動的に適用されるものになるかもしれない。

2.5.3　社会インフラサービスの特徴

今まで述べたように、サービスを提供する組織内には、陰に陽に、役割としてのフロントステージ・バックステージがある。またその位置付けや関係性は、時代とともに変化している。本節では、サービスの種類によってもこのフロントステージ・バックステージの位置付けが異なることを、具体的な事例によって示す。

社会インフラは、交通機関や電気・水道・ガス・通信といったライフライン、道路や土木構造物等、社会生活に必要不可欠な基盤（内閣府，2013, 国土交通省，2014, 国土交通省総合政策局，2014）である。病院や警察なども社会インフラに含む場合もある。これらの社会インフラは、インターネットのように最近の 20 年で急速に世界中に広まったものもあるが、多くは利用者が生まれる前から存在し、デザインや運用スキーム等は変わりつつもその基本的機能は変わらずに社会に浸透しているものである。あって当たり前、予定通りに使えて当たり前、という存在である。また準公共財として、あまねく人々に利用の機会を提供する。法的に提供が義務づけられているものもある。その性格から、国その他の公共団体が運営することが多かっ

た。しかし、日本を例にすれば、1980 年代以降に日本電信電話公社、日本国有鉄道の民営化を初めとして、日本道路公団など、社会インフラの民営化が進んだ。民営化は、柔軟な経営によるコストダウンと利用者ニーズの反映、自由競争という切磋琢磨によるサービスの質向上といったメリットが活かされた反面、厳しい生存競争にさらされ事業自体の継続性が保証されないというリスクも背負うことになった。しかし、このメリットとリスクは一般企業では当然のことであるし、なによりもサービスとは、利用者の価値に見合うグッズやサービシィーズを提供し利用者と提供者の価値を共に高めていくものであるから、社会インフラを提供するサービスであっても、利用者との接点であるフロントステージ、その支援をするバックステージがバランスよく成り立つことが重要である。

　次節で、社会インフラサービスにおけるフロントステージ・バックステージの概念を、鉄道輸送サービスを例として紹介する。

2.5.4　鉄道輸送サービスの紹介

　鉄道は、英国で 18 世紀の産業革命時に蒸気機関を活用して誕生し、1825 年にストックトン・ダーリントン間で世界初の公共輸送サービスが始まった（坂田, 1981）。以降、英国内やヨーロッパ、アメリカで鉄道敷設が一気に広まった。それまでの徒歩、馬車等による移動に比べ、短時間で遠隔地に大量の人荷を移動できる鉄道は、産業革命による大量生産・大量消費のロジスティクスを支え、大きく発展した。日本では 1872 年に新橋〜横浜間で鉄道が開業して以来、2012 年現在で 36000km あまりの鉄道路線が敷設されている（国土交通省鉄道局, 2012, 国道交通省総合政策局, 2013）。

　鉄道輸送サービスは、社会インフラサービスの中でも重要な交通サービスの 1 つである。以下に、鉄道輸送サービスと他の交通機関、他のサービスとの違いを、サービス・エンカウンター、フロントステージ・バックステージを意識しながら述べる。

(1) 大量輸送に適している

　鉄道 1 車両の定員はおおよそ 150 人程度であり、首都圏では 10 両程度で編成される列車が運行されている。日本における鉄道輸送人員は 242 億人（国土交通省, 2015）で、一日あたり 66 百万人が利用していることとなる。鉄道輸送をサービスと捉えると、「同じ条件（車両、路線）で A 駅から B 駅へ移動する手段を一度に多

くの利用者に提供している。」といえる。鉄道は、これだけ多くの輸送を一度に実現できる特徴を有している。

(2) 高頻度・高密度輸送に適している

　鉄道は、衝突や脱線等の重大事故を防ぐために、安全に走行できる条件が整わない場合自動的に列車を停止させる機能（「列車の間隔を確保する装置」（電気関係技術基準調査研究会, 2014）、一般的には ATS（自動列車停止装置））を持たなければならない。この基本的な安全機能を備えているため、需要の高い路線でも閉そく（1 列車が占有し他の列車が入れないようシステム的に確保される区間）距離を短くできる。また列車の位置を把握して適切な運行指示を行うシステムを導入することにより、安全を確保した上で高頻度・高密度輸送を実現できる。朝の通勤時間帯には 1 ～ 2 分程度の間隔で列車が運行されている。サービスの視点では、「時間帯に関わらず、同一レベルのサービスを繰り返し利用者に提供している」といえる。

(3) 高速輸送に適している

　1964 年、新幹線が東京～新大阪間で開業した。今では約 550km の距離をおよそ 2 時間 30 分で結んでいる。路線や車両によって異なるが、時速 200km 以上の速度で安全に走行できる交通手段である。飛行機の速度には劣るが、地上で交通輸送を担うサービスの中では非常に高速である。サービスの視点では、「今まで宿泊を伴わないと行くことができなかった場所に、日帰りで行けるようになる」といった、新しい移動のスタイルを提供した。

(4) 移動の自由度が少ない

　列車は、予め敷設されたレールの上しか走ることができない。また、列車の衝突や脱線といった重大事故を防止するために、運転士が自らの判断で勝手に進路を変更したり退行したりすることはシステム上も運用上も基本的にはできない。また、路線全体の列車運行の秩序を保つため、また利用者に予め提示された時刻表を守るため、定められた時刻・速度で運行することが求められている。利用者の列車の乗降は予め定められた場所（駅）でなければ行えない。従って乗用車のような自由度は持っていない。これは、サービス視点では「利用者に予め示したサービスのレベル（時刻表）を維持するよう、提供者が鉄道輸送サービスを運営している」といえる。

(5) 運営に多くの設備を必要とする

　前述したように、鉄道は車両のみでは成り立たず、線路、運転保安装置、駅設備等の地上設備や駅相互間の通信回線等、多くの設備を必要とする。また、鉄道は複数の地点を線で結ぶため、これらの設備は長距離に渡って点在、偏在する。このことは、「財務諸表上の固定資産」「設備の老朽化に対する投資」「維持管理の費用、人員の確保」それぞれの規模が著しく大きいことを意味し、鉄道事業を営み企業を維持する上で主にコスト面での留意点となる。

　また、日々の鉄道輸送はこれらの設備が健全な状態にあり、また正しく動作することによって初めて成り立つものであるため、例えば利用者個々人のニーズに応じて都度きめ細かくサービス内容を変化させることは難しい。

　鉄道は、利用者の意見を取り入れつつも、サービスとしては前述の通り「利用者に予めサービスレベル（時刻表）を提示した上で、その提示通りのサービスを提供するよう各部門が役割を担う」ということになる。

　これらの特徴を総括すると、鉄道輸送サービスは、サービス提供のための準備や、提供に必要となる設備が他のサービスに比べて膨大であり、特にバックステージの存在や役割が重要視されるサービスといえる。

2.5.5　鉄道輸送サービスを例とした社会インフラサービスモデル

　鉄道輸送サービスには前節のような特徴がある。一方、駅における駅員と利用者との直接のサービス交換もある。これらを、フロントステージ・バックステージの概念を踏まえて総括したモデルを図 2.9（鈴木他, 2015）に示す。

　図 2.9 について説明する。左側が鉄道輸送サービスの提供者、右側が利用者である。利用者と直接接している箇所が 2 ヶ所ある。上部が駅員や店舗スタッフによるサービスの提供で、フロントステージの 1 つである。ここでは駅員が利用者に切符販売や列車案内等を行い、また店舗スタッフは利用者に様々な商品を販売する。提供者と利用者が直接相対し、サービスの交換が行われ「真実の瞬間」が起こっている。バックステージは、フロントステージにいる駅員や店舗スタッフを支える企画部門や前述の総務・経理・労務等の部門である。この部分は、通常のサービス形態においても同様に記述することができる。

　鉄道輸送サービスにおいて特徴的なのはもう 1 つのフロントステージである。図 2.9 の下部で「設備」と記載されている、具体的には列車や駅設備等が、利用者に

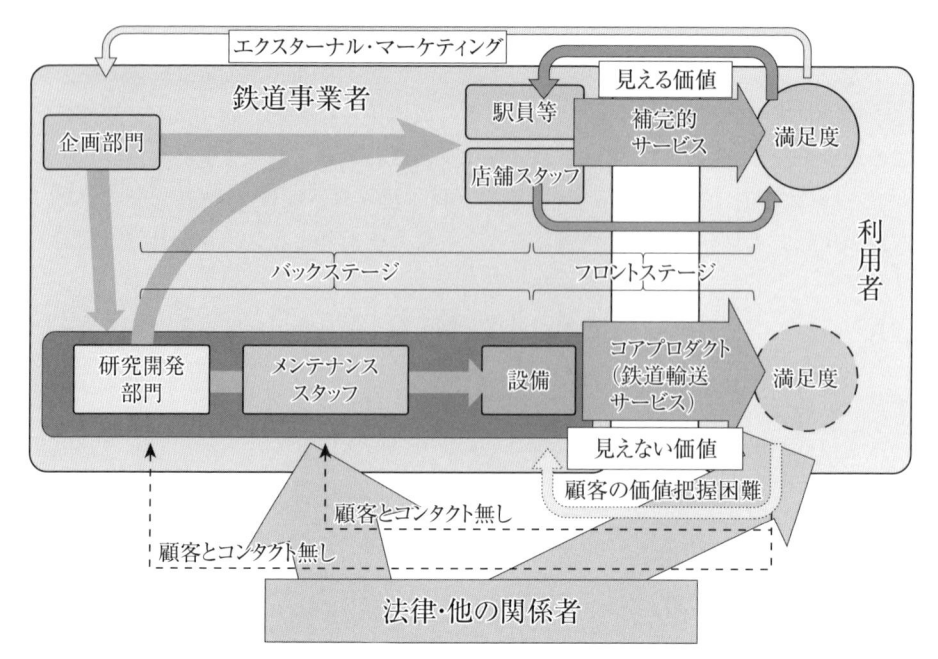

図2.9　鉄道輸送サービスにおけるフロントステージ・バックステージの概念

直接サービスを提供している部分である。鉄道輸送サービスの最も主となるサービスは「出発地から目的地までの移動」であるが、これを実際に行っているのは列車であり、駅設備だからである。よって、鉄道輸送サービスにおけるもう１つのフロントステージは、「列車・駅設備等の設備と利用者との接点」といえる。設備には、利用者に直接見えないもの（線路や運転保安設備等）もあるが、これは、設備の中のバックステージともいえるものである。

　また、図2.9に示す「メンテナンススタッフ」は事業者内では「現場社員」「第一線」（東日本旅客鉄道株式会社HP, 2015）などと呼ばれ、まさにフロントステージで活躍する立場とされているが、サービス利用者との間には、「設備」があるため、メンテナンススタッフが直接利用者とサービスを交換する（真実の瞬間を共有する）ことは稀である。そして、メンテナンススタッフの更に後方に、研究開発部門その他の後方支援組織（スタッフ組織）の存在がある。ここでは、「スタッフ組織」―「メンテナンススタッフ」―「列車・駅等の設備」―「利用者」という関係の中でフロントステージ・バックステージの概念をどの部分に適用するかを熟考しなければならないことが分かる。サービスを提供する組織について議論するときに、組織をサービスアーキテクチャーの概念で捉え、特にバックステージの役割や位置付け、

フロントステージとの関係性に注目することは、より良いサービス提供のために重要な考慮点の1つとなる。

2.5.6　まとめ

サービスアーキテクチャーを考える際に、サービス交換のシーンのみを考えれば良いわけではなく、そのサービスの準備・構築等のための、いわゆる「裏方」の存在が重要である。本節では、それをフロントステージ・バックステージの概念で整理した。現代のサービスは、多数の関係者（利用者をも含む）との相互関係により創造され、交換されるものであるため、関係者で構成される「組織」の構成の良し悪しがサービスの質にも大きく影響する。組織論では、ラインアンドスタッフ組織として、フロントステージにあたる最前線を担うライン組織とバックステージにあたるスタッフ組織の有機的な関係の必要性が述べられている。組織マネジメントではフロントステージ・バックステージの両方を管理しなければならないということである。

後半で、社会インフラサービスではフロントステージ・バックステージの概念をどの部分に適用するかを熟考しなければならないことを、鉄道輸送サービスを例として述べた。サービス形態によってアーキテクチャーは異なるが、フロントステージ・バックステージの概念は基本的概念として意識すべきものである。サービスアーキテクチャーに関する議論の際に、頭の片隅に入れておいていただければ幸いである。

（鈴木雅彦）

2.6　サービスの評価

デジタルテクノロジーの進化は、第1次産業から第3次産業までのあらゆる産業に変化をもたらしている。第1章で述べたように、デジタルテクノロジーによって引き起こされた第1世代のサービスイノベーションにより、サービスの提供コストの低下は提供側の生産性や利用側の利便性の向上を促した。情報通信技術から生まれたインターネットの普及による第2世代のサービスイノベーションでは、サービスの利用範囲が実空間から仮想空間への拡大することにより、24時間365日どこでも利用できるサービス等の出現をもたらした。現在は、第3次産業であるサービ

ス業が経済の中核を占め、第2次産業である製造業にとっては、「もの」に対する差別化のため「サービス」の要素を付け加えたビジネスの拡大を図るなど、サービスの重要性は日増しに高まっている。

このように「サービス」は競争の源泉であるにも関わらず、提供側は利用者にサービスの良さを訴求できない、利用側は利用前にその良さが判りにくい等の問題があり、古くからサービス評価の研究が行われてきた。本節では、これまでに研究されたサービスの評価について紹介するとともに、第3世代のサービスイノベーションにより変化しつつあるサービス評価について考察する。

2.6.1　第2世代のサービスイノベーションまでのサービス評価

(1)　サービスの品質

サービスが良い、悪い、などサービスの評価が難しい原因には、サービスの性質が関係している。サービスは、

① 無形性…形が無い、見えにくい
② 同時性…生産と消費が同時に行われる
③ 不可分性…生産と消費を切り離すことができない
④ 非均一性…「もの」のように常に同じ品質を保てない
⑤ 消滅性…「もの」のように在庫することができない

の特徴を持っている。この特徴のため、サービスの内容が判っていたとしてもサービスを受けた後でないと善し悪しの判断が難しいと言われてきた。例えば、タクシーを利用する場合を考える。目的地への到着は最低限の結果だが、期待した時間内に到着できるかは着いた時点で判断するしかなく、到着時点で遅れてしまっていたら、そのサービスをやり直すことができない。また、運転手により運転の仕方、雰囲気に違いがあり、そのタクシーを利用して良かったかは乗ってみなければ判らない。これが、第2次産業であれば、製造物が目に見えて存在するため、利用前に外観から自分が想像しているものに近いかどうかの判断はできるだろう。「もの」は使ってみて期待に添わなければ返品や交換ができる。製造者側は「もの」に対して顧客が期待する品質を作りこむことが可能である。

Zeithaml は、「もの」とサービスを含めた製品について、その利用価値を知る方法を以下の3種類に分類した（Zeithaml, 1981）。

①探索品質：利用者が利用前に事前にその品質を判断できる品質

例えば、ある商品を購入する場合、事前に手に取ってその製品がどのようかを

判断できることを言う。

②経験品質：事前に試せない、結果として良かったかどうかを判断できる品質

　例えば、先に挙げたタクシーのようサービスが該当する。

③信頼品質：利用直後ではなく時間が経たないと判断できない品質

　例えば医療行為。行為直後では良さは判らず、時間が必要なものが該当する。

　Zeithaml によると、どんな製品でも①から③の品質を持ち、それが有形物であると①の、無形物であると②や③の品質要素が強くなり、③になるほど評価が難しいと説明している。

(2) サービス品質の次元

　Grönroos は、サービスの品質は、サービスの利用者がサービスを受ける前に期待している内容（Expected Service）とサービスを受ける過程で知覚した内容（Perceived Service）の差に影響され、さらに知覚したサービスは、技術的品質（Technical Quality）と機能的品質（Functional Quality）に分類できるとした（Grönroos, 1984）。技術的品質とは、サービスの利用者がそのサービスを受けた結果の評価であり客観的に評価できる。一方、機能的品質とは、そのサービスを達成するまでの過程の評価であり主観的に評価される。また、企業イメージは、期待したサービス品質を、技術と機能の2次元で認識した結果であり、マーケティング活動は、期待されるサービスと知覚されるサービスのギャップを小さくすることが重要であると結論付けている。

　諏訪らは、サービス品質は、(A) 成果品質と (B) プロセス品質から構成され、(A) と (B) の要素間に位置する6つの次元の評価モデルを示している（諏訪, 2015）。

以下に成果品質とプロセス品質および6つの評価次元モデルを示す。

　A：成果品質

　　①正確性：正確なサービス、約束順守

　　②迅速性：スピード、納期厳守

　　③柔軟性：基礎知識、応用、権限移譲

　　④共感性：感受性、傾聴、観察

　　⑤安心感：豊富な知識、信用

　　⑥好印象：話し方、清潔感、施設

　B：プロセス品質

諏訪らは、サービスの価値は、サービスの成果とサービスのプロセスを磨くこと

で高められ、価値を高めたサービスと事前期待への対応が、顧客満足、顧客のロイヤリティ、企業ブランドに影響するとしている。

(3) サービス品質の測定

Parasuraman は、Zeithaml らが研究したサービス品質の特性から、サービスプロセスの側面に重点を置き、銀行、クレジットカード、証券、機械の修理の 4 業種のサービスの分析から、期待したサービスが知覚したサービスより低ければ満足度が低く、期待したサービスが知覚したサービスと同等以上であれば満足度が高いと説明した。そしてサービスの品質評価のため 10 種類の評価要素を抽出し、97 の質問項目を作成している（Parasuraman, 1985)。以下に 10 種類の評価要素を記す。

①有形要素（Tangible）：施設や設備の外観、従業員の外見

②信頼性（Reliability）：サービスの提供の適切さや約束の履行

③反応性（Responsiveness）：提供の素早さ

④コミュニケーション（Communication）：情報の提供や顧客の意見の傾聴さ

⑤信用性（Credibility）：頼りがいや誠実さ

⑥安全性（Security）：危険やリスクの感じさせなさ

⑦能力（Competence）：サービス遂行の能力

⑧礼儀（Courtesy）：対応の丁寧さ、温かさ

⑨顧客理解（Understanding the customer）：顧客のニーズの理解や配慮

⑩アクセス（Access）：サービスの利用しやすさ

Parasuraman らは、その後の追加研究により上記 10 次元の品質評価項目を 5 次元 22 の質問項目に洗練させ、「SERVAUQL」と呼ぶサービスの品質評価モデルを発表した（Parasuraman, 1988)。SERVAUQL の 5 次元の評価項目を以下に示す。

①有形要素（Tangible）：前述と同じ

②信頼性（Reliability）：前述と同じ

③反応性（Responsiveness）：前述と同じ

④確実性（Assurance）：従業員の礼儀と知識、対応能力

⑤共感性（Empathy）：顧客とのコミュニケーション

SERVQUAL では、顧客の期待とサービスを受ける前と受けた後とのギャップを 7 段階のリッカート尺度で測定しサービス品質を決定する。なお、Parasuraman らは 22 項目の質問は固定ではなく、業種ごとに変えることを推奨している。その後、SERVEQUAL を基に様々なサービス評価指標が発表されてきた。しかし、期待と知覚のギャップの測定には、サービスを受ける前と受けた後に 2 度評価する必要が

あること、過度に期待したサービスはどんなに良いサービスを提供しても低く評価される恐れがあること、同じサービスであっても2度目以降は期待値が異なることなどの批判があり、Cronin らはサービス品質の測定は結果のみの満足度を測定すべきであると主張し、これを「SERVPERF」として提案し、4つのサービス業でSERVQUAL と比較した結果、SERVPERF のほうが良い結果を得られたと発表している（Cronin, 1992）。

(4) 顧客の満足度から見たサービスの評価

日本経済でのサービス産業の占める割合の増加に伴い、2008年に産学官によるサービス産業生産性協議会（SPRING）が発足した。SPRING では、サービスのベストプラクティスの収集とともに米国で開発された顧客満足度指標（ACSI）を参考に日本版顧客満足度指標（JCSI）を開発した。SPRING では、商品・サービスを購入・利用するときに共通する心の動きをモデル化し、サービスの利用前から利用後までを調査する6次元21項目からなる質問集を公開している（JCSI, 2009）。小野によると、JCSI は A）購買前の商品・サービスへの期待値と B）購入あるいは経験した後に知覚したパフォーマンスの差異、により満足度を判断する「期待－不一致理論」を基に、知覚したパフォーマンスを、B-1）商品・サービスの品質や性能に対する評価として「知覚品質」、B-2）支払った金額に見合うかどうかの判断として「知覚価値」の2つに分け、A,B-1,B-2の3つの要因から構成する顧客満足モデルを構築し検証したと説明している（小野, 2010）。JCSI の6次元と質問項目概要を以下に記す。

①顧客期待：購入する製品・サービスがどの程度期待できるかなど
②知覚品質：過去の経験からどの程度優れていると感じるかなど
③知覚価値：支払った金額に対して品質は見合うか、お得感があるかなど
④顧客満足：過去1年間の利用経験を踏まえてどの程度満足しているかなど
⑤推奨意向：友人知人に、商品魅力、提供会社、窓口対応など話すかなど
⑥ロイヤリティ：次回も第一候補にするか、また利用したいと思うかなど

JCSI では、上記質問を10段階のリカート尺度で調査し全体が100点満点になるよう調整・分析し、毎年顧客満足度結果として発表している。

(5) IT 普及後のサービス品質の評価

インターネットの普及による Amazon 社に代表されるオンラインショッピングなどの出現に伴い、消費者が取引を完了できない、電子メールの問い合わせに応答

しない、希望の情報にアクセスできないなど Web を通じて提供されるサービスの品質の問題が取り上げられるようになり、IT を用いたサービスの評価についても研究がすすめられた。Loiacono らは Web サイトを、タスク、相互作用、信頼、応答時間、デザイン、直感性、視覚的魅力、無意味さ、流行的感情による魅力など 12 の次元で評価する WebQUAL を提案した（Loiacono, 2002）。Yoo らはインターネットショッピングサイトをマーケティングの観点から、使いやすさ、美的デザイン、処理速度、セキュリティの 4 つの次元、9 項目で評価する SITEQUAL を提案している（Yoo, 2001）。SERVQUAL を発表した Parasuraman らは、Web サイトを操作する際の具体的な手がかり、例えば、タブ構造、検索エンジンのような技術的要素は、技術の進歩により別のものに置き換えられることがあるとし、それより抽象的な、例えば何を探しているのかの知覚しやすさのような顧客の経験に基づく知覚的要素と分離し評価すべきと主張し、数十の Web サイトの特徴から、以下に示す 11 個の評価次元を抽出した。

①信頼性（Reliability）：サイトの技術的機能の正確さとサービスが約束を守るか

②応答性（Responsiveness）：問題や疑問がある場合、迅速な対応とヘルプ能力

③アクセス（Access）：素早くアクセスし、必要な時に会社に連絡を取れる能力

④柔軟性（Flexibility）：支払い方法、配送方法、購入方法、商品の返品対応

⑤ナビゲーションの容易さ（Ease of Navigation）：操作性や見つけやすさ

⑥効率性（Efficiency）：使いやすく構造化されている、情報入力の手間

⑦保証／信頼（Assurance/trust）：製品やサービスの評判、明確で真実な情報提供

⑧セキュリティ／プライバシー（Security/privacy）：安全か、個人情報保護下か

⑨価格知識（Price knowledge）：出荷や合計価格、価格比較を決定できる範囲

⑩サイトの美しさ（Site aesthetics）：サイトの外観やデザイン

⑪カスタマイズ／パーソナライゼーション（Customization/personalization）：個々の顧客の好み、履歴、買い物方法に合わせ容易に調整できるか

最終的に Parasuraman らは、4 つの次元、22 個の項目で Web サイトの評価する「E-S-QUAL」と Web サイトに問題が発生した際の復旧を 3 次元 11 項目で評価する「E-RecS-QUAL」として発表している（Parasuraman, 2005）。E-S-QUAL および E-RecS-QUAL の次元は以下のとおりである。

E-S-QUAL

①効率性（Efficiency）：サイトのアクセスと使用の容易さとスピード

②履行（Fulfillment）：サイトでの発注および品目用意が達成される範囲

③システムの可用性（System availability）：サイトの適切な技術的機能

④プライバシー（Privacy）：サイトが安全で顧客情報を保護する程度

E-RecS-QUAL

①応答性（Responsiveness）：問題や回答を効率的に処理する能力

②報酬（Compensation）：サイトが顧客の問題を保証する程度

③連絡先（Contact）：電話やオンラインで顧客を支援できる能力

(6) IT ガバナンスから見たサービスの評価

　インターネットが出現した 1980 年代後半から 1990 年代初めにかけて、英国政府は膨大な IT への投資に対して得られる効果が見合わない、IT を用いたサービスの運用効率化が進まないという問題を抱えていた。この問題を解決するため運用基準やガイトラインを ITIL（Information Technology Infrastructure Library）と呼ばれるベストプラクティス集としてまとめた。その後、ITIL は、SOA（Service Oriented Architecture）や仮想化技術やアウトソースなど IT サービスの取り巻く環境の変化に合わせて 4 回の改定が行われ、現在は 5 冊のガイドラインが「ITIL 2011 edition」として公開されている。ITIL では、サービスの品質は利用者や提供者各々の観点で測定すべきとし、第 2 分冊の「サービスデザイン（Service Design）」および第 5 分冊の「継続的サービスの改善（Continual Service Improvement）」の中で CSF（Critical Success Factor）、KPI（Key Performance Indicator）として満足度の測定やサービスプロセスでの測定要素が記されている。ITIL で推奨される測定指標を次に示す。

①顧客満足（Customer Satisfaction）：

　顧客は期待通り、または期待以上のサービスであると認識したときに満足すると考えられ、顧客の満足度は以下の公式で示される。

　顧客満足度＝顧客の期待度－顧客の認識

②スタッフの満足（Employee Satisfaction）：

　業務を遂行するスタッフの満足は日常のスタッフの行動に影響し、サービス提供時の品質を決定付ける。サービスの特性からスタッフの満足度は顧客の満足度に影響を与える。

③効率性（Efficiency）または有効性（Effectiveness）：

　プロセス、サービス、または活動の提供に適切な量のリソースが使用されているかどうかの指標である。

④有用性（Utility）：

提供サービスが顧客の目的に適しているかの機能要件である。

⑤保証（Warranty）：

サービスの継続期間、欠損の有無、利用者数や機密性など非機能要件

ITIL では、英国情報システムコントロール協会および IT ガバナンス協会が定義した CobiT（Control objectives for information and related Technology）と呼ぶ IT に対する内部統制活動のフレームワークや成熟度モデルを参照している。COBIT では、①ステークホルダーに対するニーズへの合意②事業体の隅から隅までの網羅③単一の統合されたフレームワークの適用④包括的案アプローチを可能とする⑤マネジメントからガバナンスを分離、の 5 つの原則を 4 領域に分類された 34 のプロセスと 210 の活動として定義し、その基準として「有効性」「効率性」「機密性」「完全性」「可用性」「準拠性」「信頼性」の 7 つが規定されている。

(7) サービス提供組織に着目したサービスの測定

カーネギーメロン大学ソフトウェア工学研究所（SEI）は、ソフトウェア品質、生産性の向上・工期短縮を目的に、ソフトウェアの開発組織の活動をプロセス視点で捉え、CMMI（Capability Maturity Model Integration）と呼ぶ、A）開発組織成熟度評価モデルと B）成熟度を高めるためのガイドライン、を発表した。CMMI は、その後、ソフトウェア開発組織向けは「CMMI-DEV」、調達組織向けは「CMMI-ACQ」、サービス提供組織向けは「CMMI-SVC」として整備され発表されている。CMMI-SVC では、ソフトウェア開発向けと共通の 17 プロセスにサービス独自の 7 プロセスを加えた合計 24 個のプロセス領域（PA）が定義され、各プロセスに対して共通および個別のゴールを定め、その達成度をレベル 1 からレベル 5 までの 5 段階で評価する。CMMI-SVC では、サービス提供において、顧客要求を分析し、適切な資源を用いたサービスを開発し適切なタイミングで提供、運営できる能力を判断しているが、顧客の満足や顧客の価値創造について、具体的に評価レベルと関係付けているわけではない。ただし、成熟度レベルの高い組織は、顧客満足度の高いサービスを提供できるとされている。

2.6.2　第 3 世代のサービスイノベーションにおけるサービスの評価

(1) サービスの変化と特徴

ここまで、人対人によるサービスや IT ネットワークを用いたサービスの評価について説明した。ここからは第 3 世代のサービスイノベーションにより変化する

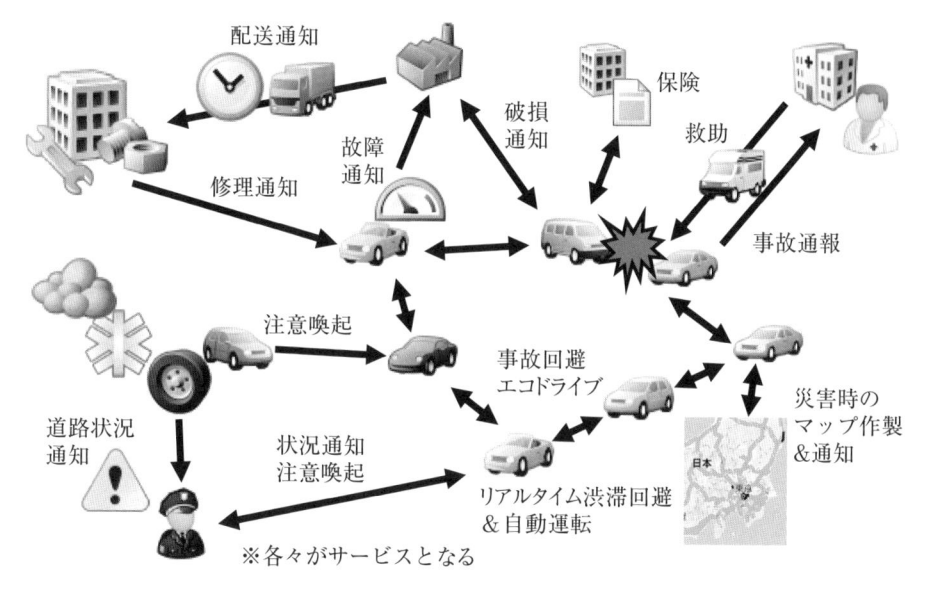

図2.10　コネクティッドカーによる今後生まれる様々なサービス

サービスの評価について考察する。

　現在、コネクティッドカーと呼ばれる、自動車にインターネット通信機能を付加しただけでなく、生活の中の情報端末として利用者の利便性を高める道具として捉えた新しい車の形態が、自動車メーカー、通信キャリア、情報処理開発企業、国家機関が連携し開発されつつある。総務省によると、コネクティッドカーは、車両の状態や周囲の道路状況などの様々なデータをセンサーにより取得し、ネットワークを介して集積・分析することができる車であり、新たな価値を生み出すことが期待されるものと報告されている。コネクティッドカーでのデータ活用例として、エンジンの回転数、走行速度、燃費など走行データをもとに運転者に危険運転の警告を伝え事故防止につなげることや、故障部品を検知し部品の自動発注やディーラーでの交換作業の予約など保守に関わる作業の自動化、効率化があげられる。今後は、エアバッグの作動時に緊急通報が自動で行われ迅速な救助活動の実現や、車同士が通信しあうことで見通しの悪い交差点での出会い事故の防止、高速道路での車線変更による接触事故の防止、凍結道路の状態を他の車に伝えることで危険個所の回避などの安心・安全なサービスの実現も期待されている。このほか、走行実績に応じて保険料が変動するテレマティクス保険など既存のサービスに付加価値を付けたサービスの登場も促した。以上の例に示すように、IoT を利用したサービスは、

サービスの利用者が提供されるサービスを利用するだけでなく、自分自身が意識しないまま情報源となり新たなサービスのプラットフォームの一部を担い、全体として価値を共創することが特徴である。

(2) 提案するサービスの評価項目

Heskett らは、サービスは生産と消費が同時に行われることから、従業員の満足度を高めることがサービス水準を高め、それが顧客の満足度を高めることにつながり、最終的に企業利益を生み出すとし、「企業利益の従業員へのフィードバック→従業員満足度の向上→顧客満足度を高める」循環がサービス品質を改善するという従業員及び、顧客の満足度と企業業績の因果関係を示した「サービスプロフィットチェーン」と呼ぶフレームワークを提唱した（Heskett, 1994）。

サービスの評価について、SERVQUAL や JCSI ではサービスの利用者の立場からの満足度評価が主たる目的であった。一方、ITIL や CMMI 等の評価はサービスを提供する側の評価である。第3世代のサービスイノベーションにより今後のサービスは同一人物による利用と提供が同時に発生する可能性があることから、そのサービスの評価には、利用者側を中心とした SERVQUAL や諏訪らの評価指標をベースに ITIL や CMMI など提供側の立場を加え、さらに様々なデバイスや人工知能等人を介さない要素やサービス継続のためのプロフィット性も考慮する必要があると考えた。ここでは、そのようなサービス評価の次元として以下を提案する。

(a) 有用性／妥当性（Usefulness/Reasonability）
そのサービスが役に立つかはサービスの利用者にとっても提供者にとっても最も重要なことである。有用でないもの、価格や労力が見合わないものに対して利用側が継続して利用するとは考えにくく、そのようなサービスは淘汰される恐れが高い。

(b) 従業員満足度（Employee Satisfaction）
従業員の満足度は顧客の満足度を上げ、それが利益を生み出し、サービス品質やサービス価値に影響を与えることが過去の研究により明かされている。有用性に通じるがサービスの改善において従業員満足度は重要である。

(c) 正確性／確実性（Correctness/Certainty）
サービスを受ける側が期待したサービスを受けられないことが、満足度に影響を及ぼすことは過去の研究事例で実証されている。

(d) 創造性／成長性（Creativity）

そのサービスが従来のサービスに比べ社会、生活の質（QoL）に対してどれだけインパクトを与えるものかを評価する。また、生まれたサービスは当初は完全でないが将来の発展が期待できる成長性の評価は重要である。

(e) 迅速性／反応性（Promptness/Responsiveness）

ネットワークや情報処理技術の普及により様々なサービスの提供効率は上がっている。利用側は待たされることに対し以前に比べ敏感になっている。なお、ここでの迅速性はサービスの提供時間ではなくサービス開始に至るまでの手続きに掛かる時間や期待するサービスに到達する時間を言う。

(f) 柔軟性／多様性（Flexibility/Diversity）

ネットワークは国や文化、業種を超える力を持っている。IoT 等の技術の進歩によりサービスの提供や利用にも様々なデバイスやステークホルダーが関与するようになってきた。サービスも当初実施されているものが技術や法律、環境の変化等により拡張や変化させなければならない状況になることは十分に考えられる。また、個人ごとに要求は異なるため、それに対応できることは満足度向上のために望ましいと考える。

(g) 開放性／可用性（Openness/Availability）

柔軟性や多様性にも関連するがサービスを必要な時に使えなければ、提供側／利用側に価値を生み出すことができない。またソフトウェア領域でのオープンソースの発展を鑑みると、誰もが使えるものは洗練される速度が速く、それがWWW などイノベーションにつながった例もある。

(h) 認知性／透明性（Cognition/Transparency）

あらゆるものがつながることでサービスが複雑になっている。また自分自身がサービスを提供するプラットフォームの一部になる場合があることを前述した。利用側では、どのようなサービスがあるか、どんな関与をしているか、提供側では、どのようなサービスを提供しているのかを認識することは、社会や生活の向上、またビジネスの発展ために重要である。

(i) 継続性（Continuity）

サービスを取り巻く環境の変化に対して、安定したサービスの提供は利用者にとって安心して利用できることにつながる。

(j) 安全性／信頼性／堅牢性（Security/Reliability/Robustness）

電子化されネットワークで接続された社会では、一度流出した情報を回収することは不可能である。悪意の有無に関わらず目的外で情報が流出することはあってはならない。また今後出現が予想される自動運転など人命に関係するサービスで

は安全かつ安心して受けられるかが重要になるに違いない。

(k) 保証（Assurance/Warranty）

ネットワークによってあらゆるものがつながった世界では1つの不具合が全体に影響する危険性が高くなる。問題が起きた時、それをどれだけ回復できるか、また提供元が保証や保障できるかは品質の要素として重要である。

(l) 共感性／好印象（Impression）

サービスは提供側と受益側との共同作業である。Heskettによる「顧客の満足度はロイヤリティに影響を与え、それがサービスを提供する従業員の満足度に影響しサービスの生産性が向上、その結果品質が高いサービスが提供される」というサービスプロフィットチェーンで研究されているとおり、共感性は好印象を生み、それがサービスの品質を高める源泉になる。

(m) 認識要素／有形要素（Cognitive Element/Tangible Device）

サービスは無形であるが、全く何もないところが発生するものではない。過去の研究においても有形要素やデザインなどが評価に影響することが実証されている。

2.6.3　まとめ

本節では、サービス評価について、IoTやAIなど新しいテクノロジーが導入される以前の人対人のサービス評価やインターネット等電子化された第2世代のサービスイノベーションにおけるサービス評価の研究を紹介するとともに、第3世代のサービスイノベーションによる新たなサービスに対するサービス評価指標（次元）を検討した。

第3世代のサービスイノベーションにより、従来では想像もつかなかったステークホルダーが関与するサービスや、サービス利用者であっても、そのサービスがいつ開始され、いつ終了するのかを自覚できない、つまり知らないうちにそのサービスを受けている／受けていたという種類のサービスが出現すると推測する。検討したサービス評価の指標（次元）は実証実験等により洗練したい。

（山下智規）

3 サービス価値創造を変革する新しい情報技術

3.1 サービス価値創造における新しい情報技術の位置づけ

本章では、サービス価値創造のあり方を根底から変えつつある新しい情報技術に焦点を当てる。具体的には、近年発展著しい IoT と AI を中心にロボティクスなどの関連技術も加え、それらがサービス価値創造にどのような影響を与え、第3世代のサービスイノベーションにどう関係するのかについて検討する。

図3.1 は、サービス価値創造モデルに対して、新しい情報技術をマッピングしたものである。

まず IoT は、サービス提供者が入手できるコンテキスト情報を、種類・量・精度の面で拡大することで、サービス価値創造にインパクトを与える。モノや人に付

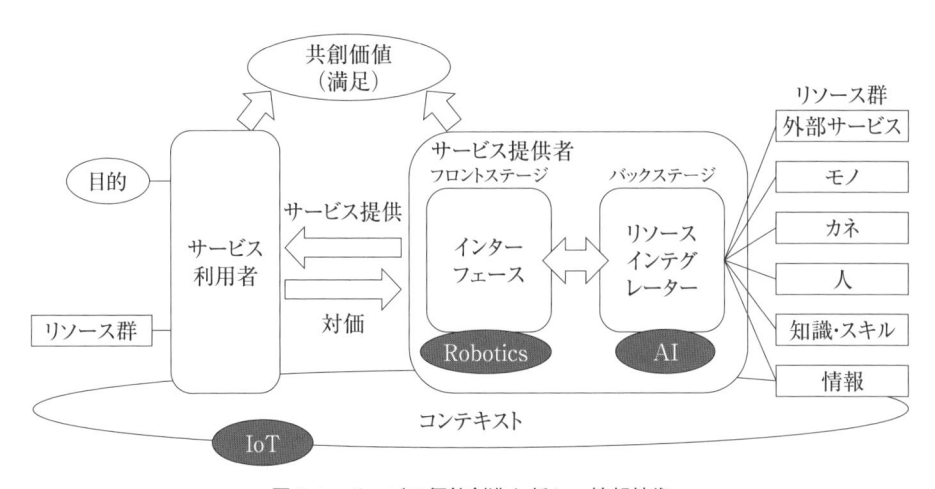

図3.1　サービス価値創造と新しい情報技術

けられたセンサーが捉えた様々な情報がネットワークを通じて即座に収集されることで、サービス提供者はこれまでになく詳細に利用者の置かれた状況を把握することが可能になる。これにより、従来にない価値を顧客に提供できるようになる。

　AI は、リソース群を最適に統合することでサービス価値創造にインパクトを与える。リソースには、人・モノ・カネ・情報・知識・スキル・外部のサービスなどがあり、前述のコンテキスト情報もリソースの一つと考えられる。サービスが高度化するにつれ、必要とされるリソースや検討すべき条件も多岐にわたり、組み合わせも膨大になる。複雑な利用者のニーズとコンテキストを理解し、膨大な選択肢の中から最適な組み合わせを提示することで、AI は新しいサービス価値共創を可能にするであろう。

　ロボティクスやバーチャルリアリティ技術は、サービスにおける人との接点を変革する。従来、サービスにおける人との接点の機械化は、銀行の ATM のように比較的単純なサービスに限られていた。また、サービスを受けるには人間側が機器の操作を習得する必要もあった。ロボティクスやバーチャルリアリティ技術の発達により、音声のみならず表情やジェスチャーを交え人間にとって自然な形で対話し、ものを運んだり、組み立てたり、人を介助したりといった、より多様なサービスを機械化できるようになる。人手に頼っていたインターフェイス部分を機械化するメリットは、低コスト化、多数の拠点への配備、長時間の稼働、均質なサービス提供などが考えられ、これらの特質を生かすことで新たなサービス価値が生まれるであろう。

（村本徹也）

3.2　IoT とサービス

3.2.1　産業界における世界的な潮流

　センサー技術やコンピューティング能力の発達に伴い、本格的な IoT（Internet of Things、全てのモノがインターネットにつながる）時代が到来した。携帯電話やパソコン、タブレット端末、テレビなどは、ネット接続が当たり前となり、クラウドと呼ばれるサービスも普及した。更に、スマートグラスやスマートウォッチといったウェアラブル端末まで登場し、ありとあらゆるものがインターネットでつながろ

うとしている。

IoT は、また、世界経済に大きな影響を与えると言われている。2015 年 1 月の
ダボス会議でも、IoT 特に IIoT（産業インターネット）が議論され、2030 年には
IoT（IIoT）が年率 1.3% の GDP 成長を加算すると予測された。

まず、IoT に取り組む先進企業・先進国家の事例を紹介する。

(1) インダストリアル・インターネット

アメリカの GE（ゼネラル・エレクトリック）は、トーマス・エジソンが作った会
社で、航空機エンジンや医療機器、発電用タービンなど重電機の企業として有名で
ある。しかし、GE ほどの老舗でも、日本メーカーの台頭に押され、一時期、放送
事業や金融業などのサービス業にシフトした。しかし、ジェフリー・イメルト会長
のリーダーシップのもと、2008 年秋の金融危機後は非中核部門を縮小し、本格的
な製造業回帰を目指している。GE は、2012 年 11 月、アップルなどに代表される
動きを消費者インターネットと呼び、対して生産財のイノベーションをインダスト
リアル・インターネットと呼んで、企業変革を実施するという構想を発表した。主
力のエンジンやタービン、鉄道車両などに無数のセンサーを組込み、顧客の現場で
の稼働状況をリアルタイムに監視する。その膨大なデータを解析し、故障の予防や
稼働効率の向上につなげるのが、インダストリアル・インターネットである。収集
したデータは GE の開発プロセスにも反映され、製品設計の最適化へと結びつけて
いく。

イタリアのアリタリア航空は、GE のデータ解析ソフトウェアを活用して、年間
1500 万ドルの燃料コスト削減を実現した。航空機に搭載される 1 機あたり数百個
のセンサーから、エンジンの稼働状況、温度、燃料消費量などの多様なデータを収
集し、ソフトで解析する。「着陸時に、主翼についているフラップの制御方法を変
更すれば、消費する燃料を減らせる」「降下時のスピードを変えれば、燃料をもっ
と改善できる」など、GE は、膨大なデータをソフトで解析した結果を利用して、
理想的な飛行機の操縦方法を指南した。

GE のソフトが活躍するのは燃料費向上だけではない。GE は、顧客との長期的
な保守契約を結ぶ際に、エンジン以外を含む飛行機全体のデータにアクセスできる
形で契約している。こうすることで、これまで事実上捨てられていた、世界中の飛
行機の膨大なデータをソフトウェアで分析して得られる知見を活かし、航空会社の

効率改善に役立てて、巨大なビジネスチャンスを作り出した。航空機エンジンの故障を予兆し、問題が起きそうな場合は先回りして整備する。大雪などの悪天候に見舞われた場合の飛行経路の変更、燃料の補給場所、クルーの配置などをどのように決めれば、最もコストが安く済むかを計算する。データ解析とソフトウェアの力で製品やサービスの顧客価値を飛躍的に高める、文字通りのモノ作り革命である。ソフトの力でハードの眠れる力を引き出し、顧客にとっての価値を最大化する、それこそが、GE のジェフリー・イメルト会長が情熱を傾けるインダストリー・インターネットの本質である。

(2) インダストリアル・インターネット・コンソーシアム

　2014 年 3 月、GE の主導で、民間団体のインダストリアル・インターネット・コンソーシアムが設立した。コンピューターの IBM、半導体のインテル、通信の AT&T、シスコシステムズが設立当初の発起企業である。その設立趣旨は、「テクノロジーのサイロ化の問題を克服し、現実の世界とデジタル世界の統合を改善してビックデータのアクセスを向上」と発表されている。テクノロジーのサイロ化問題とは、縦割り閉鎖主義のことであり、アメリカの技術系主要 5 社がオープンな仲間として「共通プラットフォーム」を創り出そうとしている。

(3) インダストリー 4.0

　ドイツの国策として生まれた言葉であり、もともとは「ハイテク戦略 2020」という戦略的施策の 1 つである。インダストリー 4.0 という名称は、2011 年から使われている。SAP の元社長であるヘンニヒ・カガーマン博士がドイツ技術科学アカデミー（通称アカテック・ACATECH）の会長に就任し、コンセプト作りを主導した。

　インダストリー 4.0 は、産官学の共同プロジェクトとして推進され、より革新的で質の高い製品を安く生産できるようにし、それを通じて、ドイツ国民を豊かにすることを目的としている。ドイツの電気、通信、機械などの工業会によって運営される「Industrie 4.0 Platform」事務局のもとで、多くのワーキンググループが活動する緩やかな連合体である。アンゲラ・メルケル首相が自ら活動を推進し、思い切った予算を振分けており、チーム・ドイツが総力を挙げて取り組むメガ・プロジェクトである。

　インダストリー 4.0 は、生産工程のデジタル化・自動化・バーチャル化を現在よりも大幅に高めることにより、コストの極小化を目指す。工場の生産装置やラインを流れる部品、湿度や気温を測定するセンサーなど、ありとあらゆるモノがネット

表 3.1 インダストリー 4.0 の位置付けと変遷

	インダストリー 1.0	インダストリー 2.0	インダストー 3.0	インダストリー 4.0
時代	18 世紀末〜	20 世紀始め〜	1970 年代〜	2012 年〜
トピックス	蒸気機関 機械化	電気と大量生産 方式の発明	コンピュータと 自動化技術	IoT
リーダーシ ップ	英国	米国	米国（OA） 日本（FA、PA）	ドイツ、米国 （日本？）

に接続する。機械同士が「会話」し、人手を介さずにラインを組み換え、在庫に応じて生産量を自動で調整する。部品メーカーから組立工場、物流トラックから販売会社まで、様々な現場が結びつき一体化する。

インダストリー 4.0 が目指すのは、マスカスタマイゼーション（個別大量生産）である。様々な生産ラインをつなげ、膨大なデータを即時にやりとりすることで、顧客の要望に応じて、仕入れ先や生産工程を自在に組み替えられるようにする。そして、これを実現するためには、顧客とのつながり方も含んで変わらなくてはならない。インダストリー 4.0 は、工場の革新、生産プロセスの革新にとどまらず、むしろ、新しいビジネスモデルを機能させるための必要条件と考えられていることが、これまでの製造業の革新と、大きく異なる点である。

3.2.2　IoT を実現するアーキテクチャ

IoT を実現するシステムを「サイバーフィジカルシステム（CPS）」と呼ぶ。実世界（Physical System）にある多様なデータをセンサーとネットワークで収集し、サイバー空間（Cyber System）の強力なコンピューティング能力と結びつける。

CPS のアーキテクチャは、5 層モデルで説明できる。デバイス、近距離ネットワーク、エッジ、広域ネットワーク、クラウドである。5 層モデルでは、センサーやデバイスのデータを、近距離ネットワークを介して、デバイスの近くに設置されたエッジがいったん受け取る。エッジは収集したデータを振り分け、クラウドに送る必要があるデータだけを広域ネットワーク経由で送り出す。クラウドにはデータ解析ソフトウェアなどの様々なアプリケーションが搭載される。

デバイスとクラウドの間にエッジ層を設けることで、ネットワークの負荷軽減と処理の高速化が可能となる。今後、高いリアルタイム性が求められるようになり、エッジコンピューティングは注目される技術領域となるであろう。

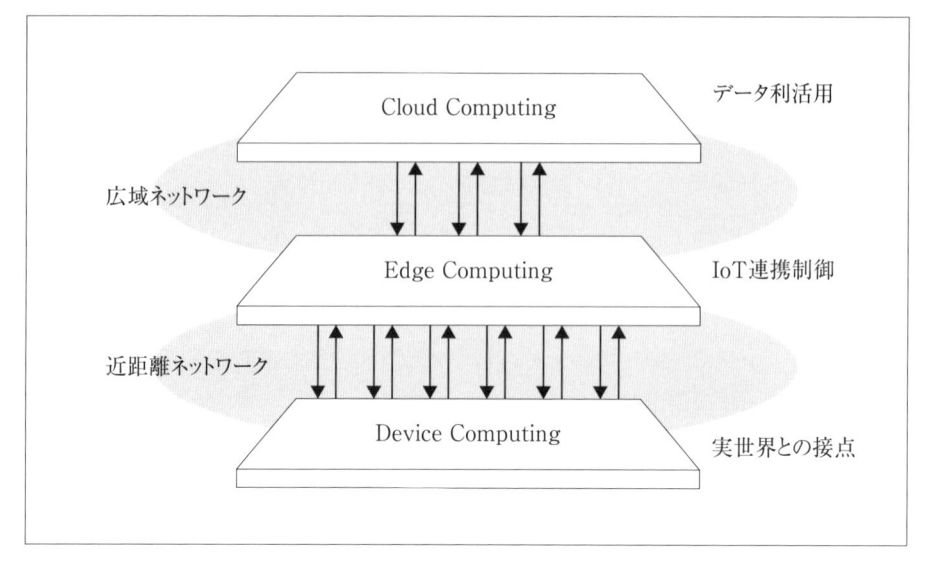

図3.2　CPSの5層モデル

CPSは製造業での活用に留まらない。たとえば、交通システムにおけるITS（Intelligent Transport Systems）は、道路や信号に埋め込まれたセンサーや、車から送られてくる情報に基づき、輸送効率・快適性の向上を実現しようとしている。また農業においても、センサーから得られる情報に基づいて適切な散水を行い、生産の効率化が行われようとしている。

3.2.3　IoTによって社会が向かう方向性

IoTは、新たなビジネスモデルを生み出し効率化を実現する。IoTが、何を変えたかを探求し、社会が向かっている方向性を推察する。

（1）デジタル化

IoTは、「あらゆるモノをインターネットにつなぐ」ことに留まらず、「あらゆるコト」のデジタル化を押し進めてきた。デジタル化することで「コト」が分析できるようになり、新たなサービスが生み出されている。

GEの例では、自社製品である航空機エンジンの稼働情報、さらには、飛行機の膨大な運航情報をデジタル化して収集し、そのデータを分析することで顧客価値を最大化した。つまり、デジタル化されたことで分析が可能となり、コンテキストの

理解が飛躍的に向上した。

　ここで「デジタル化のテクノロジー」に注目したい。例えば、JINS の例である。

　メガネ型ウェアラブルデバイス「JINS の MEME（ミーム）」は、小さなセンサーを 3 ヶ所につけて、眼球が動いた時に発生する微電流を測定し、集中・活力・落ち着きなどを診断する。JINS は、メガネの医療器具という役割を見つめ直し、病気になる前に発症を未然に防ぐ仕組み「先制医療」を目指している。センシングテクノロジーが持つ可能性を最大限に活用し、様々な医療分野における予兆診断システムの研究を産学協同体制により進めている。JINS の例でも、眼球の動きがセンシングによってデジタル化されたことで、ヒトのココロとカラダの状態を分析する、つまりコンテキストの理解を深めたと言える。

　デジタル化のテクノロジーは、企業の研究開発への大規模な投資や、産学連携によって、今後ますます進化することが期待できる。

(2) 無人化

　IoT は、究極の効率化として無人化を目指している。

　インダストリー 4.0 で、ドイツの電子機器メーカーや自動車メーカー、IT・通信企業が現在必死に取り組んでいるのが、ヒトが関与しない「スマート工場（自ら考える工場）」の開発である。「スマート工場」が実現すれば、高コスト国ドイツは、労働コストの絶対額を大きく減らし、価格競争力を高めることができる。

　無人化は、日本の企業において既に実現例がある。

　コマツの AHS（Auto Haulage System）は、鉱山向け無人ダンプトラック運行システムであり、オーストリアやチリなど 2000 メートル級の高地で実運転している。大規模鉱山では、超大型ダンプトラック、油圧シャベル、ブルドーザー、ホイールローダーなどの鉱山機械が大量に使われ、高地から外国に搬出される港まで鉱石を運搬する作業が行われている。AHS は、これらの鉱山機械の稼働率の向上、高地での作業の回避、事故の撲滅、鉱山作業のマネジメント費用の削減など、顧客の求める究極のソリューションを、現場から 1500km 離れた運行管理センターからの遠隔管理によって実現している。

　コマツは、100 年にわたって建設機械や鉱山掘削・輸送機械を顧客に提供し続けてきた。コマツが AHS を実現できたのは、現場作業を熟知し、顧客との長年にわたる信頼関係を構築してことにある。コマツと顧客との価値共創である。

　ここで「現場作業の熟知」に注目したい。顧客との価値共創のためには、顧客を深く知ることが重要という点である。先に述べた JINS の例では、テクノロジーを

駆使したアプローチでコンテキストの理解を進化させた。コマツの例では、ヒトが顧客との信頼関係の中で、顧客の業務の現場に深く入り込むことで、コンテキストの理解を深めた。

　無人化の実現には、テクノロジーによるアプローチだけではない別のアプローチが存在する。おもてなしの国である日本は、昔から顧客を知ることを大切にしてきた。日本中のそこかしこで様々な価値共創が行われ、大きな成果が生み出されることを期待したい。

(3) オープンイノベーション

　企業間・業界間の壁を取り払い、エコシステムを形成することで、より革新的なサービスが生まれる。IoT が、オープンイノベーションを加速させる。例えば、JINS が自動車業界と連携すれば、ドライバーの疲労や眠気を検知してクラクションを鳴らしたり自動停止するなど、メガネ会社が安全運転に貢献できる。

　IoT でつなぐ「モノ」、「デジタル化されたコト」の組み合わせは無限にある。1つの企業体で実現できないことも、複数の企業が互いの技術やノウハウを提供しあうことでイノベーションが生まれる。

　ここで「提供する技術やノウハウ」に注目したい。企業は競い合って成長するものであり、新しい技術はすぐに均質化する。エコシステムを形成するために企業が提供するのは「卓越した技術」や「他が追従できないノウハウ」である必要がある。IoT によってオープン化の時代となり、企業や個人は「自らが持つコアコンピタンス」が何であるかを見つめ直す必要に迫られることになる。

(4) アウトカム経済

　IoT と共に、2015 年 1 月のダボス会議では「アウトカム経済」が議論され、世界的に注目され始めた。IoT は、「モノ」から「コト」へを加速し、いよいよ「アウトカム経済」を実現する。

　「アウトカム経済」とは、セオニア・レビット教授が 1968 年に出版した「マーケティング発想法」の中で提唱した概念である。ドリルを買いに来た消費者が欲しいのは、ドリルではなく、空いた穴である。これは、アウトカム経済を端的に表したマーケティングの格言である。大切なのは「モノそのものではなくモノを稼働させたサービスの結果だ」という意味であり、「アウトカム経済」とは、結果に対する支払の経済である。

　GE は、膨大なデジタルデータを収集・分析し、燃料消費の効率化や、飛行経路

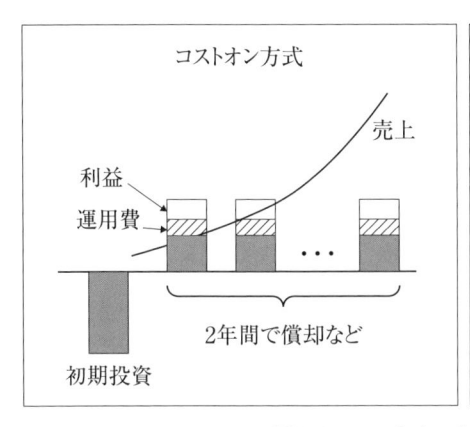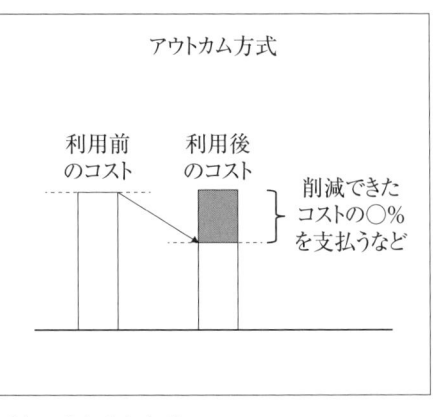

図3.3 コストオン方式とアウトカム方式

の最適化を図った。つまり結果も可視化された。「アウトカム経済」は「成功報酬型の支払い」であり、例えば「削減できたコストの20%」を成功報酬として支払うなどである。

サービス費用は「コストオン方式（初期投資の原価償却費＋運用費＋利益）」が一般的であった。これまでは、サービス結果の金額換算が困難だったが、IoT が結果の可視化をも解決する。

(5) より高度な社会の実現

IoT は、社会課題を解決し、より高度な社会の実現を目指す。「モノの時代」が終わり「サービスの時代」となった。センシングテクノロジーが進化し、世の中のあらゆるものがデジタル化され分析される。IoT がオープンイノベーションを加速させ、エコシステムは巨大化していく。IoT が、これまでできなかったことを可能とし、ヒトはより大きな社会課題の解決へと向かう。

以上述べてきたように、IoT は、社会で起こっているあらゆる「コト」を捉え、どこからでも把握できるようになり、より高度な社会の実現を目指していく。IoTによって、サービスは外へ外へとより大きく、社会サービスへと拡大する。また、成果が見える化されることで、サービス利用者はより本質を追及し、サービス提供者は自らのコアコンピタンスを見つめ直す必然性に迫られる。

（佐藤美和子）

3.3 AI とサービス

3.3.1 AI とは

　今、「第3次 AI ブーム」と呼ばれる、ひとつの AI のブームが到来している。1960 年代に第1次 AI ブームが訪れ、その時点での AI では探索や推論ができるようになった。しかし、現実的な問題を探索や推論の問題として記述することが難しく、当時の AI の限界を示すことになった。次に訪れたのが、1980 年代の第2次 AI ブームである。第2次 AI ブームでは、人の持つ知識をコンピューターに教え込み、その知識に基づいて問題を解決しようとした。しかし、知識をデータベース化しようとした時に、それ自身が実現不可能であると考えられるようになり、第2次ブームは終わった。こうした2回のブームを経て、2010 年代に入って、第3次 AI ブームが訪れた。この第3次 AI ブームでは、ディープラーニング（深層学習）と呼ばれる機械学習によって、第2次ブーム時のように人間がコンピューターに知識を教え込まなくとも、コンピューター自身で知識を自動的に獲得できるようになった。また、コンピューティングパワーが飛躍的に向上したことによって、AI が実用に耐えうるようになってきたのが第3次 AI ブームである。

　当初、AI は人間の知能を目指そうとしていたが、その実現が難しかった。しかし、第3次 AI ブームは、コンピューターのパワーが向上したことで大量のデータを現実的な時間で処理できるようになったことや、ディープラーニングのアルゴリズムの向上によって、新しい AI を目指したのである（日経コンピューター, 2015）。

　AI という言葉の定義はひとつに確立されていない。しかし、本書は、AI を厳密に定義することが目的ではないので、AI を、ディープラーニングに代表される機械学習などの技術を活用し、大量のデータによって知識を学習することで、予測や識別などが実行できるシステムを表す言葉として用いる。

3.3.2 リソースインテグレーターとしての AI

　機械学習をベースとした AI の利用用途は「識別」「予測」「実行」と整理して考えることができる（安宅, 2016）。サービスを提供する一連の行為の中で、AI は様々な役割で利用する。例えば、小売店において顧客の購買データに基づき商品の需要

を予測したり、産業機械や建設機械の稼働データなどに基づき故障の予兆をとらえるなど、それが直接的にサービスの価値を形成する場合がある。また、インターネット上にある複数のホテルの予約や交通機関の予約サービスの中から最適なサービスを選定・組み合わせて提案するといったリソースインテグレーターとしての役割を果たす場合もある。このように、AIは、図3.4で示したように、「リソースインテグレーター」として、顧客にサービス価値を提案する役割を果たす。すなわち、収集されたコンテキストに関するデータに基づいて分析を行い、その結果としてモデルを生成し、そのモデルに基づいて、サービス提供者が提供するサービスを構成するために必要な、最適なリソースを選定し、組み合わせて、顧客にサービス価値を提案する。

　AIを活用したリソースインテグレーターは、大きく次の2つの機能を持つと考えることができる。

①コンテキストの分析

　サービス利用者のコンテキストに関するデータを入力として、分析を行い、モデルを生成する。

②リソースの選定

　コンテキストの分析によって生成されたモデルに基づいて、最適なリソースを選定し、組み合わせる。

ここで、リソースインテグレーターの機能が、これまでどのように実現されてき

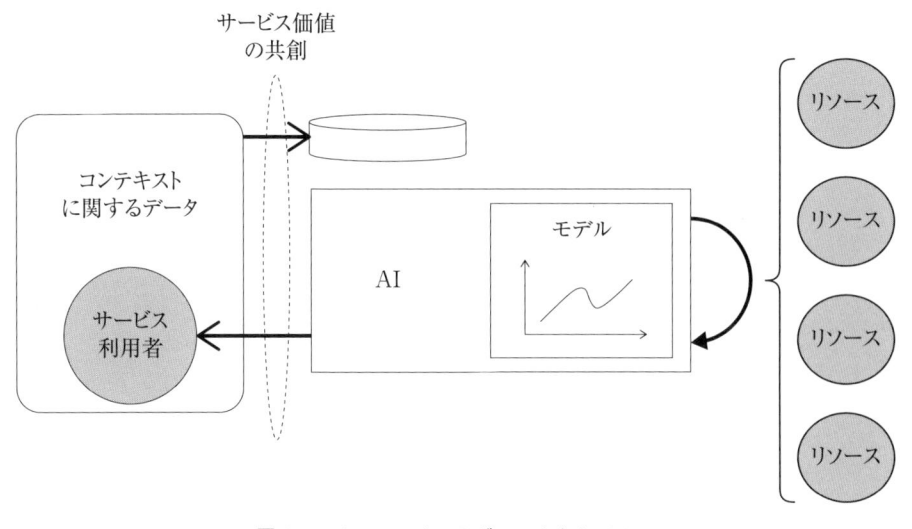

図3.4　リソースインテグレータとしてのAI

たか、サービスイノベーションの各世代で概観する。

第1世代のサービスイノベーションにおけるリソースインテグレーターは、イントラネットという閉じた世界の中に存在するサービス利用者のコンテキストに関するデータに基づいて、サービス提供者である「人」が最適なリソースを判断して、価値提案を行っている。例えば、あるホテルの会員となっている顧客が、ホテルの宿泊予約をしようと電話をかけた際、ホテルのフロントの担当者が宿泊予約システムから会員である顧客の宿泊履歴を見ながら、会員価格の宿泊料金や（禁煙や喫煙といった）好みの部屋のタイプを考慮した部屋の提案を行うケースが考えられる。

第2世代のサービスイノベーションにおけるリソースインテグレーターは、インターネット上に存在する複数のリソースの中から、サービス利用者のコンテキストに関するデータに基づいて、その条件の範囲に適合するリソースを選択して提案する（コンピューター上の）機能が考えられる。例えば、旅行の予約をするWebサイトのサービスを考えて欲しい。旅行の日程、場所、人数、宿泊時に必要な食事（朝食、夕食など）のデータ（サービス利用者のコンテキストに関するデータ）を条件として入力すると、その条件の範囲でその時に予約ができる、飛行機の便と宿泊施設を提案してくれるようなケースである。

第3世代のサービスイノベーションにおけるリソースインテグレーターを考えよう。この世代では、IoTやAIがサービス価値の共創に大きな影響を与えるようになる。IoTにより、サービス利用者が明示的に提示しなくとも、サービス利用者のコンテキストに関するデータを、サービス提供者が獲得することができる。それらのデータを入力して、AIにより分析することで、複数存在するリソースの中から、サービス利用者にとって最適なリソースがインテグレーションされて提案できる。例えば、会員登録した旅行の予約をするWebサイトのサービスを考えてみる。旅行に関する条件を入力することは第2世代と変わりはないが、登録されている個人の嗜好に関するデータやサービス利用者の参加しているSNSなどから、その個人の嗜好を分析し、その時点で予約が可能なおすすめの飛行機の便と宿泊施設を提案してくれる。さらに、その際に提案される飛行機や宿泊施設の価格は、飛行機や宿泊施設の予約状況や、それらの利用日までの期間、天気、季節などを考慮した航空会社や宿泊施設にとって最適な販売価格（ダイナミック・プライシング）で提示されているというケースが想定できる。

ここで、前述したAIの役割を、次のようなケースに分けてもう少し詳しく検討してみたい。

ケース 1 : サービス利用者が「人」、サービス提供者も「人」

ケース 2 : サービス利用者が「人」、サービス提供者は「AI」

ケース 3 : サービス利用者もサービス提供者も「AI」

・ケース 1　サービス利用者が「人」で、サービス提供者も「人」

　このケースでは、AI はサービス提供者に対してサービス利用者とサービス提供者間の共創を支援する役割を担うことが考えられる。サービス提供者はサービス利用者のコンテキストに関するデータを収集し、そのデータを AI により分析する。AI は、サービス提供者である「人」に対して、サービス利用者に関する知識として提供することを通して、価値共創を支援するのである。これによって、サービス提供者は、より価値の高いサービスを提供することができる。

・ケース 2　サービス利用者が「人」、サービス提供者は「AI」

　このケースでは、AI がロボットなどをインターフェイスとするサービス提供者として存在し、サービス利用者である「人」との間で共創活動を行う。サービス利用者のコンテキストに関するデータを収集し、そのデータを AI により分析し、サービス利用者との価値共創活動としてロボットなどのインターフェイスに対して、どのようなアクションを実行すれば良いかまで決定して指示を出す。このように、ロボットなどを通して、サービス利用者との間で共創活動を実現することができる。ただし、AI はそれまでに経験したことのないことに対しては、精度の高い、すなわちサービス利用者にとって価値の高い、回答を出すことはできない。

・ケース 3　サービス利用者も提供者も「AI」

　人はまったく新しいことを創造したり、他者との共感ができる。AI にこのような機能を持たせることは難しいと言われている。これが AI の限界である。従ってサービスの主要な特徴である「共創」を AI によって実現することは、当面難しいと考える。

3.3.3　AI によるサービスの革新

　サービス提供者とサービス利用者の間で、サービスの価値が共創される。第 3 世代のサービスで、サービス提供者に AI が組み込まれることによって、サービスの価値がどのように変わるかについて検討する。

　例えば、店員がカウンターでコーヒーを販売し、顧客がカウンターでコーヒーを受け取り、テーブルまで自分で持っていくセルフサービス型のコーヒー店を考える。

顧客のコンテキストに関わるデータとして、これまでも POS 情報から購買履歴を参照することは容易にできたが、IoT などの発達によって、顧客のコンテキストの種類も、量も、大量に取得できるようになった。その時の天気、気温といった環境に関わるデータ、さらに顧客の表情から顧客の気分についてもデータとして取得できるかもしれない。顧客との店頭での会話も、コンテキストのデータとして活用できるであろう。これら多くの種類の顧客のコンテキストに関わるデータに基づいて、その日の顧客の気分や嗜好を AI により分析し、さらに、その顧客に最適なコーヒーや、それと共におすすめのお菓子を AI は選択し、提案してくれるであろう。

　人が店頭で顧客に対しておすすめの情報を提供するには、POS データなどからそれまでの購買履歴を参照したり、店員と顧客との会話を顧客のコンテキストに関わる情報として店員が蓄積し、その店員の経験に基づいて、顧客へのおすすめを判断している。従って、店員の持つ知識に依存してサービスが提供されることになり、サービスの価値も店員に依存する。すなわち、ベテランの店員と経験の浅い店員とで提供でき得るサービスの価値に差がでてくる。

　一方で AI を活用した場合、コンテキストに関する情報から最適なコーヒーを選択するモデルは、顧客からのフィードバック（提案されたコーヒーやお菓子が、自分にとって最適であったかどうか）を得る仕組みをつくることで、全世界にあるコーヒー店で収集された多くの顧客のコンテキストに関するデータとそのフィードバックによって、どんどん洗練されたモデルへと成長できる。世界中どの店舗に行っても、顧客にとってパーソナライズされた（サービスは顧客との共創によって価値が生み出されるので当然ではあるが）一定の価値が共創されることになる。

　ただし、AI にも苦手とすることがある。これまでに経験したことのない事象への対応である。まったくの新規顧客が訪れてきたり、顧客からまったく聞いたことのない要望を言われたようなときには、最適な対応ができない場合もでてくるだろう。しかし、前述したように、全世界の多数の店舗の多数の顧客からの膨大なデータを収集し分析してモデルを作ることでそういった未経験の顧客への対応でも最適な共創ができるようになる。さらに AI が進歩し、自らデータを探してインテグレーションできるようになると、AI にとって未経験のことへの対応力も向上するであろう。

　次に、第 3 世代のサービスイノベーションについて、医師の診断支援への応用事例を説明する。現在、癌は発症した臓器および組織型などで分類され、治療法が選択されている。しかし、近年、癌は遺伝子の異常によって発症し、その中には癌細胞の生存に重要な役割を果たす遺伝子が存在することがわかってきた。それに伴っ

て、その特定の遺伝子の異常を標的とした治療薬（分子標的治療薬）を使った治療へと変わりつつある（北海道大学病院，2016）。現在は、最終的な治療方法の選択は医師が行うが、医師の判断の支援として AI が利用されるようになってきている。がん患者の遺伝子を解析して AI に入力する。AI に数千万本以上の論文や薬の情報など覚えこませてあり、がん発症や進行に関係している可能性のある遺伝子の変異の候補を見つけ、根拠となるデータや抗がん剤の候補と一緒に医師に提示することができるようになった。ここで AI は、論文や特許情報、患者の遺伝子情報などのコンテキストに関するデータに基づいて分析を行い、リソースとしての遺伝子の変異の情報や最適と考えられる抗がん剤を価値として提案しているのである。

3.3.4　AI の限界とリスク

　まず、AI の苦手とする領域は、AI が経験したことのない事象への対応である。AI は、収集したデータを学習してモデルを生成するので、まったく新しい事象（学習したことのない事象）に対しては、最適なリソースインテグレーションを行えない可能性がある。

　次に、AI としてディープラーニングを利用した場合、なぜ AI がそのような結果を導いてきたのか、その理由がわからないという課題が残っている。AI による支援を受けて、最終的な意思決定を人間が行う時に、理由がわからない中で、AI の出した答えを鵜呑みにして意思決定できるであろうか。しかし、この課題も解決されてきている。例えば、ある小売店の商品 A の明日の需要を予測することを考えた時に、ディープラーニングによって 100 個売れるという予測をしてくれるものの、現在はなぜ、100 個売れるかは示してくれない。しかし、異種混合学習技術（Fujimaki, R. and S. Morinaga, 2012）では、入力したデータ（たとえば、気温や湿度など）の影響を予測式として表現してくれる。このように、現在の AI の課題は技術の発達によって解決されることが見込まれる一方で、AI の入力となるデータについては個人情報保護や倫理的な課題、データの所有者は誰であるのかという課題が残る。このような課題は一朝一夕には解決せず、法律やルール・制度の整備を進めていかなければならない。

　最後に、「シンギュラリティ」について触れておきたい。2045 年頃に、AI が人間の知能を超えると予測されており、シンギュラリティと呼ばれている。これについては、賛否両論あるが、サービスイノベーションの視点からは、AI はリソースインテグレーションなどの領域で人の意思決定や、共創活動を支援してくれるもの

であり、人の知能を超え、人を置き換える位置づけには当面ならないのではないだろうか。人はとても柔軟にまったく新しい場面でも、その人のおかれた場のコンテキストに対応し、共感し、共創活動を行うことができる。こういった領域に AI が到達するのはとても難しいのではないだろうか。

（成瀬博）

3.4　ロボティクスとサービス

3.4.1　ロボットとロボティクス

　ロボットには様々な定義があるが、概ね「人の代わりに仕事をする自動機械（人型とは限らない）」と「人や動物の姿、動きを模した機械装置（人の代わりに仕事をするとは限らない）」の 2 つの定義に集約されるようである。前者は工場で働く産業ロボットや回転寿司で活躍する寿司ロボットなどが相当し、後者はホンダのアシモやソニーの AIBO（犬型ロボット）などがその例である。

　映画やアニメの世界を含む多種多様なロボットが世の中には存在するが、ここでは、サービスの前線で顧客である人と向き合い、自律的にサービスを提供するサービスロボットについて考える（人型とは限らないが自律的に仕事はする）。このようなサービスロボットで実用レベルに達しているものはほとんどないが、ソフトバンクの「ペッパー」や日立の「エミュー」、ハウステンボスの「変なホテル」など、多くの実証実験が繰り広げられており、サービスロボットが私たちの生活の中で自然に働くようになる日も近いだろう。また、自動運転自動車も人を乗せて自律的に輸送サービスを提供するという意味でサービスロボットの一種と考える。

　ロボティクスとは、ロボットに関連する様々な技術の総称である。二足歩行、アクチュエーター（腕や指の動作）、自律制御、センサー、画像認識、音声認識、音声合成、ディープラーニング、ネットワーク技術など非常に広範な技術がロボットを作り上げている。近年、これらの技術の発展により、ロボットにできることが急速に拡大している。

　サービスのフロントステージに立つロボットは、音声や身振り・表情などで人と自然に対話できる、顧客のニーズやその場の状況に応じて自律的に行動できる、人やモノに働きかけられること（モノや人の運搬・モノの操作・人の介助など）などが

重要な技術要件になってくるだろう。

3.4.2　利用者接点としてのサービスインターフェイス

　図 3.1 で示した通り、ロボティクスはサービス提供者とサービス利用者とのインターフェイス、つまり顧客との接点を革新する技術と位置付けられる。サービスインターフェイスの役割は、大きく次の 3 つに分けられる。

①サービス内容の合意

　利用者のニーズを聞き、サービス提供者にできることを伝え、利用者のニーズと提供者のできることの差を縮めながらサービス内容を合意する。そして、利用者の要求事項をバックステージに伝える。レストランでウェイターが客の好みを聞きながら店のメニューの中からおすすめ料理を提示し、客が料理を注文し、それを厨房に伝えるまでが相当する。

②サービスの提供

　バックステージで統合・調整されたサービスを利用者に提供する。厨房でシェフが作った料理を客のテーブルに運ぶことをなどが相当する。

③利用者との価値共創

　提供されたサービスによって、利用者と共に価値を創り出す。料理が客の前に運ばれただけでは価値は生まれない。おいしい料理を食べ、仲間との会話を楽しむなど、レストランで過ごした楽しい体験そのものが価値である。その価値を作り出すために、ウェイターは客のニーズを察しながら客のレストランでの体験を最高のものとするために様々な気配り、おもてなしをする。

　第 1 世代のサービスイノベーションでは、サービスインターフェイスはレストランのウェイター、旅館の仲居、タクシーの運転手、パック旅行の添乗員など、人間が担っている。

　第 2 世代のサービスイノベーションでは、サービスのリソースの多く（主に情報や知識）がネット上に存在するようになり、ネット上のコンピューターシステムがそれらのリソースを統合しサービスを利用者に提供するようになった。例えば、銀行のネットバンキングは、銀行のコンピューターシステムに記録された口座情報などを利用して振り込みや定期預金などの金融サービスを利用者に提供している。また旅行予約サイトでは、ネット上の膨大な航空券・ホテル・レンタカーの情報の中から利用者のニーズ（目的地・日程・予算等）に合致する組み合わせを提示し、旅

行一括予約サービスを提供している。このように、第2世代のサービスイノベーションにおけるサービスインターフェイスは、ネット上のバックステージに用意されたサービスと人間の利用者の間を橋渡しすることが特徴であると言える。第2世代のサービスイノベーションでは、ネット上のサービスは、主にスマートフォンやパソコン、銀行ATMなどの情報端末を通じて提供されている。そのため、サービスインターフェイスにできることはこれらの情報端末の機能に制約を受けている。例えば、「サービス内容の合意」では、利用者がネット上のサービス提供者にニーズを伝える手段は、タッチパネルやマウスで画面に提示されたメニューやボタンを選択する方式が主流である。タッチパネル式は定型的なサービスには有効だが、複雑な条件の組み合わせや利用者と対話しながらニーズを探っていく必要があるサービスには不向きである。また、「サービスの提供」においては、ネット上のサービス提供者が準備したサービスを利用者に提供する場合、画面に何らかの情報を表示したり、音楽や音声を流したりと、情報端末を通じてサービスを提供することが多い。この点においても、情報端末の機能の制約を受けていると言える。

　第2世代のサービスイノベーションまでのサービスでは、「サービス価値の共創」は依然、人が担っている。ネットで高級旅館を予約することはできても、実際にその旅館に行って「高級旅館に泊まるという体験」価値を創造するのは利用者自身と旅館の中居をはじめとする人間の従業員である。

3.4.3　ロボティクスによるサービスインターフェイスの革新

　第3世代のサービスイノベーションでは、サービスインターフェイスにロボティクスが加わり、第2世代サービスイノベーションにおける情報端末では不可能だった領域にまでネット上で統合されたサービスを提供することが可能になる。

　まず、「サービス内容の合意」に関しては、従来はスマートフォンなどの端末を介して行われていた利用者のニーズやコンテキストの把握、サービス選択肢の提示、サービスの調整なども、ロボットによる対話で行われるようになる。ペッパーのように身振り手振りを交えた音声を中心としたコミュニケーションにより、より自然な形で、時には感情を交えて利用者が希望を伝えたり、サービス内容の相談をしたりしながらサービス内容を合意していくことができるようになる。これにより、メニュー選択式では実現できないきめ細かなサービスがネットで提供できるようなるだろう。「サービスの提供」では、サービスを現実世界で提供する方法が格段に広

がる。例えば、第2世代サービスイノベーションにおけるレシピサイトでは、今夜のおすすめ料理のメニューを提示し、食材を宅配することはできても、料理を作ってテーブルに並べるところまではできない。料理ロボットが実現すれば、レシピサイトでメニューと何人前かを指定したら、その分の食材が宅配され、ロボットがその食材を使って調理し、配膳するところまでサービスできるようになるだろう。

では、「サービス価値の共創」は、ロボティクスによってどう変わるのだろうか。先ほどの料理の例でいうと、サービス価値は、ロボットが作った料理を利用者が食べ、食卓を囲む家族と「おいしいね」と幸せになることと言える。例えばその場にかわいいペットロボットがいて、家族の楽しげな雰囲気を察し、場を盛り上げるために芸の一つでも披露したらどうだろうか。それは、家庭の団欒という価値をロボットと人が共創していると言えるのではないだろうか。

第3世代のサービスイノベーションのインターフェイスにおける究極の姿はドラえもんだと言える。ドラえもんは、のび太の困り事を解決するサービスロボットと捉えることができる。ドラえもんはサービス利用者であるのび太の（時に激しい感情を交えた）要望を聞き、ドラえもんの持つ各種センサーでのび太が現在置かれているコンテキスト（夏休みの宿題が終わりそうもないなど）を把握し、のび太の悩みを解決する方法を検討する（サービス内容の合意）。そして、（おそらく、亜空間通信で接続されている未来のAIによって）ひみつ道具というリソースとその使い方の知識を統合する。それから、おもむろにひみつ道具を四次元ポケットから取り出し、その使用法を説明する（サービスの提供）。ひみつ道具を届けて、その使い方を説明するだけなら、現在でもアマゾンとペッパーを組み合わせれば実現できるかも知れない。ドラえもんの革新性は、そのひみつ道具が効果を発揮し、のび太自身の能力も上手く引き出しながら、のび太の目的が達成されるまで一緒に行動し、最終的にのび太の満足を得るという、利用者との価値共創まで行なっていることにある。

このように、ロボティクスによりネット上のサービス提供者が人やモノと直接関わることができるようになり、AIやIoTなどの情報通信技術を駆使したサービスが私たちの生活のあらゆるシーンで、より自然な形で入り込んでくるだろう。スマートフォンが私たちの日常に溶け込んでいるように、ロボットからサービスを受けることが当たり前の社会が遠からずやってくる。

ロボティックはまだ発展途上だが、「自分のサービスのインターフェイスにロボティクスを適用したらどうなるか」と考えてみることが重要である。サービスイン

ターフェイスを機械化するメリットは、低コスト化、多数の拠点への配備、長時間の稼働、均質なサービスの提供などが考えられ、これらの特質を生かすことで他にない独自の価値を創造できるだろう。「変なホテル」の例のように、一見無謀に思えることでも、とにかくやってみることがサービスイノベーションにつながるのである。

（村本徹也）

3.5　その他の先進技術とサービス

3.5.1　VR ／ AR とサービス

（1）VR ／ AR とは

VR（Virtual Reality）とは、コンピューター上に仮想空間を作り、「現実世界であるかのような体験を提供する技術」である。代表的な VR 技術製品としては、Oculus 社のヘッドマウントディスプレイ Oculus Rift やソニー・インタラクティブエンタテインメント 社の PlayStation 4 用 VR システム PlayStation VR などが存在する。

また、AR（Augmented Reality）とは、現実世界に人工的に生成した情報を付加することで「現実世界を拡張する技術」である。VR は仮想世界での体験する技術であるが、AR はあくまで現実世界が主体の技術である。代表的な AR 技術製品としては、マイクロソフト社が公表したヘッドマウントディスプレイ「HoloLens」やナイアンティック社とポケモン社によって共同開発されたスマートフォン向けゲームアプリの「ポケモン GO」などが存在する。

更に最近では MR（Mixed Reality）、複合現実と呼ばれる技術も出てきている。人工的な仮想世界に現実世界の情報を取り込むことで、「現実世界と仮想世界を融合させた世界をつくる技術」である。MR の世界では、仮想世界のモノと現実世界のモノが相互に影響している。MR 技術の代表製品としては Magic leap 社が有名であり、巨額の資金調達を行ったことで注目されている。米 IDC の調査によると、2016 年の VR ／ AR の世界市場規模は 52 億ドルにのぼる。また、2020 年に 1,620 億ドルの市場になると予測している。また、米ゴールドマン・サックス社の 2025 年までの VR ／ AR 技術のユースケースとしては、ゲーム市場、ライブイベント、

動画エンターテイメント、小売、不動産、教育、医療系ヘルスケア分野など VR ／ AR の利用は多岐にわたると言われている。

(2) VR ／ AR 技術のサービス利用事例

　2016 年は VR 元年とも呼ばれており、VR ／ AR 技術は、ゲーム分野を中心に利用が伸びている。特に、今年ポケモン GO の利用者数は配信開始翌週で 2000 万人を超えた。この現象は AR 技術が浸透してきたという証左ではないだろうか。更に 2025 年にはゲーム市場・ライブイベント・動画エンターテイメントなどのエンターテイメント分野だけでなく、小売・不動産・教育・医療系ヘルスケアなど産業分野での利用が予測されている。

　まず、小売分野での VR ／ AR の利用シーンとしては、バーチャルな化粧用ミラーを使ってすぐに消費者の好みを学習し、利用者に新しい見た目を示すことなどが考えられる。また、スポーツ用品店では、新製品のゴルフクラブをバーチャル上で試用することができるなど、既存にはない価値提案が可能となる。

　医療用ヘルスケア分野では、VR を使って模擬手術を疑似体験することが可能である。例えば、外科医の手術をバーチャルな患者に手術を施すことで、手術技術の習得・向上を行うことができる。また心理療法の分野でも、VR が使われ始めている。具体的には、VR での手術体験を通じて症状を改善する取り組みが行われている。このように VR ／ AR 技術は、様々な分野で応用可能な技術である。

(3) VR ／ AR 技術が第 3 世代のサービスイノベーションに与えるインパクト

　「サービス内容の合意」に関しては、VR ／ AR 技術を用いることで、現実世界と仮想世界を繋ぐよりインタラクティブな対話型のコミュニケーションが行われるようになる。インタラクティブな対話型のコミュニケーションを VR ／ AR 技術を通して行うことにより、利用者の具体的な要望を聞き取ることができ、サービス内容を合意することが可能になる。例えば、小売分野のバーチャル化粧用ミラーの事例では、利用者と VR ／ AR 技術を使って対話することがサービス内容の合意の部分に相当するであろう。

　「サービスの提供」では、利用者の時間・場所・利用シーンに合わせて、最適な情報提供が可能になる。例えば、小売分野のバーチャル化粧用ミラーの事例でいうと、学習した利用者の好みを使って、利用者に新しい見た目を提案することが、サービスの提供に該当する。

　最後に「サービス価値の共創」は、VR ／ AR 技術によりどう変わるだろうか。

先のバーチャル化粧用ミラーの事例でいうと、サービス価値は、インタラクティブなコミュニケーションにより利用者に最適な見た目を提供することと言える。そして、VR ／ AR 技術が利用者の顔画像を認識して、最も似合うメイクを抽出する共創データベースができたらどうだろうか。プロのモデルへのメイクを、バーチャル化粧用ミラーを覗き込んでいる利用者に最適にマッチングする価値提案となり、これこそが利用者と VR ／ AR 技術の価値共創とならないだろうか。

(4) VR ／ AR の未来

　VR ／ AR の未来は、エンターテイメントで起こるであろう。VR ／ AR 技術は、仮想世界と現実世界を融合させた世界を作ることができる。これを最大限に利用できるのはエンターテイメントだと考える。例えば、好きなアーティストのライブイベントが VR ／ AR 技術を使って行われたとしたらどのような未来となるだろう。現在アーティストのライブイベントは、イベント会場で行われている。従って、その場に行かなければ楽しむことができない。しかし VR ／ AR 技術でできることはライブ参加者の個別化だ。ライブ会場のその場に居なくても、ライブ参加者毎に違った音楽・映像・演出ができたら、いまとは全く違う仮想世界と現実世界を行き来するような体験を提供できるのではないだろうか。好きな 3 人組のアーティストが存在した場合、真ん中に立って欲しいメインボーカルは人それぞれ違うだろう。そこで VR ／ AR 技術を使って音楽・映像・演出をライブ参加者個別に変えるという体験ができるとしたら、ライブイベントを通して参加者の心の届け方も変わるという未来を実現できると考えられる。

3.5.2　3D プリンター

(1) 3D プリンターとは

　3D プリンターとは、通常の紙に平面（2 次元）的に印刷するプリンターに対して、立体物を表す 3 次元データを元に樹脂などを加工して立体を製造する機器のことをいう。

　3D プリンターが注目される背景には、3 つの要因があると言われている。

　1 つは、3D プリンターの低価格化である。従来は数千万円から 1 億円を超える装置まで高価な機器であった。しかし、近年、一部の特許が期限切れになったことや技術革新などにより、低価格化が進行した。ローエンドの商品では 10 万円台のものも登場し、家電量販店などで販売されるまでになった。

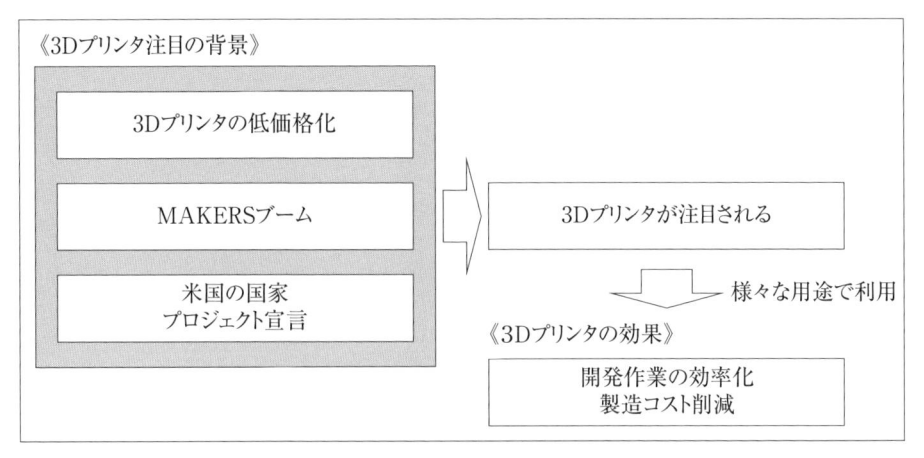

図3.5　3D プリンタ注目の背景と効果

　2つ目は、2012 年に米国で発行された「MAKERS（メイカーズ）」（クリス・アンダーソン著）である。これまでの製造業は工場の設備などに多額の投資が必要であった。しかし安価な 3D プリンターの登場により、個人でもメーカーでおこなう仕事ができるようになったと話題になったためである。インターネットを通じて販売もできるようになった今、誰もがメーカーになれる可能性があると説いている。

　3つ目は、オバマ大統領による国家プロジェクト宣言である。今後 4 年間で 1,000 カ所の学校に 3D プリンターやレーザーカッターなどのデジタル工作機械を完備する工作室を開くなどの政策を打ち出したことである。

(2) 3D プリンター技術のサービスにおける位置付け

　まず、企業の製品開発の現場での活用が考えられる。従来、新製品を開発するためには、試作品を時間とコストをかけて金型から作成する必要があり、全てのアイデアを試作することはコストと時間の面から難しかった。しかし、3D プリンターの活用により、金型なしでも試作品をつくることができるようになり、製品開発の期間短縮とコスト削減が可能になった。例えば、NASA では、3D プリンター製のロケットエンジン部品の試験に成功している。例えば 3D プリンターで作ったターボポンプは、従来の溶接などで製造する場合に比べ、総部品点数が 45% で済み、製造工程を簡素化できている。これにより、開発作業が効率化し、リスクおよびコスト削減ができるだろうと予測されている。

　今後、大きく期待されているのが医療分野である。人工骨や義肢装具、歯型、インプラント、手術の事前確認のための模型など既に活用されているものもあれば、

動脈や臓器など再生医療分野での開発・研究も進んでいる。

(3) 3D プリンター技術が第3世代のサービスイノベーションに与えるインパクト

　まず、「サービス内容の合意」に関しては、3D プリンター技術は誰もがメーカーになれること自体がサービス内容の合意となるのではないだろうか。今まではメーカーがモノを作り、商品として販売していた。しかし、誰もがメーカーとして、モノを作れる時代であるならば、利用者が自分の欲しいものを作ることができる。自分の好みの色・形・大きさ・素材などすべて自分で決めることができるということはサービス内容が合意できるということであろう。

　「サービスの提供」では、利用者が欲しいモノの形を作る環境を提供することや、素材や大きさなどの問題により高価な 3D プリンターが必要な場合にインターネットや実店舗での 3D 印刷を提供する行為がサービスに該当するのではないだろうか。

　最後に、「サービス価値の共創」は、3D 印刷技術によりどう変わるだろうか。今までのメーカーのように商品を作るだけでは価値共創とは言うことはできない。例えば自動車では、エンジン部品・制御部品・ブレーキなど 3D プリンターで作られた部品をそれぞれが得意な会社が持ち寄り、組み合わせることで新しい価値共創が生まれてくるのではないだろうか。今までは宇宙ロケットでしか利用できなかったエンジン部品を自動車に簡単に応用することが出来るなど、多業種の技術を統合することができるかも知れない。これこそが、3D プリンターを使った価値共創となってくるのではないだろうか。

(4) 3D プリンターの未来

　3D プリンターの未来も個別化の進化だと考えられる。マーケティング用語でOne-to-One マーケティングと言われて久しいが、本当の意味で実現している企業はない。人間の欲望にある、個人のライフスタイルに合わせたが製品が 3D プリンターで実現できたとしたらどうだろう。自動車の例で、トヨタの電気制御システム、ホンダのエンジン、日産のボディなど自動車の中にある様々な部品を 3D プリンターで制作し組み合わせることができれば、自分だけの特別な自動車を製造することができる。メーカーも、企業の得意分野の部品提供を行うことができ、メーカーを超えた価値提供ができるのではないだろうか。

3.5.3 音声アシスタント

(1) 音声アシスタントとは

　音声アシスタントとは、コンピューターが利用者の会話を解釈し、音声で支持された様々な操作を実行出来る機能のことをいう。音声アシスタントは、一般的に音声認識や自然言語処理などの技術を駆使し、利用者の会話内容を解釈する。また音声認識とは、人の声などをコンピューターに認識させる仕組みである。会話を文字に変換し、発生源を識別する機能を持つ。

　現在、コンピューターの世界ではキーボードなどのキー入力操作が中心であるが、音声入力がキーボードに取って代わる技術と考えられている。2011 年 10 月に、Apple が iOS 5 向けの音声アシスタント「Siri」を発表したことで、音声アシスタントは広く知られるようになった。2012 年 2 月には NTT ドコモが日本語に対応した音声アシスタント機能「しゃべってコンシェル」の提供を開始している。

(2) 音声アシスタントのサービスにおける位置付け

　前項で触れたとおり Apple 社の「Siri」で音声アシスタントは広く知られるようになったが、音声アシスタントの価値はキーボード以来の入力方法のイノベーションだと言われている。Apple 社の「Siri」、Microsoft 社の「Cortana」、Google 社の「Google Now」は、人工知能を搭載した音声アシスタントのソフトウェアである。知能の高い音声認識のインターフェイスを開発するのは大変複雑な仕事であり、これまでは Apple、Google、Microsoft などの大企業の開発チームしか行うことができなかった。しかし、今日では、クラウドベースの API を提供する小規模の企業が増えてきた。これにより、開発者は最先端の自然言語処理を習得しなくても、音声認識インターフェイスをどのようなアプリやウェブサイトにも導入することが可能となった。現在、スマートフォン全盛時代であるが、Amazon Echo の成功に代表されるような家に設置する音声アシスタント機器に注目が集まっている。Google 社も 2016 年 Google Home という機器を発売開始した。これにより、より身近に音声アシスタントが広まっていくだろう。

(3) 音声アシスタントが第 3 世代のサービスイノベーションに与えるインパクト

　「サービス内容の合意」に関しては、音声アシスタントをインターフェイスとして、コンピューターと利用者が対話をする。利用者のニーズを聞き、サービス提供

者にできることの差を縮めながらサービス内容の合意を行う。例えば、利用者がAmazon Echoと会話することで、Amazon Echoと空調機器がネットワークでつながっていることで、家の空調調整をすることが相当する。

　「サービスの提供」では、音声アシスタントがインターネットを通じて最適なサービスを利用者に提供する。音声アシスタントに「ちょうどいい温度にしておいて」と頼むだけで、就寝する際に深夜の天気予報から最適な室温に調節することもできるだろう。

　最後に、「サービス価値の共創」は、音声アシスタントによりどう変わるだろうか。音声アシスタントをインターフェイスとして、家やビルなどの施設に存在するあらゆるものが価値共創される。家電でいうと、空調機器・照明機器・冷蔵庫などが音声アシスタントと繋がり、音声アシスタントを通じて価値共創されたサービスが提供される。自宅でテレビを観ている間に眠った時に、いびきの音を音声アシスタントが聞き分けて、照明を消し、空調機器を最適にすることができるかも知れない。

(4) 音声アシスタントの未来

　音声アシスタント技術ができること、それは人と機器の間のサービスインターフェイスとしての存在だけではない。前項で述べた入力デバイスとしての利用に加え、入出力デバイスとして音声アシスタント技術が利用可能であると考える。

　例えるならば、ドラえもんの中に出てくる「翻訳こんにゃく」のような未来を想像する。音声アシスタント端末に対し、人間が日本語で高度な質問を行い、音声アシスタントが解釈し、AIを通して、最適な答えが瞬時に日本語で返ってくるような世界である。そして、その技術は、犬や猫などの動物の感情を声紋・動きの映像などを入力データとして、AIで学習し、動物と話せるような世界が来るかもしれない。それは人間とそれ以外の動物の絆となり、真のエコ活動につながるのではないだろうか。

（萬田大作）

3.6 サービスを変革する新しい情報技術の応用検討

3.6.1 知識創造プロセスへの応用検討

(1) SECI プロセスへの応用検討

亀岡（2007）は、顧客にとってのサービス価値創造のためには、新たな知識創造が必要であると主張している。このように、サービス価値創造と知識創造には深い関係がある。新しい情報技術が知識創造プロセスに変革を起こせば、サービス価値創造にもつながる。まず、IoT、AI、ロボティクスなどの技術が、知識創造のプロセスである SECI プロセスの 4 つの局面である共同化（Socialization）、表出化（Externalization）、連結化（Internalization）、内面化（Combination）に、どのような影響を与えることができるのかを考察する。

① 共同化（Socialization）

共同化は、共体験を通じて知識共創の参加者同士が共感を得るプロセスである。新しい情報技術である AI やロボットが参加者となる可能性がある。これまでの技術では情報の提供元にとどまっていたものが、ロボティクスや AI 技術の発展により共感する相手に変化する。新たな参加者の登場により知識創造の場に多様性が増し、新たな発想の源となることが考えられる。

② 表出化（Externalization）

表出化は、暗黙知を形式知に変換して表現するプロセスである。暗黙知として持っていた知識を言葉や図で表現し、コンセプトを作り出す。ここでは暗黙知の形式知化にセンシング技術が大きく寄与するものと考えられる。熟練した職人の技術は身体的な暗黙知の代表的なものと捉えられていたが、様々なセンシング技術により数値や画像データのような形式知に変換できるものが多くなる。人だけの知識創造ではメタファーが重要な役割を果たしたが、これに加えセンシングの結果も重要な役割を果たす。

③ 連結化（Internalization）

連結化は、形式知どうしを組み合わせて体系化するプロセスである。ここでは人

が他の参加者の形式知の組み合わせを行うように、AI やそれを搭載する機械が形式知の組み合わせを実施する。近年は技術の進歩により、AI が認知や予測だけでなく、知の生成を行うようになった。新たな情報技術を利用し、人の意見と AI の意見、あるいは AI 同士の意見が組み合わさり連結化が起こるものと考えられる。

④　内面化（Combination）

　内面化は、新たな形式知を学習し、実践する。実践の結果、得られた知を暗黙知として獲得するプロセスである。従来は、暗黙知は人が得るものであったが、ディープラーニングの進展により AI が暗黙知を手に入れることが可能になると考えられる。

(2) 新しい情報技術の知識創造プロセスへの影響

① 知識創造の主体の変化

　従来は知識創造の主体はあくまで人であり、技術や機械はそのサポートとしての存在に過ぎなかったが、AI 技術の進歩により予測やデータの生成など一定レベルの創造性を身につけようとしている。これからの知識科学では、AI 技術や機械も知識創造の主体となることを想定する必要がある。

② AI を利用した知識創造の場面

　人との AI 技術の協力では、会議の意思決定の場に AI を参加させることが考えられる。すべての参加者が人であれば、多くの場合、その所属部門の利益確保が頭に浮かぶものである。このため、所属企業の全体最適に対して部門最適となる提案をすることが多くなるのが現状であろう。一方で、そのような利害関係のない AI を参加者とする場合、部分最適となる提案をする必要が無いため、データに基づいた極めて冷静な提案をすることができるであろう。

③ センシングしたデータを利用した知識創造の場面

　現在でも脳波や人の発した言葉をセンシングし記録しておくことで、事後での情況分析や改善計画策定をする音声つぶやきシステムのような研究は行われているが、これがさらに進むことが考えられる。例えば、発言をセンシングする際に、発言者自身の他の情報（体温、心拍、表情など）や周辺情況（位置情報、周辺の人の情報、温度など）についてもセンシングを行い、リアルタイムでセンシングデータの分析を

実施することで、発言者に適切な行動のアドバイスを発信できる。さらに、事後の分析も行われ、様々な情報から新たな知識の獲得も可能となるであろう。

④ロボティクスを利用した知識創造の場面

　現在のロボティクスの利用例で最も代表的なものは産業用ロボットである。産業用ロボットは、すでにかなり高度な判断や動作を実現しており、様々な分野の産業で使われているが、そのほとんどは工場のラインに固定された状態で稼動している。一方、第3世代のサービスイノベーションで期待されるロボティクス技術は、人との直接的な対応や対話が求められるものであると同時に、異なるコンテキストに応じた動作ができるものである。これは、高度な技術を持った職業人材の身体的な暗黙知の再現であり、こうしたロボットが人と一緒に働くことで、今までに無かった人と機械による知識共創が起こる可能性がある。

(3) まとめと今後の課題

　このように、第3世代サービスイノベーションにおける知識創造は、人だけで行われるものではない可能性がある。そこでは、IoT、AI、ロボティクスなどの技術が利用された機械やシステムが、人と共に、あるいは機械やシステムだけで知識創造が行われるものと考えられる。人と機械、システムがどの部分をどの程度担っていくのかは、その場面に応じた対応が必要であり、今後AIやロボティクスの発展の度合いにも依存するものと考えられる。ここで使われる機械やシステムは、高度な人材のように同一人物が様々な場面で活動することは難しくても、ある特定の場面においては、人間と同等かそれ以上の存在として活動できる可能性が高い。また機械やシステムは人と異なり複製が可能であるため、様々な場面に活用されるであろうことも想定される。

　これからの知識科学において、機械やシステムは知識創造の担い手の一つとなることは間違いない。しかしながら、これによって人が必要なくなるものではなく、これからも高度な知識を生み出すための最重要の担い手であることは代わりがない。一方で、機械やシステムが知識創造に参加することについて、いくつかの課題も存在する。機械やシステムは、高度な創造性が必要な場面ではうまく機能しない。このため、新規事業や発明のような作業には使用できないと考える。また、特定の場面で効率的に活動できるような設計となっているこのため、汎用性が極めて低く、それぞれの場面に応じたカスタム仕様の機械やシステムが必要となろう。この点については今後改善が必要である。機械やシステムが作り出した知識の所有権や著作

権、それが使われた際の責任の所在などについても議論が必要であろう。

（大塩和寛）

3.6.2 コンシェルジュへの応用検討

(1) サービス選択を支援するサービスが台頭

近年、サービス利用者のサービス選択を支援するサービスがいくつかの業界で起こっている。例えば、保険業界では「保険契約の見直し」の看板を掲げる店舗を各地の大型ショッピングモールで見かけるようになった。新規・見直しなど相談、契約加入手続き、アフターフォローを行っている。家族構成や将来のライフステージの変化にどう備えるかなど複雑に絡み合っており、保険選びは漠然とした不安感が常に付きまとうものである。ここに目を付けたサービスである。カウンター越しに相談を受け付けている。

保険選びサービスの様にサービス利用者のサービス選択を支援するサービスには他に、電力比較サービスがある。電力自由化で既存大手電力と新電力各社との比較を行うサービスである。毎月の支払負担を減らしたい人や自然エネルギーを志向する人向けの新電力と比較検討できる。このサービスは店舗を構えずネットを主体とし、利用者は過去1年に支払った月々の電気料金や家族構成、平日・休日の過ごし方、昼間と夜間の活動、ガスと電気の使い分けなどの電力使用状況、自然エネルギーへの考え方などの情報を提供することでオススメの電力会社とそのサービスプランを紹介してもらえる。

では約半年経過した時点では電力自由化は進んでいるのだろうか。電力小売自由化に関する消費者アンケート調査（電力・ガス取引監視等委員会, 2016）では、購入先変更者は7.2%にとどまり、非変更者の約30%が比較検討は行っているものの変更には至っていない。電気の購入先を変更しない理由は、「メリットがよくわからない」が44.0%、「なんとなく不安」が37.3%と、理解不足や不安感が変更の阻害要因となっている。一方、購入先を変更した人の約9割が満足感を得ている。新電力サービス開始により選択の幅が広がったがそのメリットは広くは受け取られておらず、新サービスの選択を支援するサービスがあるにも関わらず、活用できていないことに社会的な課題があるだろう。

新電力選択のように、サービス利用者に対し新サービスを理解させ、そのメリット、デメリットなど、サービス選択に繋がる情報提供のあり方に課題があろう。

(2) オムニコンシェルジュとその応用

　今後、更に便利なサービスが開発され、生活が豊かになってくる。IoT や AI、ロボティクスその他多岐にわたる技術を活用した新サービスが多方面の産業・業界で検討されており、既存ビジネスの進化に加え、あらたなビジネスが生まれるであろう。しかしながら、次々に出てくる新サービスを最適に選択するための情報処理能力には個人差があり、生活格差に繋がりかねない。様々なサービスが出てくるがどれを選んだら良いか判断が付きにくく、そもそも新たなサービスが次から次へと提供され自分の生活にはどれが良いか自ら判断できる情報量を超える。最適なサービスを選択できれば良いが、そうでない場合やサービス利用を躊躇することが起きるとサービス開発・運営コスト負担や新サービスによる社会の効率化が進まず、社会的損失が広がりかねない。そこで近い将来、ワンストップで、なんでも相談できるサービス「オムニコンシェルジュ」が登場するだろう。

　ヘルスケアを例に、オムニコンセルジュの説明を試みる。近年、健康寿命という捉え方が一般的になってきた。例えば、大分県では他県と比較し健康寿命が短いことを懸念し「健康経営事業所」認定制度を開始し、民間企業従業員の健康づくりを支援している（大分県健康づくり支援課, 2016）。辻（2004）による健康寿命の様々なレベル別の定義では 6 段階あり、ここでは「b）労働・家事・社会参加に支障のない生存期間」より以後の、支障が出て何らかの介護が必要になったライフステージを議論の対象とする。国民生活基礎調査の「介護が必要となった主な原因の構成割合」によると、脳血管疾患（脳卒中）が一番大きな割合を占め（18.5%）、次に認知症（15.8%）、高齢による衰弱（13.4%）、骨折・転倒（11.8%）、関節疾患（10.9%）と続く。このうち高齢による衰弱を除く、脳血管疾患、認知症、骨折・転倒、関節疾患は何らか予防できる可能性があるが、これら合計で介護が必要になった主な原因の半数を超える（厚生労働省大臣官房統計情報部, 2014）。疾病予防では、遺伝子検査を AI が活用し、将来にかかる疾病リスクを予測し、予防や生活習慣の改善に役立てられるようになるだろう。遺伝子検査に加え、人間ドックや健康診断、更に診療報酬明細書などの検査値から、疾病リスクを予測する技術の開発も進んでいる。発病前、異常値を示す前の傾向で予測でき、疾病リスク低減につながる。AI により、要介護状態になるのは何年後か、どんな状態になるのか、痴呆状態になるのか、痴呆にはならないが車いす生活になるのかなどを示しせるようになる。これら将来予測が現実的になると、人々は疾病予防を具体的に取り組むことになり、健康寿命が延びる可能性は十分ある。

　新たな技術は予防だけでなく治療も大きく変える。東京大学と IBM はがんに関

連する論文を AI に学習させ、医師の診断や治療法抽出、選択を格段に早く、的確にサポートする研究を進めている。また、シカゴ大学と FRONTEO は、AI を活用して、がん患者に適した治療法を選んだり、患者が治療の悩みを解決したりできるサービス開発を進めている。これらの他にも公的研究機関、大学、企業などが連携し AI を使って病気の早期発見や患者一人ひとりに合わせた治療など研究開発が進み、医療サービスは技術で発展し、治療成果が高まっていく。

　技術の発展により、我々はこれらの将来の疾病リスク予測や予防手段、生活習慣改善提案、最適な治療方法など様々な情報・アドバイスを得ることができるようになる。一方、それらの情報が膨大で、情報処理能力の個人差が健康寿命の長短に影響しかねない社会になりつつある。オムニコンセルジュでは、多岐にわたる情報を整理し、その人の価値観により異なるニーズを対話ロボットが受け止め、その人にあった選択肢を提示してくれる。対話システムは、タスク指向型対話システムとして話者の意図を発話から推定する研究が進められている（東中 , 2016）。

　オムニコンセルジュは選択肢を提示するだけにとどまらず、その選択肢の中のサービスを導入した際の生活を仮想体験できる。それには仮想現実技術（VR：Virtual Reality）や拡張現実技術（AR: Augmented Reality）を利用する。VR ／ AR 技術はゲームで実用化が先行し、技術応用を牽引してきた。VR 技術は更に発展し視覚、聴覚だけでなく、触覚、臭覚、味覚にも振動や刺激で脳に錯覚させ、五感全てで仮想体験ができるようになり、高精細の表示装置や、人の動きや位置を検知するセンサー技術の発展で益々その応用範囲が広がりをみせるであろう。オムニコンセルジュが提案したサービスを自宅や職場に導入したときの日常や仕事の様々なシーンを仮想体験でき、サービス導入前の評価や不都合が無いかなど事前に確認でき、より効果的なサービス選択が可能になる。アリババの VR ショッピングサービス「BUY+」は先駆けである。疾病予防の観点では、スポーツジムやあらゆるスポーツを仮想体験し、それぞれ長期にわたって取り組んだときの健康増進効果とともに示され、目的とともに自分に合ったサービスを選択できる。介護サービスでは、自宅で介護を受けている自分や介護する側の家族が介護サービスを受けるとどうなるか仮想体験できることや、施設の介護も仮想体験でき、それらを比較検討できる。医療サービスでは、ある疾患には手術が選択肢になったとき（手術は 100% 成功とは限らない）、後遺症が残ったときの体の変化を手術前に仮想体験できる。そうなる可能性が少しでもある中それでもその手術を受けるかについてより現実感をもって納得して自らの意思で判断し、選択できるようになる。

　更にはカメラやディスプレーを内蔵したコンタクトレンズを装着していれば、場

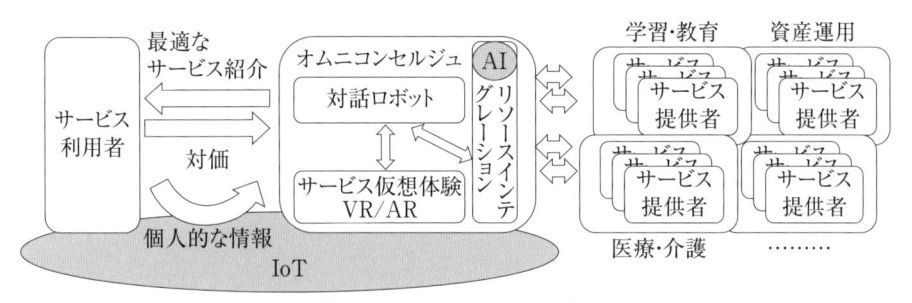

図 3.6 オムニコンシェルジュ

所を選ばずオムニコンセルジュによる仮想体験ができるようになる（コンタクトレンズに限らずウェアラブル端末でも同様）。つまり日常的にオムニコンセルジュのサービスを受けることも技術が可能にする。このオムニコンセルジュにより健康寿命を効果的に延ばすこと可能となるだろう。具体的に助言を与え、選択肢となる複数のサービスを紹介し、その中でもその人に合わせたオススメを順位付けし、費用やメリット・デメリットを比較できるように示し、仮想体験を通じて納得できればサービス業者に仲介する。ある症状に対してどの病院の誰（医師）に掛ると良いかを示すことも技術の発展で十分可能で、口コミを発展させたランキングがあれば利用者にとってより魅力的なサービスとなろう。一方で医師の診断に近い行為となる場面も出てくるので、技術の発展と共に社会的な合意や法整備が必要になる。

　オムニコンセルジュでは、教育相談も受けられる。例えば小学校低学年の子供を持つサービス利用者がいる。対話ロボットへのインプット情報は、対話を通じて得られる本人の将来展望（将来なりたいこと、やりたいこと）や嗜好、これまでの学習情報や成績、各種テスト結果、家計状態などにより、学習塾や家庭教師、e ラーニング、目指すべき中学校、高等学校を助言してくれる。これらサービス選択を容易にするためにその場でそれぞれのサービスを仮想体験できる。このようにオムニコンセルジュは、保険だけヘルスケアだけ教育だけといった特定領域専門紹介サービスではなく、生活全般なんでも相談を受け付けるワンストップサービスであり、サービス利用者の利便性に寄与する。

　AI で統合した社会的情報資源、IoT で収集・生成した社会及び個人のコンテキストを基にし、対話ロボットがサービス利用者と向き合って複数のサービスを選択肢として提示・助言し、サービスプロバイダーとの仲立ちをする。同じ課題に対して別の製品を採用した場合の仮想体験と比較でき、納得感をもって最終選択ができる。これまでのサービスの研究では、モノと比較したサービスの特性をいくつか抽出しており、その一つにサービスは一般に『試用不可能（購入しなければその効果は

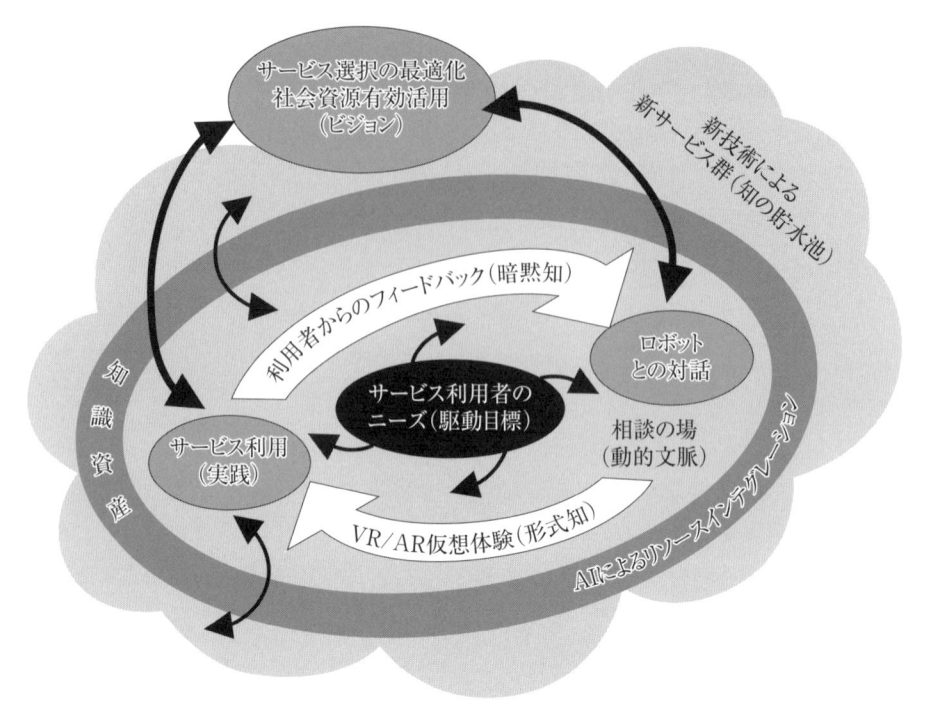

図 3.7　オムニコンシェルジュによる知識創造社会の動的モデル

(野中・遠山・平田（2010）を基に筆者が作成)

わからない）』と言われてきた。オムニコンセルジュが提供するサービス契約前の仮想体験サービスはこれを補完することを可能にする。

（3）オムニコンシェルジュによる知識創造社会の動態モデル

　知識創造企業の動態モデル（野中・遠山・平田, 2010）を用いると第 3 世代のサービスにおけるオムニコンセルジュが整理できる。駆動目標はサービス利用者のニーズであり、相談の場においてロボットが対話を通じてサービスの選択肢を複数提示し、利用者は選択したサービスを利用・実践する。選択肢は、動的文脈（コンテキスト）や新サービスから AI によるリソースインテグレーションで対話ロボットを通じて提案される。加えて VR ／ AR 技術によって形式知化された仮想体験を利用者に提供し、サービス利用後の利用状況・頻度に加え、思わぬ利用の仕方や感想などのフィードバック情報は暗黙知としてオムニコンセルジュが次に生かす。このように対話やサービス利用を通じてオムニコンセルジュのサービス価値が共創される。このエコシステムで最も重要なビジョンに当たるのは、サービス選択を最適化し、

社会資源の有効活用、社会システムを効率化することである。このようにオムニコンセルジュは、第3世代のサービスにおいて、社会全体のダイナミックな知識創造の担い手として形成されるだろう。

（新村成彦）

3.6.3　スマートホームへの応用検討

　IoT、AI、ロボット、VR／AR、3Dプリンター、音声アシスタントといった新しい技術の融合により、私達の生活はより良くなっていく。スマートホームと呼ばれる分野でも、技術とサービスの発達が不可欠である。この分野における3つの未来像を示す。

（1）車と家がつながっていく未来
　1つ目は、音声アシスタントがサービスインターフェイスとなり、家と車がつながる未来について述べたい。本例は、毎年ラスベガスで開催される家電・情報・通信・エレクトロニクスに関する総合展示会CESで、2016年にAmazon社とフォード・モーター社が展示していた事例である。
　家に音声アシスタントがあり、家の中の電化製品が音声アシスタントとネットワークでつながっている。また自動車はインターネットを通して、音声アシスタントにつながり、自動車のナビゲーションシステムを通して、位置情報や走行情報など自動車のあらゆる情報が音声アシスタントに流れる。そうすると、自動車内では、

- 自動車のエンジンのオン／オフやロックの開閉
- ガソリン残量の確認
- 自動車の現在位置の特定

などが可能となる。また、自宅では、

- ガレージドアの開閉
- 玄関ライトやホームセキュリティ機器の操作
- サーモスタットによる室温調整

が可能となる。
　家と車がつながることによって、今まで手作業や家庭内のコミュニケーションで行われていたものが、自動的に行われることになる。走行情報により事故の確率がわかり、自動車保険が連動するようなサービスは既に存在するが、家と車の情報が結合することにより、ライフスタイルがより把握できるようになり、新しい保険

サービスが出てくることも予測できるだろう。

（2）洗濯機と家がつながる未来

　2つ目は、洗濯機がサービスインターフェイスとなり、家と洗濯機がつながる未来について述べたい。2016年のCEATECで発表されているサービス「laundroid」の事例である。洗濯機に衣類を入れておくと、汚れた衣類を自動的に洗濯、乾燥し、衣服を折り畳んでくれる「全自動衣料畳み洗濯機」だ。更に、家を建築する際に「全自動衣料畳み洗濯機」も考慮しておくと、家のある衣料置き場に汚れた衣料を配置しておくだけで、家族の衣料を自動的に仕分けし、各人のクローゼットにしまってくれるような未来がくるのではないだろうか。また、医療・会議施設や工場のような大量の洗濯物が施設において、今までクリーニング費用などがかかっている事業所では、この「全自動衣料畳み洗濯機」が処理してくれる未来が来るのではないだろうか。

（3）冷蔵庫と家がつながる未来

　最後は、冷蔵庫がサービスインターフェイスとなり、冷蔵庫と家がつながる未来について述べたい。本例も、総合展示会CESで、2016年にサムスン社とマスターカード社が展示していた事例である。

　冷蔵庫が家庭内ネットワークに繋がっており、家がインターネットにつながっている。そして冷蔵庫には食品の在庫情報や鮮度情報がわかるようなセンサーが付いていたらどのような未来となるだろう。冷蔵庫とEC事業者がつながっているため、日常的に利用する醬油などの調味料や日常的に商品する牛乳・お茶などの飲料が完全にきれてしまう前に、消費の状態を把握し、ECサイトより自動的に調味料や飲料を購入し、自宅まで運んでくれるような未来が来るのではないだろうか。そうすると、過疎地などでスーパーでの買い物が難しい地域や、年配者が多く、食材の買い物が難しい家庭では、勝手に必要な品物が届けられるような未来が来て、必要なものを必要な分だけ提供してもらうことができるようになる。また、ネットワークで繋がった冷蔵庫ならば、必要な食材を譲り合って使うこともできるのではないだろうか。冷蔵庫がネットワークでつながるだけで、家庭間の絆がつながるような世界が実現できるかもしれない。

（4）スマートホームの未来

　このように、音声アシスタント／洗濯機／冷蔵庫など家にある様々なモノがサー

ビスインターフェイスとなり、IoT としてインターネットにつながることにより、既存の組み合わせだけでも統合されたサービスの提供がされる。利用者と音声アシスタントや家電などのコミュニケーションによりサービス内容の合意がなされ、家にあるあらゆるモノを作るメーカー同士の価値共創や、利用者との価値共創が起こることを意味する。これこそが第3世代のサービスイノベーションとなるのではないだろうか。

　スマートホームどうしが繋がった世界を想像すると、本当のバーチャルオフィスが実現するだろう。既存のサービスでは、Skype や Google ハングアウトなどのビデオ通話システムを利用して、映像で会話することしかできなかった。しかし、VR ／ AR の技術とスマートホームの技術を組み合わせことで、時間によって自宅の部屋を変えることが出来、あたかも隣に机を並べて仕事するような環境を実現することが可能となるだろう。これこそが本当の「クラウドワーキング」ではないだろうか。家と仕事が繋がり、社会がつながっていくことで、助け合い、共に未来を作るような共創社会となっていくことが、スマートホームの未来だと考える。

（萬田大作）

3.6.4　ソーシャルイノベーションへの応用検討

(1) ソーシャルイノベーションによる社会課題の解決

　技術の進歩は、私達の生活をより良いものにしていくだろう。その一方で、現在私達が行っている仕事は AI に変わっていく可能性があるとも言われている。そうした場合、私達人間はいったい何をすれば良いのだろうか。デービッド・オーター教授ら（2014）は、人間が AI よりも優位性を持てる能力として、以下の2点を挙げている。

- 複雑な問題解決に関わる能力
- 対人関係と状況適応の能力

　複雑な問題解決に関わる能力の論拠の核心として、暗黙知に焦点をあてている。その際、マイケル・ポランニーの「人は語れる以上の事を知っている」という言葉を「ポランニーのパラドックス」と名付けている。その一方、対人関係と状況適応の能力の論拠の核心として、「モラベックのパラドックス」に焦点をあてている。これは、「人工知能の開発においては、人間にとって高度な知能テストをコンピューターに通過させることは比較的容易なことであり、逆に一歳児の子供が身につけているような、知覚・判断・運動などの能力をコンピューターに組み込むことの

方が、技術的には困難である。」というものである。ただし、これからの能力について人間の優位性は長くは続かないとの見解もある。私達人間が持つ暗黙知を知識とし、AIを技術とする新しい共創となるソーシャルイノベーションによる社会課題の解決サービスが近い未来に実現されるだろう。

(2) 社会課題の解決における現状

　日本は少子高齢化が進み、人口減少などの課題先進国となっている。世界的にも社会課題の解決が急務となっており、人々のより良い未来への意識の高まりや企業の新しい市場の開拓などから、ソーシャルイノベーションが注目されている。ソーシャルイノベーションとは、「社会的課題の解決に取り組むビジネスを通じて、新しい社会的価値を創出し、経済的・社会的成果をもたらす革新」（大谷ら 2011）である。また、「スーパーヒーロー的なカリスマの登場を待たなければ、ソーシャル・イノベーションが起きる可能性は低い。」との見解もある。

　日本では、これまでトップダウンの政治主導での政策決定がなされており、ボトムアップの国民主導のものはとても少ない状況となっている。しかし、2011 年の東日本大震災以降から若者を中心とした国民が国会前でデモを行うなど、政治が注目されている。SEALDs の活動は、昔の安保闘争を彷彿させるような状況ともなった。現在、日本人が最も利用するメディアは、テレビ、新聞、インターネットである。しかし若者を中心に利用されているソーシャルメディアは、共感による拡散の割合が高く、短時間に情報が拡散され重要なオピニオンリーダーとすぐに繋がることができるツールともなっている。

　MIT メディアラボ所長の伊藤穣一は、2011 年の朝日新聞のインタビューで、自身が 2003 年に発表したインターネットが後押しする現場発信による新しい政治スタイル「創発民主主義」を提唱している。現在の代表民主主義の政治家に何かを決めてもらう政治ではなく、現場主導による直接民主主義に近い政治的な秩序が生まれてくる政治スタイルである。その中で、政治家は指導者というより、進行役とか世話係、管理人といった役割に代わっていくことは示唆している。実際、海外の先進国では、右肩上がりの経済成長が難しいため、政府による国民との対話を重視した政策が取られ、ソーシャルメディアが重要なコミュニケーション手段のひとつとなっている。

　近年、日本の保育園問題をクローズアップさせた「保育園落ちた日本死ね!!」という事例がある。本事例は、はてなブックマークに保育園に落選したと思われる方が、心情をありのままに投稿し、国会答弁にも利用され短時間で政策転換を促した

ものである。このデータを分析してみると、SNS、メディアによる公の場、国会と場が３つあり、背景となる社会課題、共感性の高い投稿、オピニオンリーダーの支援、国会での議論、国民の行動の５つのキー要素で構成されており、主体と支援者が変化していったことが見えてくる。ソーシャルメディアが、触媒的な役割を担い複雑な課題を解決するための知識を持った人々をつなぎ、バトンリレーするかのように結び合わせたとも言える。そのため、共感性の高い投稿を行えれば、明日にでも私達は社会課題の解決を促せる状況になりつつある。

(3) 新しい情報技術の可能性

　未来の社会課題の解決サービスを想像しよう。そのサービスは、AI を駆使し、社会課題に苦しみ課題解決を切実に望む誰かが投稿した共感性の高いソーシャルメディア情報を、過去の蓄積データを基に見つけ出す。その課題解決に興味を持つ人たちが、その共感性の高い情報を、フューチャーセッションなどのバーチャル及びリアルな場で語り合い、自身の経験や専門的な知識から、新しい課題解決策を提案していく。提案によって形式知化された解決策がどのような効果となるか、サービス内の AI でシミュレーションし、成功確率の高いソーシャルイノベーションとその先の未来を、参加者に次々と提示する仕組みである。提示された課題解決策を、実際にドラえもんののび太のような正義感の強い人物が実施すれば、まるでゲームの世界のように多くの仲間を瞬時に得て、課題を次々とクリアしていくニューヒーロー誕生のプラットフォームともなりうるだろう。ただし、この社会課題の解決サービスは、使い方が難しく諸刃の剣のような危うさがある。複雑な課題解決には、政治的な側面があり、政治をポピュリズムに走らせる可能性が十分にあるためである。また、インターネットのサイバーカスケード現象による議論が一方向に強く流されてしまう可能性も留意すべきである。

　しかし、社会課題の解決サービスが、実現されない未来も想像してみよう。現状よりも情報が膨大で不確実性が高い環境化で、才能のあるカリスマ的な総理に、即断即決の難題の解決を求めることは現実的だろうか。それは、ある種ヒトラーのような独裁政治家の出現を待つことにつながらないだろうか。私達は人間である以上、誰でも必ず失敗を犯すという基本的な性質を忘れてはならない。それゆえ、人々が、新しい情報技術を活用した社会課題の解決サービスを通じて、議会及び政治家に対して働きかけ、明るく豊かな社会をみんなで実現していくソーシャルイノベーションを期待する。

（岩内輝雄）

4 新たなビジネスと価値共創リスク

　本章では、第3世代のサービスイノベーションで想定される新たなビジネス分野とそこで考えられるリスクを検討する。新たなビジネス分野としては、漁業、農業、福祉・介護、医療、電力、物流、衛星ビジネスを取り上げる。そして、それらに共通する価値共創リスクとそのマネジメントに関して検討を行う。さらに、こうした新しいビジネスに関する規制・契約・個人情報リスクに関しても言及する。

4.1　事業者連携による農業生産支援

4.1.1　農業を取り巻く環境

　情報化によるサービス形態の変化は農業にも訪れている。ここでは、日本における農業の生産プロセスの変化とともに、そのサービス形態を大きく三世代に分類し、各世代について、サービス内容、共創価値、ステークホルダー、サービス評価、リスクについて述べる。各世代は、インターネットの普及前を第1世代、インターネットの普及後を第2世代、IoT（Internet of Things）の実用化が進む現在と未来を第3世代と定義する。

　農業生産の担い手である農家の高齢化や若者の就農離れによって、日本の農業は後継者不足が長年の課題である。しかし、日本経済の長期にわたる低成長や高頻度の大地震による都市崩壊の危険など先の見通しが立ちにくい近年、農業に対する見方にも変化が現れている。意欲ある若い世代や新規事業参入を狙う企業によって農業生産法人の設立が増え、2014年までの約10年間に倍増し、毎年600〜700件の割合で新規に設立されている（農林水産省経営局, 2014）。傾向として政府の政策の後押しもあり、従来の生産方法を世襲するだけでは無く、新たな価値を創造しようとしていることが伺える。また、IoTやビッグデータ分析の革新に伴いICTを活

用して農業生産を支援する動きが活性化し、生産性を上げ、儲かるビジネスとして各農業生産法人が次世代農業のビジネスモデルを作ろうとしている。

　一方、消費者側にも農産物への意識の変化があった。2011 年の東日本大震災での福島第一原子力発電所事故により漏れ出た放射性物質の被害によって、食の安全への関心が異常なほど高まった。時が経つにつれて汚染や風評への意識は薄れつつあるが、いつ、どこで、誰が生産したものなのか、安全であるのか、インターネット等を通して生産者の姿や農産物の生産履歴が見えること、いわゆるトレーサビリティの仕組み作りの議論が行われている。

4.1.2　農業生産とリスク

　農業の中でも、新しい生産の試みが多い野菜作りにおけるトマト生産を例にして、生産プロセスと関連リスクを考察する。トマトの生産は、育苗施設と栽培施設において種植えから出荷まで大きく 2 つの作業に分けることができる。土耕栽培の場合、育苗施設では、育苗トレイ、培地詰め、は種、育苗の作業が行われ、栽培施設では、ほ場準備、定植、栽培および作物体管理、収穫、調整、包装、出荷の作業が行われる（日本施設園芸教会，2003）。第 1 世代と第 2 世代において、これらの生産プロセスは大きく変わらない。

　しかし、第 2 世代では、生産者から消費者に向けた情報発信が容易になり、出荷後に消費者がトマトを手にするまでの流通プロセスに変化が現れた。農家から消費者への直売形態が普及し始めたのである。農協、卸し業者、小売業者を間に挟んでいた第 1 世代に比べ、生産者が直接消費者と関係性を構築し、独自の付加価値を付け易くなったのが第 2 世代である。

　第 1 世代と第 2 世代で発生するリスクについて、本節では自然環境の変化に起因するリスクを「環境リスク」、時代や社会環境の変化によるリスクを「時代リスク」とする。後継者不足などの人材リスクも、時代リスクに含める。

　環境リスクの筆頭は天候である。世代に関わらず、農業は自然環境の変化に合わせながら、不安定な生産のリスクを伴っている。日本では、日照、雨、雪、気温、台風など、豊かな四季の移りとともに訪れる環境変化の中、生産物を変えながら様々な農産物を作り出してきた。しかし、地球温暖化により、年間を通した天候の変化も以前に比べ大きくなり、台風や集中豪雨による自然災害で直接被害を蒙るケースも増えてきている。水不足を防ぎ、微生物・病害虫被害から生産物を守る努力と経験の蓄積が継続されている。第 2 世代では、社会環境の変化により、時代リ

スクが顕著になった。多様な職業が生まれ、ひとりひとりの生き方にも多様性が生まれ、農業の世襲による引継ぎができなくなった。農業だけでは生活できない兼業農家の形も多くなった。食生活の変化もあり、肉食中心で野菜の消費量が減っている。人為的な災害も甚大になるケースも出ている。多くの日本人が想像していなかった放射線による汚染被害と風評被害も長い間続いた。

「環境リスク」　天候　水不足　鮮度　微生物　病害虫
「時代リスク」　高齢化　後継者不足　野菜離れ　汚染　風評

4.1.3　オランダの農業

　海外に目を向けると、オランダの農業は国土が小さいながら世界第2位の農産物輸出国としての地位を保っており、日本の農業の参考になる面が多い。日本の第3世代の農業生産プロセスへの入り口の参考として、オランダ施設園芸の環境制御システムを例に取り上げる。

　三輪（2014）によれば、オランダの環境制御システムの特徴は、温度、湿度、光量などの項目を統合的に制御している点にある。環境制御システムにおいても、農産物の生育のステップは基本的に変わることは無い。日本の第1世代、第2世代と大きく異なるのは、生育を支援するための環境センサーの活用である。環境センサーの種類として、温度センサー、湿度センサー、CO_2 センサー、pH センサー、導電率センサー、LED 光装置、風速計があり、加えて遠隔監視のためウェブカメラが使われる。これらの環境センサーによって制御可能となる項目は、主に温度、湿度、CO_2 濃度、pH、汚染量、光量、風速といった農産物の生育に直接影響を与えるものである。環境センサーの開発はメーカーによって行われる。農機具を開発するメーカーは日本にもあるが、農業生産管理に直接携わる環境メーカーはまだ少ない。三輪（2014）が言及するオランダの農業の環境制御システムの特徴のうち、

・製造業と同レベルの高度な生産管理システムである
・施設や制御システムに精通した農業コンサルティング企業と制御システムメーカーが連携している
・農業法人が独自に技術・ノウハウを習得する必要性が小さい
・新規就農に対するハードルが低く、若手の就農を促進することにつながる

という点は、日本の他産業の知識と技術を活用し、日本の農業が抱える課題を解決できる可能性を示唆している。オランダでは、農業が国の基幹産業として経済効率性を上げながら、農産物の品質（ここでは、高品質と安定品質の両者）（三輪，2014）を確保し、若い世代の農業従事者の確保にも繋がっている。日本でも、日本の製造業のノウハウを活かしながら、農家と製造業メーカーを中心に事業者が連携して日本の自然環境や労働環境に適合した生産管理システムを構築すれば、オランダの施設園芸のように、農業が若手に就農しやすい産業として、第1世代、第2世代で常に悩まされていた後継者不足のリスクも回避できる可能性がある。つまり、農業においても、事業者連携によって新たな共創価値が生まれることになる。

4.1.4　ステークホルダー

オランダの施設園芸について、日本の第1世代、第2世代におけるステークホルダーとの違いを述べる。オランダの施設園芸では、産、学、民間の連携が非常に進んでいる。大学や国の研究機構が開発した農業技術を、民間の農業試験場や農業技術コンサルの協力を得て実用化可能な仕様に落とし込むのである。特徴的なのは、卸売市場は解体し（三輪，2014）、農業法人と消費者の間に入るのは小売店のみとなることである。つまり、農業法人と消費者の距離が近い。関連するステークホルダーを以下に示す。

R&D：大学　種苗会社　TNO（オランダ応用科学研究機構）
仕様検討・技術支援（有償）：民間農業試験場　農業技術コンサル
設計・施行：環境制御メーカー　温室メーカー　設備・部品メーカー
運営：農業法人　資金提供：ラボバンク（民間金融機関）
流通：農業法人　→　小売業　→　消費者　（卸売市場は解体）
　　（出所：日本総合研究所作成資料を参考）

オランダ式の施設園芸の土台は、オランダ農業関係者による高いバリューチェーンの構築にあった（三輪，2014）。日本の農業で農協が果たしていた役割は、農業法人や農業コンサルティング、制御システムメーカーなどに分散され、事業者間での連携によって経済効率性の高いオランダ式の環境制御システムを実現している。しかし、オランダの施設園芸もいいこと尽くめではない。極端な集中による過剰生産と低価格、また市場に出回る農産物の多様性が失われ、持続的な成長の観点でリス

クを抱えている（三輪, 2014）。

　日本の第1世代と第2世代では、農協の持つ役割が非常に大きい。農協は農業技術支援を行うと同時に、農家から農産物を一手に引き受け流通に送る仲介卸の役割も持っている。第2世代では、消費者と農家の関係性に変化が現れる。インターネットの普及によって直売が容易になった。直売の形態は第1世代からあったが、販売の規模としては、近隣の知り合いなど限定的であった。小売機能となるプラットフォームがインターネット上に構築され、農家と面識の無い消費者も決済サービスと配送サービスを利用することで、あたかも農家から直接、農産物を購入するような消費体験ができるようになった。流通ステップが少なくなることで、流通コストは下がり、消費者は新鮮な農産物をより早く、より手頃な価格で購入できる。農家はインターネット上に直接生産物の情報を発信することで新規の顧客を獲得し、価格設定も自分たちで行うことができる。日本におけるステークホルダーを以下に示す。

技術支援（無償）：農業試験場　農協
運営：農業法人　農家、　資金提供：農協
流通：［第1世代］　農協　→ 卸 → 小売 → 消費者
　　　［第2世代］　農家／農業法人　→　（小売）　→　消費者

　日本ではインターネット以外でも生産者の顔が見える仕組みを取り入れている。たとえば、有機栽培での農産物への需要も高く、有機栽培であることを積極的に宣伝することで店頭において他の野菜との差別化になっている。野菜売り場で生産者の顔写真入りのシールを見たことが幾度もあると思う。有機栽培で無くとも、生産者の顔写真の表示があれば、丹精こめた高品質な農産物であると想像し、思わず手に取ることもある。

　また都市部では、貸し農園の形態で農地を提供したり、農作業を楽しみたい消費者に向けて体験農園を開園したりと、リアルな場でも農家と消費者は直接繋がっている。消費者からすれば、生産者と農産物の情報を得ることで、さらには直接、農産物の生育と収穫に携わることで、安全性の高い、高品質であると判断できる食材を口にすることができる。この消費者参加の形態が、日本の第3世代の農業を構築するための重要な要素になるはずである。

4.1.5 近未来技術実証特区

　地方創生に関連した政府主導の国家戦略特区のひとつの中に近未来技術実証特区がある。特に、遠隔医療、遠隔教育、自動飛行、自動走行等の近未来技術実証プロジェクトで申請された提案の中には、肥料や薬剤の散布のためにドローンの活用範囲の拡大や、無人トラクターによるほ場移動や農作業といった、自動制御技術を用いた農業生産の実証計画がある。これらの技術が第3世代の農業に導入されれば、農業に関わる人々の役割も変わってくる。

　例としてドローンを考えると、ドローン本体の開発企業は既に世界で数十社存在する。これらの企業が第3世代の農業において、環境制御メーカーのように農業生産プロセスのバリューチェーンの中に組み込まれることが予想される。ドローンの操縦やドローンで収集したデータ処理など、関連技術開発も含めれば、更に多くの企業が新規に農業に携わることになる。農家（農業法人）も企業とともにより使いやすいドローン関連技術の開発のため、使用者の立場から要望や情報提供を行う必要が出てくる。環境制御メーカーや、ドローンや無人トラクターの関連技術開発メーカーは、日本の第3世代の農業において、農家（農業法人）とバリューチェーンを共創するステークホルダーになる。

4.1.6 第3世代の農業生産プロセス

　第3世代の農業では、消費者も農業生産に大きく関わりを持つようになるであろう。また、農業生産もプロセスから農業サービスとしての側面を強くしていくことが求められる。消費者参加型のサービスの例として、会員が情報を提供する天候情報サービスがある。会員は非会員よりも提供される天候情報の量が多いなどのインセンティブがある。天候情報サービスは、会員の住む地域における天候情報をほぼリアルタイムに発信し、また入手した情報をデータベース化することで、より精度の高い情報サービスへと繋げている。別の例として、レストラン情報サイトにおけるレストラン評価は、間接的ではあるが、レストランサービスの一部となっている。評価を参考にレストランサービスの運営や新メニュー考案に繋がる可能性もある。

　第2世代においても、消費者は貸し農園や体験農園の形で、農業の一端に参加している。しかし、農家（農業法人）の農業生産自体に新たな価値を生み出すにはまだ至っていない。一方で、農業が生み出すサービスとしての価値については、21

世紀政策研究所（2016）の「農業は単に農産物を生産するだけではない。援農や農業体験プログラムへの参加者は、農業のプロセスそのものに魅力を感じている。すなわち農作業は労働ではなく、満足度を高めるサービスを生み出しているのである。そのサービスこそ付加価値である。」という指摘のように、消費者の関わりが、農業が農業サービスとして新たな価値を生み出す要因となる。

　では、さらに踏み込んで農業生産自体に消費者が関わりを持つ共創の形とはどのようなものであろう。今後、2011年の東日本大震災後に高まった食の安全への意識から、自分や家族が家庭で口にする農産物の履歴を把握するトレーサビリティの考え方がさらに浸透し、農産物が、いつ、どこで、誰が、どんな農薬を使っているのか、把握したいと思う消費者が多くなるだろう。食の健康への関わりに対する関心も年々高まっており、自分に最適な食生活のために必要な農産物を手に入れることへの要求も高まるだろう。美味しさや新鮮さ以外に農産物に求められる価値が高まってくる。たとえば、カゴメなどの食品メーカーは栄養素を豊富に含んだ高機能野菜（例：スーパートマト）の生産に取り組んでいる。日本のどの産業にもいえることだが、差別化が無くなった商品は高機能化をたどる傾向がある。ただ、全ての人が高機能野菜を求めているだけではなく、必要なときに必要な分だけ適時提供できる仕組みが求められている。健康志向で多種多様な食材が食卓に並ぶ日本の食文化の中では、未来において多品種少量生産にも対応する必要がある。どの時期にどれ位の量が収穫できるか高い精度で見込みが立てられるようになれば、情報を消費

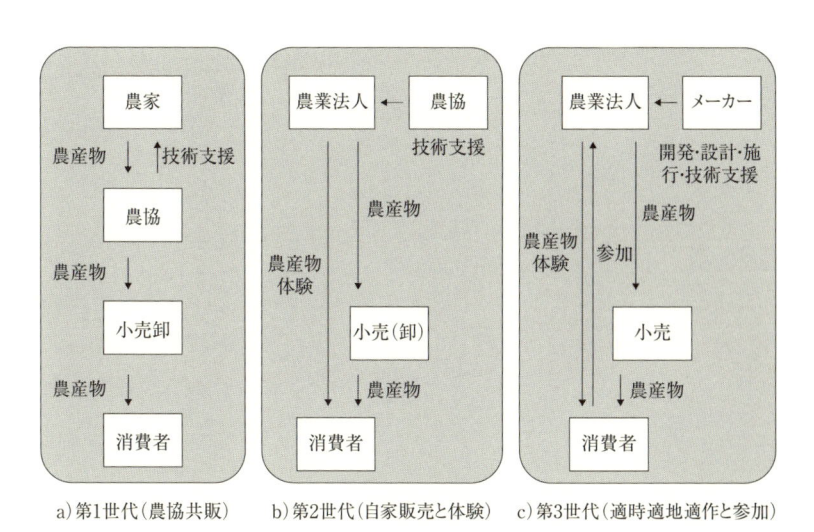

a)第1世代（農協共販）　　b)第2世代（自家販売と体験）　　c)第3世代（適時適地適作と参加）

図4.1　農業サービスモデル

者に提供し、消費者は事前契約で、どんな農産物を、いつ、どれだけ購入するか決めることも可能になる。また、天候情報サービスで消費者からの情報によって提供される情報の品質が高まるように、消費者自身が健康度情報をチェックしながら機能性野菜の栽培へフィードバックし、自分の健康の現状に合わせた野菜を契約農家に栽培してもらうことなどが可能な条件も整ってくる（21世紀政策研究所, 2016）。農業生産と農産物自体に消費者が関わりを持つ共創の形ができあがる。

　第1世代は、農産物を生食・加工用に生産し、農協共販で、消費者に提供する「農協共販」の世代、第2世代は、農産物を生食・加工用に生産し、自家販売で、消費者に提供し、更に農業体験などによって消費者の満足度とロイヤリティを向上させる「自家販売と体験」の世代、第3世代は、農業サービスの共創のための事業者連携と消費者の参加が進んだ「適時適地適作と参加」の世代と言える。

4.1.7　第3世代の新たなリスク

(1) 天候
　第3世代の農業は、環境制御システムにより、施設内の温度、湿度、CO_2濃度、pH、汚染量、光量、風速を通年で制御する。環境制御によって、日照、雨、雪、気温のリスクを避け、農産物に最適な天候を施設内に作り出すことは可能になる。しかし、自然災害のリスクは依然避けられない。近年では地球温暖化による台風被害の増大、日本においては、集中豪雨や大地震の頻度も非常に高くなっている。自然災害によって施設破壊などの被害があった場合、前の世代とは違った形でハード的な被害額が大きくなる。しかし、各施設で栽培された農産物の生育データが常に蓄積されているため、復旧は早い。また、施設を分散することで、供給停止のリスクは回避することが可能となる。

(2) 過剰な生産
　オランダの施設園芸農業において、過剰生産と価格の下落が大きな課題となっているのは、過度な集中により多様性が失われたことが最大の原因（三輪, 2014）で、小売店の数が絞り込まれ、単一商品での品揃えの少なくなったため、商品価値が低くなったという見方がある。

(3) データ蓄積とセキュリティ
　消費者の健康情報を始め、農業生産に関わるあらゆる情報がクラウド上に蓄積さ

れていく。他の産業と同様に、悪用されないセキュリティ対策が農家（農業法人）にも求められるようになる。

表4.1　農業サービスにおけるリスク

	サービス内容	共創価値	ステークホルダー	サービス評価	リスク
第1世代（農協共販）	農産物を生食・加工用に生産し、農協共共販で、消費者に提供する	なし	・農家 ・農協 ・小売卸 ・消費者	・味、見た目 ・価格	・自然環境 ・安定供給 ・後継者不足
第2世代（自家販売と体験）	農産物を生食・加工用に生産し、自家販売で、消費者に提供する	地域支援型農業（CSA）による、直売・勧光・体験	・農家（農業法人） ・農協 ・小売（卸） ・消費者	・味、見た目 ・価格 ・農業体験	・自然環境 ・安定供給 ・後継者不足
第3世代（適時適地適作と参加）	農産物を環境制御し、ニーズに合わせ適時に適地適作で、消費者に提供する	・地域支援型農業（CSA）による、直売・勧光・体験 ・高品質と安定品質の両立 ・消費者の直接的な農業支援	・農家（農業法人） ・（バリューチェーンとしての）メーカー ・小売 ・（農業支援者としての）消費者 ・消費者	・味、見た目 ・価格 ・農業体験 ・適時供給	・自然環境 ・過剰な生産 ・価格の下落 ・多様性の欠落 ・情報管理

4.1.8　第 3 世代のサプライチェーン

　第 3 世代のサプライチェーンについても触れておく。第 2 世代において、特に都市部では高齢者や近隣にスーパーマーケットが無い住民に向け、食材の宅配サービスが複数展開している。これらのサービスでは、生産者の情報がリストになって見える形になっている。有機栽培している生産者も少なくないことから、現代の日本の消費者のニーズに沿うサービスではあるが、少なくとも 1 週間ほど前には注文する必要がある。今日また明日に手に入れたい食材を、今日注文することはできない。

　一方で、EC サイトの世界最大手アマゾンが、今日中に届く、または地域によっては数時間後に届くサービスを展開しているが、これは即日宅配の需要がある消費財を中心に一般商品とは別管理し、通常の流通を通さない形で実現している。第 3 世代では、施設園芸での農産物は、収穫量と収穫可能時期がデータベース化されているので、施設そのものを倉庫と捉え在庫管理することで、即日収穫、即日発送のニーズにも対応できることになる。

　また、日本独自で発展したコンビニエンスストアのインフラを利用し、昨日の夜に注文した新鮮な食材を、通勤帰りに指定のコンビニエンスストアで受け取ることも可能になってくる。更に、センサーによって、各家庭の冷蔵庫の食材保管状況も把握できることから、食材が足りなくなったと同時に自動的に注文を行う仕組みも考えられる。需要が正確に把握できるようになれば過剰生産を抑えることもできる。地産地消型から適産適消型の生産と消費プロセスになっていく第 3 世代において、適時適地適作をどのように実現するのか、未来の農業サービスに期待したい。

（笹本拓也）

4.2　漁業ビジネスの変化とリスク

4.2.1　これからの漁業：202X 年の漁業を見てみよう

　202X 年 10 月 16 日　日本海のある漁港から出発した船場さんたちの漁船グループは、今日も早朝から曇り空の中、漁に出かけて行った。ここ数年、漁業も大きく変化してきた。ICT（情報通信技術）をふんだんに活用して、経済的にも物資的に

も時間的にも効率的な漁業が出来るようになりつつあった。船場さんは、元々地元の工業高校で情報処理科を専攻して将来はソフトウェアエンジニアになるつもりでいた。しかし、船場さんの兄である長男が家業である漁業を継がずに東京へ就職していまい、次男である船場さんが父親からの懇願もあり、江戸時代からの家業を継ぐこととなった。しかし、船場さんは従来の漁業のやり方では先細りで将来性がないと考え、専門分野であるICTを活用した新しい漁業をやって活路を拡げたいと考えた。若手の漁業従事者の仲間を募り、他の業種のICT応用の現場も見学しながら、いろいろと模索して現在に至っている。現在も日々進化している。漁に出かけるといっても、今は人工衛星やレーダーなどからの情報を活用して、潮流や海水温の分析から最適な漁場を見つけ（参考：2016年11月19日朝日新聞夕刊9面「北海道でスマート漁業　生産額全国トップ、IT駆使　レーダーや人工衛星で潮流・漁場分析」）、その漁場までの航路も潮流、波の高さ、風向・風速、天候、といった情報を収集して漁場までの到達時間と燃料費を換算してシミュレーションをし、最適と考える航路を決定している。さて、漁場に着いた船場さんは仲間の船と一緒に漁を開始した。10月の日本海はハマチ・アジ・タイ・ヒラメ・カマス・サバ・ハタハタ・ブリなど豊富である。魚を獲るに際しては、過去の同時期のデータや最近のデータを参考にしながら魚別の漁獲量の目標値を設定して、獲り過ぎたり足りなかったりしないように計画的に漁を行っている。将来は、お客様から予約注文も出てくるだろうと考えているが、そう都合よく同じ漁場でいろいろな種類の魚が希望した数量を獲れる保証はなく、まだまだ厳しいだろうとみている。獲れた魚はそれぞれ種類ごとに分けられ、計量して、写真や動画を撮ってすぐに船場さんたちが契約している「ネット魚卸市場」にアップされる。魚はそのまま鮮魚として生けすに泳がせておくもの、急速冷凍して冷凍室に保管するもの、特殊な溶液に入れて魚を生の状態で輸送できるようにするもの、などお客様の希望に応じて最新の鮮度維持技術を駆使して、魚を分けていく。

　魚を計量した結果はすぐに所属する自治体の水産課にネットワークで送信され、漁獲規制を違反していないかリアルタイムで確認される。これにより、乱獲が減少することとなった。ただ、ICTを含めた技術は誰でも利用することができるため、昔の漁業従事者のような天候や海の様子から経験と勘で漁場を見つけるというノウハウ勝負とはならず、技術が広く普及するにつれていかに早く漁場まで行って漁を行うかというスピード勝負となりかねないところが、船場さんたちの最近気にしている点である。同じ漁業従事者仲間とうまく協調していけるかが大事になってきているのが現状である。さらに日本海で言えば、韓国や北朝鮮、中国やロシアといっ

た海外の漁業従事者も関係してくるため、日本国内の漁業従事者と同じように対応していくのが簡単ではないという点が頭の痛いところである。

　さて、「ネット魚卸市場」にアップされた魚に対しては、アップされると同時にリアルタイムで取引が始まり、実卸業者から魚屋、スーパーマーケット、ホテル、料理店、鮨屋、加工業者、共同購入業者（一般消費者や街の食堂などが共同であらかじめ予約を受け付けてまとめて購入を代行する）などが参加する。「ネット魚卸市場」に参加するには予め会員登録を行い、許可された人たちのみが参加できるようになっている。取引参加者は、それぞれの魚の説明（重さ、大きさ、漁獲場所、など）以外に写真や動画も見て、生きの良さも確認しながら取引を行う。この「ネット魚卸市場」になってから売れ残るということが激減し、資源保護の観点からもコスト的な面から効率的な漁業ができるようになっている。環境保護にも貢献している漁業である。

　すべての魚の取引が成立した時点で漁獲した魚の購入者が決まり、配送先も確定する。配送は物流業者に依頼することになるが、「ネット魚卸市場」の取引結果の情報をリアルタイムで取引成立の都度、入手した物流業者は、取引終了時点で船場さんの漁船がいる現在地点から近場のどの漁港に荷揚げして、そこから魚の注文者への配達が最短時間になるかをシミュレーションして最適な漁港を船場さんに連絡を行う。船場さんは当該の漁港の管理部門に連絡を取って荷揚げ許可を取り、漁港に向かう。漁港に到着した船場さんは、そこで魚の荷揚げを行って、物流業者に引き渡してお客様の希望の魚を希望の配達形態（いけす、冷凍、特殊溶液、他）にて配達をしてもらうことになる。当然、それぞれの魚の配達に関しては、どのお客様の魚は今どこを輸送車で配送中かがリアルタイムでわかるように「ネット魚卸市場」の配送状況画面で分かるようになっている。

　このように漁をしながら、リアルタイムで獲れた魚が売れていくことになる。この、「ネット魚卸市場」への参加者それぞれには参加することにメリットがある。

　<u>船場さんたち（漁業従事者）</u>……獲った魚をできるだけ新鮮な状態で食べて喜んでもらえ、魚を食べる人口が増えていくことに自らも喜びを感じることができる。そして購入してくれる人が増えるにつれて収入が増えてくる。また、魚の廃棄量がゼロに近くなり、資源保護も行いつつ、経済的メリットもある。

　<u>購入者</u>……安心できる新鮮な魚が早く手に入って食することができる。肉一辺倒でなく魚に含まれる DHA や EPA といった健康に良い栄養成分を摂ることで健康な毎日を過ごすことができる。

　<u>物流業者</u>……移動距離を含めて、物流コスト最小限にすることで電気自動車の使

用電力量を削減して、結果的に CO_2 排出量を削減することになり、環境にやさしい輸送が可能となる。単に魚を輸送すると言うだけでなく、船場さんたち漁業従事者とお客様である購入者とのコミュニケーションツールの位置づけとなり、相互の生の声（情報）を伝える役割とデータベースの役割を担う。

　「ネット魚卸市場」……取引が活発になれば、参加者もふえ利用料による収入も増える。取引データ、取引結果のふりかえりデータなどの収集、および物流業者からの情報も加味しながら、市場の改善・発展のサイクルが構築される。

　国、国際機関……漁獲制限の確実な履行の確認がリアルタイムでできることで、資源保護、環境保護が実現できる。

　こういったメリットがあって、それぞれのステークホルダーが参加している。

　将来的にこの「ネット魚卸市場」の発展形として考えられるのが、魚の先物取引である。実際にはまだ魚が獲れているわけではないが、「〇月×日に結婚式があるから 40cm くらいの真鯛を 20 匹（尾）欲しい。養殖でなくて近海で取れた真鯛が欲しい」といった内容である。当然獲れるかどうかわからないだけに、漁業従事者もリスクを抱えることになる。また、購入者であるお客様も確実に手に入る保証がないため、リスクを抱えている。購入者は、入荷できないという事態を避けるために、他でも同じように注文するかもしれない。その場合は、両方から入荷がされた時には片方は廃棄になる可能性も否定できない。その場合は明らかに獲り過ぎ（実際の規制には抵触していなくても）であり、資源保護、環境保護の観点からは課題があると言わざるを得ない。このあたりのビジネスモデルは、環境保護、資源保護の観点を取り込んで、本当に必要なお客様に、必要な量だけを確実に届けるというプロセスを構築する必要がある。養殖や生けすでの一時的な保管、特殊な溶液での保管、など魚を獲ってからお客様に届けるまでの一連のプロセス全体にて解決できる方法を見つけることが必要になってくる。

　ここまでこれからの新しい漁業について考えてきた。ここで、第 1 世代、第 2 世代、第 3 世代と漁業がどのように変化していったかについて考えてみる。

4.2.2　第 1 世代の漁業

　ほんの 30 年ほど前までの漁業は獲れた新鮮な魚を消費者まで届けて、おいしく召し上がってもらうという一方通行のビジネスであった。一般消費者の声が漁業従事者に届くことはほとんどなかった。強いて言えば、大規模な料亭やホテルなど声の大きな利用者が、イベントの際に知り合いの漁協経由で漁業従事者に欲しい魚を

依頼していた程度である。獲れた魚が消費者に届くまでには、卸売市場でセリが行われ、卸売業者が魚を購入する。その魚が魚屋、スーパーマーケット、料亭、ホテル、料理店、鮨屋などと売買され、一般消費者は、魚屋やスーパーマーケットで魚を買ったり、ホテルや料理店で魚を食べたりすることになる。ここで漁業従事者が魚を獲って、流通をとおして消費者が食するまでの一連の流れを「漁業サービス」と本項では呼ぶこととする。

第1世代では、お客様の声が分からないため、どういった魚が求められているか、購入した魚についての意見を得ることはできなかった。魚の供給側である漁業従事者と需要側である一般消費者が相互に交流することがないため、需要と供給のバランスをとるのが難しく、売れないことによる価格の低下や大量廃棄、あるいは品不足による価格の高騰などいろいろな面でロス（無駄）が発生していた。これらは漁業サービスからみた場合のリスクと考えることができる。第1世代では、こういったリスクを考慮しながら、魚を扱っていた。この時には、共創価値という概念は存在していなかったといえる。

4.2.3　第2世代の漁業

インターネットの普及や物流システムの進展により従来の魚の流通ルートにも大きな変化が起きてきた。従来の流通ルートに加えてTVショッピングやネットショッピングにて魚を漁業従事者あるいは卸売業者から直接購入できるようになった。インターネットを使って簡単に注文が可能になったことと、クール便に代表される物流システムの技術進歩によって、生鮮食料品の輸送が一般消費者の各家庭にまで可能となったことがある。第1世代におけるステークホルダーに新たにTVショッピングやネットショッピングを開設している会社や魚を配送する物流業者が加わったのが、第2世代のステークホルダーである。第2世代においても、漁業サービス全体での共創価値と言う概念はまだ存在せず、「共創」ではなく「競争」状態といえる。一般消費者は、従来の魚屋、スーパーマーケットに加えてTVショッピングやネットショッピングでも魚を購入することができるようになり、選択の幅が広がったことはメリットとなっている。しかし、通いなれた顔見知りの魚屋やスーパーマーケットではなく、現物の魚も直接見られないTVショッピングやネットショッピングでは、リスクが伴ってくることは避けられない。これらのリスクを解消するために、口コミ欄を用意しているサイトもあるが、口コミ自体にサクラが紛れ込んでいることもあり、リスクを完全に解消できるわけではない。さらにちょっとした

トラブルが口コミで広まって評判を一気に落としてしまい、商売に影響が出ることも予想される。ネット時代のリスクは十分に検討して対策を講じておく必要がある。

　漁業サービス全体のリスクとしては、TVショッピングやネットショッピングは大量購入による価格低下により、魚屋をはじめとする魚売り場の減少を招き、結果的に消費者の家庭で魚を食べる機会が減って、ますます魚を食べる習慣がなくなってしまうという負の連鎖の可能性がある。そして、少ししか売れない魚はますます市場から消えていくことになる。さらにTVショッピングやネットショッピングでは大量に購入した魚が売れなかった場合には廃棄となり、金銭的なロスが発生するだけでなく、消費されない魚という資源を活かすことなく捨てるという環境保護の観点からは悪い状態が拡大するリスクを伴っている。

　しかし、全体での共創価値が生まれていない一方で、個別には共創価値といえるものが生まれている。たとえば、漁業従事者とTVショッピングやネットショッピングの開設業者である。従来はなかなか一般消費者との接点がなかった漁業従事者が、TVショッピングやネットショッピングを通じてではあるが、接点を持つことができ、お客様が求めているものをある程度つかむことができるようになった。お客様の購入履歴を管理することで、お客様に直接宣伝やお魚情報を提供することができ、お客様の囲い込みも可能となる。お客様側も信頼関係ができてくれば、継続的に購入するようになり、双方にメリットが生まれてくることが期待できる。また、新しい販路を拡げることができ、獲れた魚をいろいろなルートで販売が可能となった。一方で、一般消費者の側も直接漁業従事者から魚を購入することで新鮮な魚を食べることができるようになった。

4.2.4　第3世代の漁業

　冒頭で第3世代の漁業の一端を仮想事例で紹介した。第3世代では、IoT、AI、ロボットといったより高度なICT（情報通信技術）を活用した漁業が展開されてくる。図4.2に、本項の冒頭で紹介した仮想事例の第3世代の漁業のサービスビジネスモデルを示す。この漁業サービスビジネスモデルには、ICTを含む種々の先端技術が採用されている。

　　a. 最適な漁場を見つけ選択するためにレーダーや人工衛星を利用する。過去の潮流や海水温に関するビッグデータも活用する。
　　b. 漁場や最寄りの漁港までの航路選択には潮流、波の高さ、風向・風速、天候、といった情報を収集して、時間と燃料費を最小するルートを求めるシミュレー

ション技術を採用する。

c. 獲れた魚をネット魚卸市場に種別ごとに情報をアップするために画像処理とロボットにより自動種別判定、保存方法の自動分別、種別漁獲量算出、配送先別仕分けを可能な限り船内で行う。

d. 魚の鮮度を保つために温湿度センサー、鮮度センサー、海水成分分析センサーなどにより、生けす状態、冷凍状態、特殊溶液保存を最適に保持する。

e. 港からそれぞれのお客様への配送の物流ルートも最短時間で最小の燃料費で届けることができるような輸送ルートを求めるシミュレーション技術を採用する。また、どの魚がいまどこまで運ばれているかを GPS による位置確認によりリアルタイムで魚卸市場での取引結果画面から閲覧できるようになっている。

f. より進化した物流サービスでは、お客様にちょうど届くころに期待した料理の形で届けるようなお料理ロボット付き輸送車の登場も考えられる。刺身、焼き魚、煮つけ、天ぷら、フライなどなど。

この漁業サービスビジネスモデルには、ステークホルダーとして

・漁業従事者

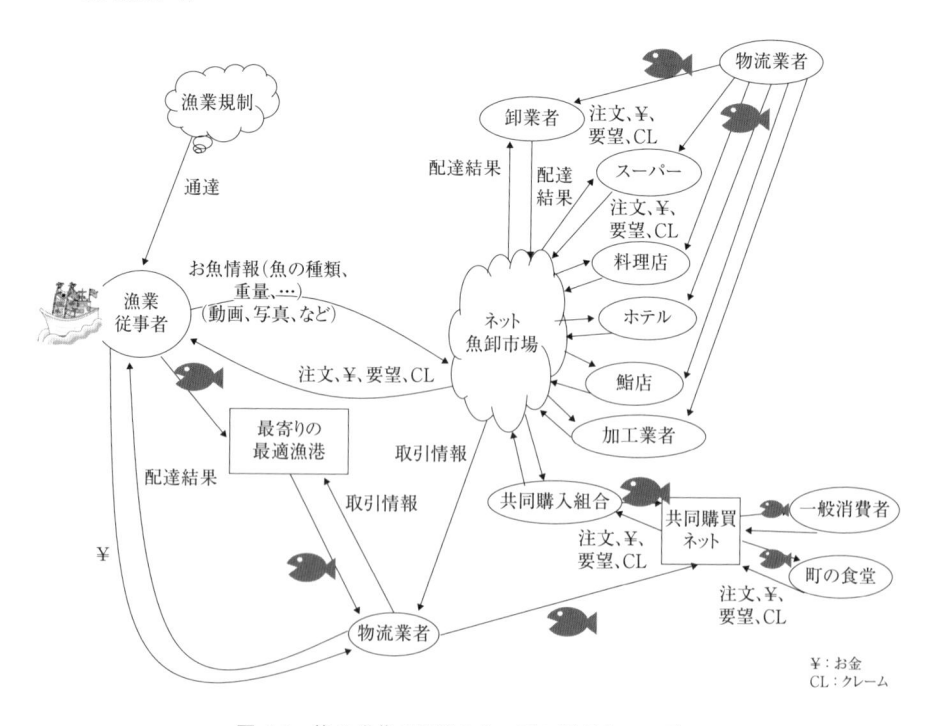

図 4.2　第 3 世代の漁業のサービスビジネスモデル

表 4.2　第 1,2,3 世代の漁業サービスにおける共創価値とリスク

	サービス内容	共創価値	ステークホルダー	サービス評価	リスク
第 1 世代	新鮮な魚を消費者に届ける	価値の共創はない <サービス利用者> ・手頃な値段でおいしい魚を頂くことができた ・お客様においしい魚料理を適度な料金で提供することができた <サービス提供者> ・お客様に喜んでもらえた ・漁にかかった費用と適度な利益を確保することができた	<u>サービス提供者</u> 　漁業従事者 　卸 　魚屋さん <u>サービス利用者</u> 　消費者 　スーパー　ホテル、料理店	魚がたくさん獲れること、そして売れること 魚の消費量が増えること	・お客様（サービス利用者）の声が分からない ・届いても時間差がある ・どういった魚が求められているかが分からないので需要と供給のバランスが悪く、廃棄ロス（無駄）が発生
第 2 世代 （インターネット） <組織>	従来の消費者へのルートとは別にインターネットや TV によるネット／TV ショッピングでの消費者へ届けるルートに拡大⇒ 過去の購入履歴から関連水産商品、新商品の販売をお客様へ知らせて消費者の囲い込みを行う	・ステークホルダー同士共創であるが、全体としての共創ではない（漁業従事者と TV ショッピング業者、TV ショッピング業者と一般消費者という単位での共創） ・サービス利用者は手頃な価格で食べたいものが入手しやすくなる ・サービス提供者は、それなりの対価を得ることができる。ネット／TV ショッピングにより消費者ニーズを確認するので、ある程度の期待に応えられる	<u>サービス提供者</u> 　漁業従事者、魚卸、魚屋さん、TV ／ネットショッピングサイト <u>サービス利用者</u> 　一般消費者、食堂、ホテル、料理店、料亭、すし屋	上記 ＋ロコミ、ネット上の個人評価の集合	・ロコミの「サクラ」による判断誤りが発生するリスクあり ・売れるモノを大量消費する形となり、少量しか売れない魚がますます消費されなくなる ・魚屋さん、魚売り場の減少による魚を食べる習慣の減少による魚消費量の現象
第 3 世代 （IoT、AI、ロボット） <ソーシャル>	海上での漁（将来的には養殖業者も）を行っている時点でリアルタイムに獲れたての動画、写真をネット魚卸市場にアップして、魚のセリを行う。セリの結果に従って、一番物流コストのかからない漁港に魚を荷揚げして、魚を購入者へ物流業者にて輸送をする。売れない魚を無駄にすることなく漁も可能となる。（将来は先物もあり）	・より新鮮な魚を速く消費者の手元へ届けることが可能になる（港に着くまでに売買は成立） ・新鮮な魚を速く入手して頂くことができる ・漁場で市場か求める魚を把握しているので、廃棄ロスか減る、環境にやさしい漁業となる、資源保護にもつながる	<u>サービス提供者</u> 　ネット魚卸市場 <u>サービス利用者</u> 　漁業従事者、魚卸、食堂、ホテル、料理店、料亭、すし屋、加工業者、共同購入組合、物流業者	ネット魚卸市場での売上高と第 3 者機関による信用評価	・ネット魚卸市場に参加できなければ、売ることも買うこともできない ・漁業者として、一度評判を落とす行為をすると二度と参入はできなくなる（他の市場でも厳しい） ・ネット魚卸市場の規模が大きくなるにつれて、規模の大きい漁業従事者が強力になり、小規模の漁業従事者か淘汰されて、健全な競争が働かくなる

- ネット魚卸市場の開設業者

- 卸業者

- スーパーマーケット、料理店、ホテル、鮨屋、加工業者

- 共同購入組合、一般消費者、町の食堂

- 物流業者

- 漁業規制を預かる政府機関

などが関わってくる。このサービスビジネスモデルを構成するステークホルダーに
よる共創価値は、次のようなものになる。

"より新鮮な魚を早くお客様の手元へ届けることが可能になり（港に着くまでに売買
は成立している）、お客様は新鮮な魚を早く入手しておいしく頂くことができる。一
方で、漁場で市場が求める魚を把握できるので、廃棄ロスが削減され、政府の漁獲
規制もリアルタイムで把握できるので乱獲も減り、資源保護にもつながり環境にや
さしい漁業をおこなうことが可能となる。新鮮、スピード、無駄ゼロ、環境保護が
実現できる。"

　表 4.2 に、第 1 世代から第 3 世代までの漁業サービスにおける共創価値とリスク
をまとめた。

4.2.5　第 3 世代のリスクを考える

　第 3 世代の漁業サービスビジネスモデルでは、前述したように ICT を含む種々
の先端技術を活用することで成り立っている。それゆえ、たとえば GPS が使えな
い、シミュレーションがうまく働かない、センサーの故障、ロボットの異常、そし
て、ネット魚卸市場がネットワーク障害や停電事故などで運営できないといった時
には、ビジネスが成り立たなくなるリスクが存在する。バックアップ体制、障害対
策などをどこまで参加するステークホルダーが負担して取り組むかが課題となる。
また、上述したような共創価値を生み出す漁業サービスビジネスモデルに参加でき
なければ、魚を売ることも買うこともできないことが考えられる。大小さまざまな
同様なビジネスモデルが存在しても、これらのいずれかに参加しないと魚の売買が
できないというリスクが考えられる。後から参加するステークホルダーほど、共創
価値を生み出すに値するメンバーかどうかの審査に時間が費やされることが考えら
れ、参加したくても参加できないリスクが出てくると考えられる。一方で、同様な
漁業サービスビジネスモデル同士の競争が激しくなるリスクが考えられる。一つの
漁業サービスビジネスモデルの中では、参加者による共創が生まれているが、その

外では競争が起こり、冒頭の事例でも紹介したような魚の争奪が発生して、共創価値のひとつである資源保護、環境保護が損なわれてしまうリスクも少なからず考えられる。そして、ネット魚卸市場の規模が大きくなるにつれて、規模の大きい漁業従事者が強力になり、小規模の漁業従事者が淘汰されて、健全な競争が働かくなるといったリスクも考えられる。これは国内のレベルにとどまらず、海外の同様のビジネスモデルとの間でも発生してくることも予想される。これについては、国や国連といったレベルでの新たな規制なり、仕組みが必要となろう。

一方、今の話の逆もまた、リスクとして考えられる。すなわち、漁業サービスビジネスモデルは参加しているステークホルダーみんなで成り立っていることから、諸事情があってこのビジネスモデルの中から抜けたいと考えても場合によってはそう簡単には抜けられないというリスクも考えられる。たとえば、このビジネスモデルの流れを司る物流業者が急に脱退することは、このビジネスモデルの根幹のひとつを揺るがすことになってしまうため、抜けるにも抜けられないということもある。ビジネスモデルが内部で成熟して進化していくにつれて、ステークホルダー相互の結びつきが強くなって、入りにくく、かつ抜けにくくなっていくリスクが生まれてくる。これは共創リスクのひとつであるといえる。共創価値を生み出している当該ビジネスモデルに参加しているステークホルダーは、リスクも共有している。この時に各ステークホルダーに共創リスクをどういった配分にするか、リスク発生時にどういった対応処置を各ステークホルダーがとるか、たとえばビジネスモデル破綻時の保険をどういったスキームで考えるかなど、共創価値が崩れた時のリスク対応は各ステークホルダーが従来個別に実施していたリスク対応とは違ってくる。これについては、後節 4.8 の価値共創とリスクマネジメントを参照して頂きたい。

他に考えられるリスクとしては、漁業従事者を代表として、参加しているステークホルダーが、一度評判を落とす行為をしてビジネスモデルから追い出されるとそう簡単には再参入することが難しくなるリスクがある。これはネット社会になった第3世代では、他の同様なビジネスモデルにも参加が難しくなるというリスクも伴う。ある意味で、公正・誠実な参加者でいることを厳しく求められることになるといえる。

最後のリスクとしては、漁業サービスビジネスモデルのサービス評価についてである。前記したようにビジネスモデルに参加しているステークホルダーの公正・誠実を求めることと同様にそれぞれのビジネスモデル全体の第三者機関による信用評価をきちんと行う仕組みがないと、誤った口コミによって在らぬ評判低下を招いて、魚が売れなくなるというリスクが生まれることも考えられる。公正公平な評価を行

う機関による評価をオープンにした形でリスク対策が必要になるであろう。

　技術革新が進めば進むほど、あらゆるスピードが速くなってきており、先行して成功するビジネスモデルは急速に発展するが、一度評判を落とすような事態になると一気に転落してしまうというリスクも同時に抱えるということがますます増えていくことが想定され、そのようなリスクへの素早い対応が求められるようになる。

（田中史朗）

4.3　高齢者生活支援サービス

4.3.1　はじめに

　日本においては、2013 年に平均寿命が女性 86.1 歳、男性 80.2 歳と男女ともに 80 歳を超え、男女平均 84 歳と世界で最も長寿の国となり、高齢者の生活支援が大きな社会課題となっている。日本ではこれまで社会福祉制度として、家族の介護負担の軽減を目的に、自立した生活が困難になった高齢者のためのケアシステムの構築や介護施設の増設による充実を図ってきた。これらの制度や仕組みにより、家族の介護負担は大幅に軽減され社会的課題の一部は解決された。しかしながら、医療技術の進歩や、社会や家族のあり方の変化に伴い、高齢者の生活スタイルは近年大きく変化してきている。現状の社会福祉制度や介護サービスは、高齢者自身やその家族の要望に十分に対応できているのだろうか。さらに介護・医療保健費の増大も大きな社会的課題となっている。本節では、それらの疑問に対応するため、これまで「福祉」の視点で検討されてきた高齢者生活支援を「サービス」と位置づけ検討する。サービスの受け手である高齢者をセグメント化し、それぞれのセグメントで求められるサービスについて考察し、社会的課題及びサービスを受ける立場の両面より、今後望まれる高齢者生活支援サービスについて考察する。

4.3.2　高齢者とは

　日本における高齢者に関する各種法令では、65 〜 74 歳までを「前期高齢者」、75 歳以上を「後期高齢者」と規定している。高齢者と一言で言っても、その生活スタイルや ADL（Activity of Daily Living）レベルは様々であり、その生活スタイ

ルも多様である。従って高齢者の生活支援サービスを検討する上では、幾つかのセグメントに分けて検討する必要がある。ここでは、収入及び必要なケアサービスの程度を軸に、以下の4つのセグメントに分け検討することとする。

(1) 超アクティブシニア—就労され年金以外の収入を持たれている
(2) アクティブシニア—就労はしていないが介護サービスを受けるまでもない
(3) メザニンシニア—介護サービスを受けるまでもないが「やりたいけどやれない」という不都合を部分的に感じながら日々の生活を送っている
(4) ケアシニア—日常生活に於いて介護サービスを必要としている

65歳以上の高齢者の人口は、平成25年（2013年）9月の時点では3186万人、平成32年（2020年）には、3600万人を超えるといわれている。これらの高齢者のうち、ケアシニアは、平成25年には564万人存在している。残りの2622万人のうち、超アクティブシニアは375万人、アクティブシニアは2247万人ということである（総務省統計局, 2015）。メザニンシニアは、非介護認定者は35%ほど存在すると言われ（財務総合政策研究所, 2015）、高齢者の4つのグループの人口推移は、「図4.3 高齢者のセグメンテーションと今後の推移」のようになると予想される。

これによると、現在の介護保険法による介護サービスの主な対象者であるケアシニアは、高齢者人口の2割前後であり、現在介護サービスを受けてはいないが、近い将来介護サービスを受ける可能性が高い高齢者の割合が最も高いことがわかる。社会における医療／介護の負担を軽減し、高齢者が明るく元気で生活できる社会とするためには、超アクティブシニア、アクティブシニアの割合を高くし、メザニン

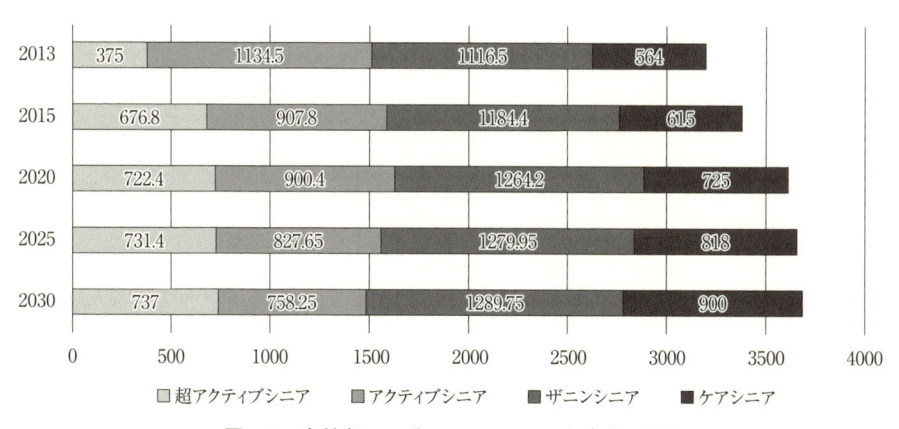

図4.3　高齢者のセグメンテーションと今後の推移

シニアとケアシニアの割合を低くする制度やサービスが求められている。つまり介護サービスを必要としていない段階での ADL レベル維持のためのサービスを、社会的に充実させる必要があると考えられる。

4.3.3 高齢者の各セグメントで求められるサービス

高齢者の日常の生活支援として求められるサービスを、4つのセグメントごとに検討する。

(1) 超アクティブシニア

就労し、元気に毎日を送っているこのセグメントの高齢者は、自分の ADL レベルに対して大いに自信を持ち、日常生活についての支援サービスを受けることを望まない傾向にある。一方、社会的視点で見ると、医療費や介護費用の支出を抑えるためにも元気なその状態をできるだけ長く維持して頂きたい。そのためには、日常生活のリズムを保ち、身体を健全に保つため、高齢者の生活に必要以上に介入しない程度のゆるやかな見守りサービスが有効であると考えられる。日々の生活習慣や健康管理に関する継続的な見守りとなんらかの変化が起きた際には専門家のアドバイスなどが受けられるサービスが適切である。現状の地域包括ケアシステムにおいては、超アクティブシニアはその対象者とはなっていない。従って、行政サービスと連携した地域コミュニティの中での継続的でゆるやかな見守りサービスが提供できる社会的仕組の構築により、超アクティブシニアの期間をより長く維持できると考えられる。

(2) アクティブシニア

時間的自由に恵まれ、義務となる活動が少なくなるこのセグメントにおいては、他者との関わりが減少しがちとなり、そこから ADL レベルの低下につながる可能性が高くなる。そこで、定期的に地域の人々とのコミュニケーションを促すことで、日々の生活に活気をもたらし、ADL レベルの低下を防ぐことが重要となる。本人の意思や個性に応じた多様な地域コミュニケーションのメニューを用意し、地域コミュニティをベースにした継続的でゆるやかな見守りサービスが望まれる。

(3) メザニンシニア

ADL の衰えが認識され、少しずつ介助や介護が必要となっていくこのセグメン

トの高齢者に対しては、レベル低下を防ぐためのサポートがまず必要となる。介助に関しては、至れり尽くせりな介助はかえってレベル低下を招くため（高橋, 2015）、できる限り自分で努力する環境や体力維持のための食事管理と必要に応じた専門家によるアドバイスなどの支援が有効であろう。また、プライバシーを侵害しない程度の見守りの仕組みを導入し、常に家族あるいは地域コミュニティでの見守りが行われている状態とし、なんらかのトラブルの際には行政を含めた地域コミュニティでサポートできるような環境が望まれる。

（4）ケアシニア

　ケアシニアに対しては、すでに社会保険制度の上で運営されるサービスが存在している。地域のケアマネージャーのコーディネートの下に介護施設やデイサービスなどを利用する。これらは、ケアシニアの家族などの介護負担軽減に於いて、一定の評価が得られており、有益なサービスであると言える。しかしながら、それらの施設でのサービスを見てみると施設運営の観点から、起床、食事、入浴などに関し、個人の希望を受け付けている施設はあまり見受けられない。介護保険制度発足時に比べると格段に多様化が進んだ現在の社会においては、今後、サービスの受け手に合わせた介護サービスの提供が可能な体制や仕組みが望まれる。そのためには、基本サービスの効率化を踏まえた介護サービスの品質向上に向けた取り組みが望まれる。

　各セグメントにおいて期待されるサービスをまとめると表4.3のようになる。

表4.3　各セグメントの高齢者に対し、期待されるサービス

	見守りサービスの目的と期待される内容
超アクティブシニア	ADL レベル維持のためのゆるやかな見守り： 定期的な面談での生活習慣や食事などを中心としたアドバイス
アクティブシニア	ADL レベルと社会性維持のための継続的でゆるやかな見守り： 他者との関わりを促し、定期的な面談での生活習慣や食事などのアドバイス
メザニンシニア	日常生活の不都合の解消と ADL レベル維持のための継続的な見守り： 必要最低限の介助と並行して、ADL レベル維持のためのリハビリ活動などのサポート
ケアシニア	それまでの人生を尊重した個々の生活スタイルに合わせた介護サービスの提供

社会における医療／介護の負担を軽減し、高齢者が明るく元気で生活できる社会を実現するには、高齢者の ADL レベルの低下をできるだけ抑える必要がある。そのためには、ケアシニアとなる以前の段階で一人ひとりの状況に応じた、ADL レベルを維持し快適な日常生活を送るための生活支援のためのサービスが求められる。高齢者の個々の状況に応じた生活支援のためのサービスを設計、提供するためには、見守りサービスによる情報収集が必須となる。

一方、ケアシニアとなった段階では、それまでの見守りサービスから得られた情報を参照して、サービスの受け手の真の要望に合わせた介護サービスの提供が望まれる。これらの生活支援サービスは、医療、介護、行政など複数の機関により提供されるものであるが、それらが一体となったシームレスなサービス提供が望まれる。したがって、高齢者に対しては行政や地域の医療機関や介護サービス機関が連携した、地域コミュニティレベルでの継続的な状況把握と、その状況に応じて必要な生活支援サービスを提供できる体制が必要となる。これは、現時点で厚生労働省が進める「地域包括ケアシステム」と同様のコンセプトではあるが、その対象を現状のケアシニアのみならず、介護サービスが必要となる以前の、超アクティブシニア、アクティブシニアの段階の高齢者にまで広げ、早い段階から見守りサービスが提供されている姿を意味する。

現状のケアシニアに対する医療、介護関連サービスにおいても、その財源確保が課題であり、サービス提供のための介護人材も不足している。そのような状況に加え、ケアシニアの5倍の高齢者の方々の見守りサービスを行うためには、現状の医療、介護サービスの提供体制を見直し、その提供プロセスの効率化が必須となる。

4.3.4　望まれる「高齢者の生活支援サービス」のための見守り

現状より多くの高齢者に対し、その見守りサービスの提供を可能とするための施策として考えられるのは、日々進化する IT 及び IoT 技術の活用である。これにより見守り活動自体を抜本的に効率化し、さらに得られた見守り情報の効率的な共有によって、適切な生活支援サービスの設計とその提供が可能となる。

(1) 見守り情報収集活動の効率化

高齢者の見守りにおいては、本人やその家族との面談は非常に重要な情報源となる。一方、夜間など一人で過ごす時間の様子は、その人の本当の ADL レベルを把握するための有益な見守り情報である。これらは面談から得られる情報を裏付けた

り、時には言動からは把握できない情報を得たりすることができ、生活支援サービスの設計においては非常に有益な情報となる。これまではプライバシーの問題により収集が難しかったが、昨今のセンサー技術や画像処理技術により、プライバシーに配慮しつつ見守りデータを収集することが可能となりつつある。これにより、必要となる見守りデータの収集が効率化され、見守り活動に必要となる人員、時間の大幅な短縮が期待できる。

ウェアラブルセンサーなどからは、バイタルデータや ADL レベル判定の根拠となるデータが容易に把握でき、サービス付き高齢者住宅などでは様々なセンサーが組み込まれた「スマートハウス」が導入されつつある。これらの技術を用いることで、遠隔地からプライバシーを尊重しつつ、24 時間体制で高齢者の生活を見守ることが可能となっている。このような仕組みを、一事業者による限られた範囲でのサービスではなく、地域と行政により提供が可能となる社会インフラの整備が大いに期待される。

(2) 見守りの記録とその共有

一人一人の高齢者に対し、適切なサービスを設計し、それを適切なタイミングで提供するためには、行政、地域コミュニティ、家族、地域包括ケアセンターや病院、施設などと、高齢者の ADL レベルの変化について必要な関係者の間で効率的に情報共有できることが必須となる。そのためには、紙媒体での見守り情報の保管では限界があり、効率よく情報共有するためのデジタル化と保管管理のための技術と環境が必須となる。

超アクティブシニア及びアクティブシニアの見守りデータは、主に行政と地域コミュニティレベルで共有され、何らかの対応が必要と判断された場合には、対応すべき機関が迅速に対応できるような情報環境が求められる。メザニンシニアにおい

超アクティブシニア　アクティブシニア	メザニンシニア	ケアシニア

地域コミュニティレベルでの共有	地域コミュニティ及び介助・リハビリサービス提供機関との共有	地域コミュニティ、介護・医療サービス提供機関との共有

図 4.4　見守り情報の共有レベル

ては、地域コミュニティに加え、介助サービス機関や関係する医療機関などでの共有が必要となる。ケアシニアにおいては、介護サービスを提供する機関を中心に、関係する医療機関と家族との共有が望まれる。しかしながら、現状は、医療機関の記録（カルテ）は医療機関の管理責任下、介護施設の記録は介護施設の管理責任下にあり、本人を含め自由に参照や共有できない場合がある。このように、個人情報の管理や運用、および制度面での課題があり、課題解決への対応が期待される。

(3) 見守り情報をもとにした生活支援サービスの設計

　個々の高齢者に対し、適切な生活支援サービスの設計を行うためには、対象となる高齢者の ADL レベルや行動パターン、それまでの生活スタイルなどを総合的に踏まえ、設計していく必要がある。そのためには、対象となる高齢者の状態変化の可能性を踏まえ、関係する複数の機関のメンバーによる大局的なサービスの設計が望まれる。これにより、一つの立場や側面からの局所的な判断や思い込みを排除し、本人の希望を考慮した適切な生活支援サービスの設計が可能となる確率が高まる。そして、本人の状態の変化に応じてサービス内容が変化する場合、サービス提供機関の移行がスムーズに行える可能性が高まる。現時点では、メザニンシニアとケアシニアに対して、地域のケアマネージャーを中心にこのような検討体制が運用され

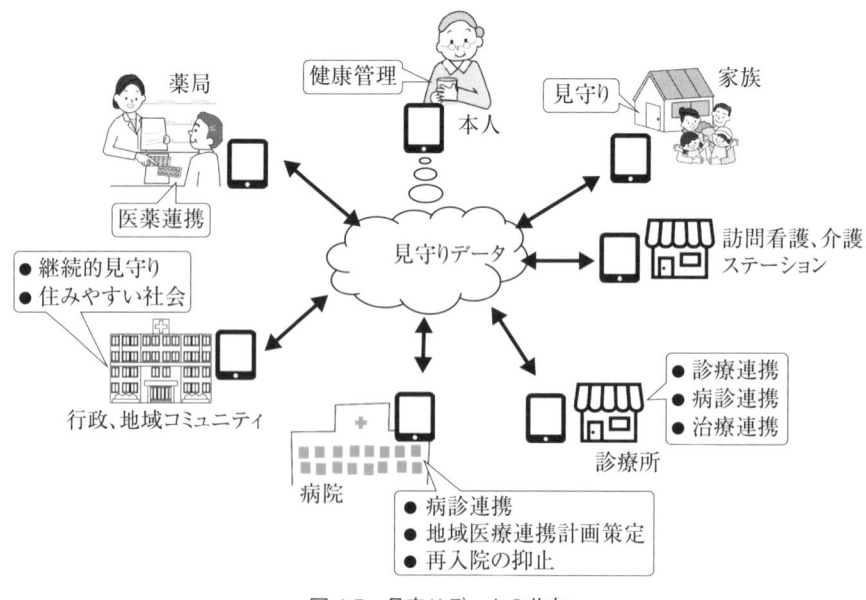

図 4.5　見守りデータの共有

ている。今後は、IT 技術を活用して効率化を図りながら、その対象を超アクティブシニア、アクティブシニアにまで広げることが望まれる。

4.3.5　ケアシニアに対する医療、介護サービス

　現在のケアシニアに対する医療、介護のサービスは、家族の介護負担の軽減を目的に構築された現状の介護保険制度の上に運用され、少ない負担で手厚い介護サービスが受けられる状況にある。しかしながら、社会や家族のあり方の変化に伴い、高齢者の生活スタイルは多様化してきており、従来の画一的な介護サービスではなく、本人のそれまでの生活スタイルや希望に応じた介護サービスが求められている。食事、入浴、起床・就寝時間、外出のような基本的な生活のリズムは、高齢になってからではなかなか変えることが難しく、施設に馴染めない原因となる場合も多い。また、最近では独居の高齢者が一緒に生活していたペットが原因で施設に移ることが困難となっている事例も多くなってきている。このように多様化する高齢者の生活スタイルへの対応は、これまで、介護人材の不足や運営面の問題から、画一的なサービスしか提供できなかった事情があるが、これからは、IT 技術や IoT 技術を用いた効率化により、そこで生じた余力をサービスの多様化への対応、つまり高品質化に充てられる事が望まれる。

　一方、それまで住んでいた家での日常生活が困難になり介護施設に移る場合、生活パターンの変化により大幅な ADL の低下につながり、認知症の発症を引き起こす事例が頻繁に起きている。また、それまで一人暮らしだった高齢者が施設の中での集団生活に馴染めず、部屋に引きこもりがちになる事例も多い。こうした事実から、メザニンシニアの段階からケアシニアに移行する際の環境の変化を極力抑え、それまでの生活スタイルをできるだけ維持するような工夫やそのための社会的環境の整備が望まれる。

(1) 介護サービスへの IT/IoT 技術の導入

　高齢者への生活支援サービスでは、人による心を込めたサービスは必須であるが、介護サービスを提供するためのバックエンド業務は、IT 技術を使い記録や情報共有などの負担を大幅に軽減できる可能性がある。介護施設において、介護記録は介護サービス提供のために重要な情報源である。しかしながら、多くの施設では、記録作成業務は手書きで行われ、バイタルデータの測定やグラフ化と合わせ、介護士の業務の中で大きな負担となっている。それらは紙文書のために関係者による情報

共有が困難であり、施設外の家族や医療機関、地域のケアマネージャーとの共有も電話やファックスで行われ、時間的ロスも大きい。介護記録を Tablet 端末などからデジタル入力とすることで、定型的な情報の記録作業は大幅に簡略化され、介護士の記録業務の効率化が期待できる。施設内の介護士のみならず、関係する医療機関やケアマネージャー、さらに家族などとネットワークを通じた情報共有も可能となるため、電話応対による負担も大幅に軽減でき、提供されるサービスの改善も効率的に行える可能性が高まる。IoT 技術を用いて、バイタルデータの自動計測と記録により、データ精度の向上と介護士業務のさらなる効率化が図ることが可能となる。

(2) 継続的なケアの検討

　介護サービスが必要になった段階で、施設に移るなど生活環境が大幅に変化する場合、その環境変化が認知症や大幅な ADL の低下を引き起こす場合が多々ある。できるだけ長く ADL レベルを維持するためには、ケアシニアとなる将来に備えた環境作りを早目に行っておくことが有効である。

　こうした状況に対して注目されているのがアメリカで生まれた CCRC（Continuing Care Retirement Community）という概念である。これは、第二の人生を健康的に楽しむ街として、必要な時に医療と介護のケアを受けて住み続けることができる場所に元気なうちに居を移すというものである。日本でも地方への移住促進と合わせた「日本版 CCRC」構想のもと、様々な施策が検討されている。現時点でも、事業者レベルでの CCRC 的な取り組みが幾つか生まれており、世代間交流や地域との交流を通じた新しい街づくりの事例として大きく注目を集めている。これらの取り組みは、まだまだ事業者レベルでの運営である。今後、行政と連携したコミュニティベースでの高齢者生活支援サービス提供のための環境づくりが望まれている。

4.3.6　最後に

　高齢者の生活支援サービスは、「福祉」の観点で捉えると医療・介護サービスが主なサービス内容となる。しかし、明るく住みよい社会に向けての「社会が提供するサービス」と捉え、社会的な負担の軽減と高齢者本人の快適さを考慮すると、ケアシニアになってからの介護サービスではなく、元気な段階から、それぞれの高齢者の状態にあった ADL レベル低下を抑えるためのサービスが期待される。一方、それぞれの高齢者に最適なサービスを提供するためには、対象となる高齢者の個人

情報を、関係機関で継続的に共有されることが前提となり、現状の個人情報管理の技術およびルールでは対応が困難である。また、社会での高齢者の見守りを強化することで、ケアシニアの割合が減少すると考えられるが、その効果が現れるまでの期間は、現状の負担に見守りサービスの負担が増加する。その間の負担への社会的対応が大きな課題であり、リスクでもある。

　日本における少子高齢化の傾向は、まだまだ続くと考えられる。効率的なサービス提供のための環境とプロセスが必須であり、個人情報の管理技術やロボット技術との組み合わせに対して、日々進歩する IT/IoT 技術を活用することが期待される。世界一の長寿国として、世界からうらやましがられる高齢者の生活支援サービスを提供できる国となるよう引き続き検討が望まれる。

（和田典子）

4.4　医療サービスの進展とリスク

4.4.1　医療サービスリスク

　医療サービスという名称そのものは、かなり以前から耳にする。しかし、そもそも医療関係者は、現行の医療サービスをいわゆる「サービス」行為だと認識しているだろうか？　単に患者を、〜さま付けでコールすることがサービスではない。たとえば大病院に行けば、半日は待たされることを覚悟しなければならないのが現状である。そこで、多くの病院は対応策として無線コールシステムを導入済みである。ところが、ほとんどの病院では、計算（精算）部門は別システムで動いており、相互に全く連動していない。患者は、院内に居れば順番がきたことを知ることが出来るようになったが、診療が終わっても支払いで待たされる。病院側が患者（顧客）本位で考えているとは、とても思えない。もし、これが代表的なサービス業である外食産業での話であったら、顧客は次回も来店してくれるだろうか？

　なるほど外部からは医療サービスと呼称されており、一般にはサービス業の一業態と位置付けられていても、医師をはじめとした医療関係者は、「一般サービスとは基本的に異なる特別な何か」であると思っているように見える。その一方で患者側も、医療サービスを「サービス」としてどこまで認識しているのだろうか？　果たして医療サービスは、一般的なサービスの範疇から逸脱した極めて「特殊なサー

ビス行為」なのだろうか？

　加えて医療サービスにまつわる医療サービスリスクとなると、さらに漠然としており、おそらくすぐに思いつくのは、新聞等を賑わす医療ミス、たとえば投薬ミスによる患者の死亡、病院での赤ちゃん取り違えのようなものであって、それらが本来の医療サービスリスクなのかどうかも含め、どうも一般人には分かり難い。おそらく分かり難くしている最大の原因は、それらがしばしばわれわれの命に関わって来る行為であり、また医療サービスそのものがある種の公共財と見做されており（医療経済学では正確には価値財）、一般的なサービス行為とは別ものであると、医療サービス供給側である医療関係者も、サービス需要（受益）側の患者も、双方が暗黙的に感じているからではないだろうか。

　しかしながら、サービス行為とは「人や組織がその目的を達成するために必要な活動をプロの技術で支援し、目的達成によって顧客に価値をもたらして満足いただき、それによって対価をいただく行為」（小坂, 2012）であると定義するならば、医療サービスとは、医療サービス提供者と患者側との関係性において、時に究極的な生命を媒介とした価値（出産、疾病や負傷からの回復等）を実現・共創し、それに対する対価が支払われる極めて根源的なサービス行為であると言えよう。

　さらに医療サービスリスクについて考えると、医療の供給側と需要側、どちらから見た医療サービスリスクなのかという疑問も湧いてくる。医療サービス機関の外にいる医療の需要者あるいは受益者にとっての医療サービスリスクとは、先に挙げたような医療ミスに代表されるリスクを意味することが多いであろう。一方、通常のリスクマネジメントの観点からは、医療サービスの提供主体である病院（経営）側から見たサービスリスクということになる。一般的なリスクマネジメント論では、経営主体がステークホルダーである投資家、顧客、従業員、そして経営者にとってのメリットを同時に考慮することになっているが、基本的に株式会社による医療サービス法人設立が禁止されている日本の現状を考えると、これをそのままあてはめることにはやや無理があろう。その意味では、日本における医療サービスリスクはやや特殊であると言える。

　医師であり医療経済学者でもある真野（2006）によると、患者から見れば、現在のような高齢化社会において医療関係者が行っていること（すなわち医療サービス）は、社会に対してのある種のリスクマネジメントである。なぜなら高齢化社会とは「普通の人が、歳とともに障害を背負うリスクが高くなる社会」であるからと言う。ところが、今度はその社会に対してのリスクマネジメントそのもののリスクが問題になってきている。つまり最大多数の最大幸福を標榜し、戦後 1961 年に現行国民

皆保険を実現して久しい日本において、現在既に医療費の高騰から医療サービスの崩壊の可能性が叫ばれている現状がある。医療サービス機関（病院・診療所）、薬品会社、医療保険者、医療周辺産業、そして主役である医師や看護師と患者、それぞれにバランスのとれた医療サービスリスクマネジメントがないと、リスクそのものが増加し、今後大きく均衡を欠くことになる。このような「医療崩壊」だけは、避けなければならないと考える。さらに現状の医療サービス提供者から見たリスクを考えると、当該商品サービス特有のリスクがある。損害の非可逆性つまり予期せぬ医療事故、薬剤における副作用、放射線診断による被爆等がある。これらリスクには、現状では確率論的リスクマネジメントしか方法がない。具体的には、安全装置付き医療機材の導入と医療従事者向け賠償責任保険への加入である。

　ここで、過去・現在・近未来における医療サービスリスクについてざっと比較検討したい。ここでは考えうる範囲で、医療関連の参考文献を基に、簡単な表にしてみた（表4.4）。その結果、恐らく医療サービスリスクは、世代が進むに連れて解決されて減るどころか、このままではその数は増えて行き、さらに複雑化していくように見える。

　ここで全ての医療サービスリスクについて触れることは、限られた紙幅上不可能である。そこで、今後、何が第3世代のサービスリスクになりうるのかに焦点を当てて考察したい。

　表4.4にあるように、第1世代、現在の第2世代、近未来の第3世代と、医学や医療テクノロジーが進化するにつれてステークホルダーは増えてくる。つまり、第1世代における単なる医師・看護師と患者の関係だけで済まされなくなる。第2世代においては、以前より間接的に関与して来た医薬品メーカーや医療機器メーカー、医療システムのインテグレーター等と医療機関（病院・診療所）の関係性が深くなった。ネットワークによって、複数の医師・看護師・薬剤師、その他の病院関係者とその先の患者という関係ができてきた。加えて、患者の全般的な高齢化に伴い、医療と在宅看護・介護、さらにサービス付き高齢者住宅や特別養護老人ホーム等における看護・介護サービスとシームレスかつトータルな医療サービスミックスが期待されるようになった。ステークホルダーの数が増え、それらの関係性も複雑化してきている。

　これが第3世代になると、IT、AI、IoT に代表されるテクノロジーが医療サービスへ導入され、さらなる深化が予想される。特に、ネットワーク化が今後ますます進展して来るであろう。その結果、ステークホルダー数はさらに増え、個人情報の取り扱いも含め、それらの関係性はさらに複雑化してくるものと考えられる。

表 4.4　医療サービスの進展とサービスリスク

	サービス内容	共創価値	ステークホルダー	サービス評価	リスク 医療機関・患者
第1世代（過去、旧来の医療サービス）	疾病による苦痛の除去特に急性疾患（肺炎等感染症）の治癒	医師と患者の意思疎通による苦痛の軽減、治癒	医師、患者、医療関係者、製薬会社、地方自治体、健保組合、保険会社	苦痛軽減の実現、高い治癒の実績	治癒しない、人為的医療ミスの可能性と不安 医師・医療関係者の量的不足、質的ばらつき
第2世代（現在、一部IT化）	上記に加え、特に慢性疾患（生活習慣病）の治癒と予防 疾病の早期発見老齢介護、福祉サービスとの連携開始	上記に加え、さらなる治癒率の向上、完治に至らなくても可能な限りのQOLの維持向上、健康年齢伸長、カルテ一部共有化	上記に加え、SI会社、IT企業等関与者さらに地域コミュニティ特に老齢、福祉サービス機関・企業	上記に加え、サービス品質、医療成果向上による顧客満足度上昇。健康年齢の伸長	上記に加え、患者による訴訟、高い保険料、医療の公平性の危機、例えば医師の地域偏在や専門による偏在、行き過ぎた専門化
第3世代（近未来、IoT,Robotics,Network,Big Data化）	上記に加え、遺伝子解析やビッグデータによる予防、未病処置の進展 老齢介護、福祉サービスとの連携深化	上記に加え、医療情報共有化の関与者全員に取って心地よい環境の実現、医療コスト低減の実現	上記に加え、医療工学等々の医療周辺研究機関との国際的かつ横断的な連携	上記に加え、予防、未病の実績向上による社会的貢献（例：コスト低減）、膨大な患者データ蓄積による寿命特に健康年齢伸長	上記に加え、国民皆保険の危機、医療崩壊の可能性 高度医療システムのエラー、ロボット等の故障、患者データの漏洩等（一体誰の責任になるのか？）

4.4.2 医療サービスの特殊性

　日本の医療制度は、基本的に国民皆保険制度により担保されており、同じ名目の医療サービスであれば、例え医師の技量に大きな差があったとしても、同一価格が請求される出来高払いが基本である。また、総費用の過半以上が社会保険の一部である各種医療保険並びに税金で賄われ、患者は請求書を手にしてはじめて自分が実際にいくら払うか確認できる（ここでは自由診療制を取っている美容整形外科等は議論から除く）。したがって、サービス受益者があらかじめ価格を納得してサービスを購入する通常のサービス行為と異なり、医療サービスの提供者と受益者による対価の交換だけでは説明し切れない側面があることは否定できない。また、医師と患者の間には、大きな情報の非対称性が存在することも特徴である。たとえば、医療サービスでは、通常、医療提供側が圧倒的に情報を持っており、患者側は極めて限られた情報しか持っていないため、自分の体のことであるにもかかわらず、多くの場合、医師の意見に従わざるを得ない。一方、一般的な商品並びにサービス取引行為を考えると、顧客は、場合によってはベテラン店員より特定商品やサービスについての知識や情報を持っている場合も多い。さらに値段についても常に他と比較し、アフターサービスの違い等についても熟知しており、どこで何を購入するか各自で判断して決定している場合が多いであろう。
　現状、日本の医療サービス機関の 80% は民間経営であり、20% が国または都道府県により運営されているが、国民皆保険により基本的に同じ医療サービスを受ければ、公定価格が適用される。これは国家による医療の公平性を担保するため医療サービスは運営母体がどこであっても、半ば公的な財とみなされていることによる。この制度に対しては賛否がある。日本人全体の高齢化にともなう医療費の高騰と若年層のさらなる負担増が予想され、現行システムの継続は、手直しなしには困難になりつつある。このように、制度上のマクロ的問題が存在し、医療崩壊が懸念され医療サービス効率化の必要性が叫ばれている。
　海外の制度の現状と日本の現状を比較すると、ほぼ経済合理性のみで運営され、高品質ではあるが極めて高額な医療サービスを提供する民間経営中心の米国や、ほとんどが公立医療サービスで、医療費は無償に近いが患者が医療機関を選べず、またいつ治療を受けられるかも分からないほど待たされることが多い英国や北欧と比べると、総じて日本の医療サービスは、これまでかなり上手く運営されて来たと評価できる。では、そのような現状下での日本の患者と医療サービス機関で予想され

る第3世代における最大のサービスリスクとは何であろうか？　ここでは、主に医療機関と患者の言わばミクロな関係性について注目したい。

これまでの議論を整理すると、

1）医療サービスリスクの数は減るどころか恐らく今後さらに増える。

2）何故ならステークホルダーも増えその関係性も複雑化するからである。

3）その中での最大のリスクは、上記の制度上のマクロ的問題を別にすれば、サービスの受益者である患者が、医療情報の非対称性（情報の質・量とも）故に、「結果的に置き去りにされる」ことではないかと推測される。

それでは、今後の第3世代の医療サービスに向けてどのような対応策が考えられるであろうか？以下に医療サービスの今後の展開を予想しつつ、医療機関と患者の新たな関係性について考察してみたい。

4.4.3　今後の医療サービスの展開　—キュアからケアへ—

世界に先駆けて超高齢化社会が現実のものになりつつある日本における医療サービスの現状は、第1世代での医療サービスの究極の目標であった病気の治療、完全治癒（キュア）を目的とした医療から、徐々に罹患の予防、さらには緩和医療、看護・介護（ケア）の割合が増加して来ている。現実に、疾病構造の変化が起こっている。つまり、第1世代では、結核や肺炎などの感染症をはじめとした急性疾患に類するものが多かったが、第2世代では感染症は減少し、逆に糖尿病などのいわゆる生活習慣病が増加した。また、平均寿命が延びたことにより、三大疾病であるがん（悪性新生物）、急性心筋梗塞、脳卒中の罹患並びにそれが原因の死亡が顕在化してきた。これらは、一度罹患すると現代医学を持ってしても、すべてを完治（キュア）させるということは困難である。むしろ罹らないための予防や、罹ってしまった以上、完治を目指すと言うより、苦痛の軽減やQOL（Quality of Life）の確保を目指す緩和的措置（ケア）へと、方向転換せざるを得ない。

同時に、一般人の意識も大きく変わってきており、事前に予想される病気に罹らないための予防的な行動を取る潜在患者（特に患者予備軍である中高年齢層）も増えてきている。とりわけ生活習慣病の医療においては、患者の治療への意欲の有無が治療成績を左右するポイントと言われるほど、患者の意識が重要となってくる（真野, 2012）。ここに至って第3世代において、医師に代表される医療機関（サービス

提供者）と患者（受益者）によるある種の価値共創（例：生活習慣病の予防）が実現される。まさに、医療サービスがサービス行為そのものであることが実証されることになる。第1世代においても、医師並びに看護師と患者の間の関係性が円滑であり、コミュニケーションが取れていれば、ある種の共創は行われていた（表4.4　第1世代の共創価値を参照）。第2世代では、医師はしばしば端末のディスプレーを覗き込むだけであり、患者と満足にコミュニケーションを取らず（取れず？）、患者はあたかもデータ発生装置になったような気持ちになる。多くの患者は、何種類もの薬を処方され、帰宅することになる。第3世代では、このような医師は、AIあるいは医師ロボットに取って代わられるかもしれない。むしろ患者との共感により、医療ケアを通じて患者の満足度を向上させるスキルを持った医師の登場により、共創による価値創造が実現される予感がする。患者の一疾病を診るだけでなく、患者個人を総合的に診る医療サービスの実現こそ、まさに期待される第3世代の医療サービスではないだろうか。

　主要医療サービス機関と高齢者福祉機関や特別養護老人ホーム、さらにはサービス付き高齢者住宅等のサービス機関などともシームレスな連携がおこなわれ、トータルな医療サービスミックスが実現されると考える。これを実現することにより、危惧される医療費の高騰もある程度は抑制されるものと予測する。現状は、医療機関間でのコミュニケーション不足のために、重複した診療や検査、投薬が行われていると指摘されている。

4.4.4　B2D2P モデル（Medical Coordinator 制度導入）の提案

　ここで、現状では上手く機能していないサービス受益者である患者の声をいかにサービス供給者である医療機関にフィードバックして届けるかについて、サービスの視点から提言したい。まず、医療システムを例に挙げよう。通常、医療機器メーカー並びにシステムインテグレーター（しばしば SIer と呼称される）と医療機関（特に医師 Doctor）との間だけで医療システムは構築され完結している（B2D と呼ぶ。Bは Business）。これらは、医師には使い勝手の良いシステムであっても、他のステークホルダー（たとえば医療サービス事務関係者や患者 Patient）には、必ずしも心地良いシステムではない場合が多い。一方で、D2P（医師 Doctor と患者 Patient）の関係は、B2D システムとは全く独立して存在する。医師と患者の情報のやり取りは、端末のディスプレー上の患者データを見つつ問診する D（医師）からの一方通行で、P からは症状の訴え以外のフィードバックはほとんどない。他のサービス行

為と異なり、提供者であるＤと受益者であるＰは対等の関係ではなく、情報の非対称性も存在する。そこでは医療システムの使用者がＤであっても、本来のサービスの受益者はＰである以上、B2D2P の一気通貫のシステムコンセプトは不可欠である。しかし、残念ながら現状では存在しない。現実には、この医療システムは、しばしば同じ病院内の計算部門とも、患者コールシステムとも直接繋がっておらず、他のサービス業では考えられないほど非常に非効率である。どれほどテクノロジーが進んでも（極端に言えばＤがＡＩに取って変わったとしても）、Ｐ（患者）は常に生身の人間である。Ｐにとっての最大の医療サービスリスクは、D2P の関係において、ＤがＰに対するサービスの何たるかを理解しておらず、結果的にＰが置き去りにされることである。それを防ぐため、このＰからＤ、さらにその先のＢへのフィードバックシステムこそが必要である。Ｂ（医療機器ベンダー並びにシステムインテグレーターあるいは薬品メーカー）は、Ｄとの情報のやり取りだけでなく、その先のＰあるいは他の医療関係者をも考慮したシステム提案をすべきである。

　ここでは、米国において現在議論されている Medical Coordinator の導入の検討を提案したい。既に、医療コーディネーターあるいはメディカル・コーディネーターなる名称の民間資格がある。医師と患者の間には、医療情報の非対称性が存在する。そのため他のサービス行為と異なり、サービスの受益者である患者は、提供者である医師とは対等な関係ではない。多くの場合、患者から医師に対しての情報提供は、症状の伝達のみであり、それを受けた医師からほぼ一方的な指示が与えられるのが現状である。特に複数の疾病を抱えた患者の場合（多くは高齢者である）、異なる複数の専門医からの指示や、重複する検査あるいは診断日の調整を誰にどのように伝えるのか、現状相談相手がいない。また、診断結果並びに医師からの指示に納得いかない場合でも、他の医師によるセカンドオピニオンを聞く手立ても、多くの患者は持っていないため、主治医に面と向かって言い出せない場合が極めて多い。そこで、これらを一括して相談できる仕切り役である Medical Coordinator（MC）なる機能が必要になってくる。MC は複数の病院並びに医師に対して、患者側に立った調整権限を持つことが求められる。また、患者が入院あるいは通院で感じた不都合等についても耳を傾ける必要がある。医師と患者の間のコミュニケーションについて、医師に多くを望むのは、現状では困難であろう。ある意味で、MCは患者になり切り、医師に対しても患者に代わり必要があればクレームを付けられる存在になる必要がある（図 4.6 参照）。

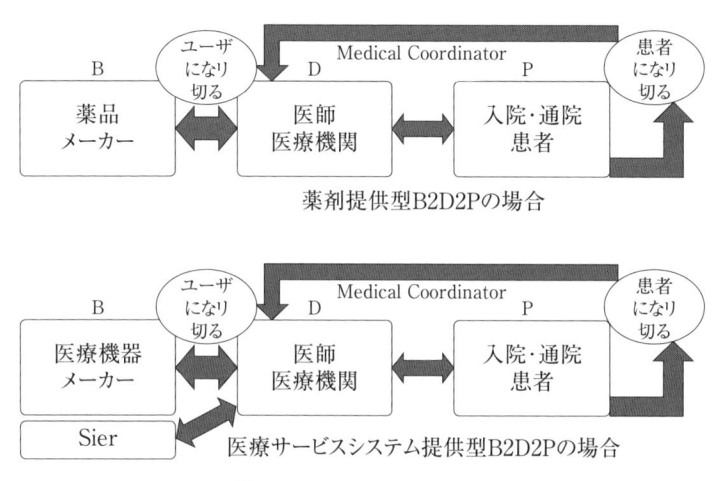

薬剤提供型B2D2Pの場合

医療サービスシステム提供型B2D2Pの場合

図 4.6　MedicalCoordinator

4.4.5　まとめ

　日本の医療サービスを客観的に評価すると、現在のところは欧州や米国に比べて、かなりバランスのとれたものであると言えよう。国民皆保険が半世紀前に実現されており、いわゆる急性期医療であれば、患者はほとんど待たずに診断並びに治療が受けられる。またその料金（本人負担額）も今のところは極めて妥当であると評価できる。ただ、医療サービス関係者全般にサービス業としての意識が極めて希薄であると言わざるを得ない。実際、知人の一人が言っていたように、現状は「日本のホスピタルほどホスピタリティに欠けた施設も珍しい」とも言える。医師をはじめとした医療関係者が「医療サービスこそ真のサービス業である」と言う認識を持つことにより、さらに世界に誇りうる第3世代の医療サービスが実現できよう。加えて、医療関係者と患者間の意思疎通の強化による共創を実現することによって、医療費低減にも寄与できると思われる。たとえば人工透析患者一人にかかる費用は年間総額 600 万円と言われているが、一人の糖尿病患者の透析を医師と患者の共創で一年遅らせるだけで同額の医療費が節約できる。

　ステークホルダーの数がさらに増え、その関係性が複雑化することが予想される第3世代の医療サービスにおいて、MC のようなステークホルダー間の取り仕切りを行う役回りが必須であり、同制度の実現を強く提言したい。と同時に MC には、各ステークホルダー間の調整役のみならず、医療サービスの進展とともに複雑性を

増す医療サービスリスクとそのマネジメントについてもその一翼を担うことを期待する。

（坂野弘幸）

4.5 離島における低炭素電力サービス

4.5.1 電力サービスの現状と離島電力

　戦後日本の社会インフラの一つである電力供給は、長きにわたり地域独占の電力会社によって行われてきた。この地域独占により高度成長期の電力需要の急増対応や電力供給の安定化が図られてきたが、経済成長が低迷するにしたがい、電力価格の高止まりが課題となってきた。そこで、電力サービスの価格を競争原理によって低減させる試み（電力自由化）が進められ、多くの新規事業者が参入してきている。また、地球温暖化問題に端を発した再生可能エネルギーの普及は、固定価格買取制度（Feed -in Tariff：通称 FIT）の導入もあり、国内でも急速に進展している。このような環境下において、人口が少なく発電燃料の輸送費が高い離島は、発送電サービスコストが高く、電力自由化以前の電力単価を維持するには電力サービスにおけるいわゆるユニバーサルサービスが不可欠となる。

　このような制度に守られた離島における電力サービス環境下では、低炭素化を電力事業者が自主的に推進するのは困難である。一方で、低炭素化とエネルギーセキュリティの確保は離島にとっても非常に重要な課題であり、前述の FIT 制度や国からの補助金を活用して政策的に離島の低炭素化を推進している事例は少なくない。

　ここでは、離島における電力サービスに焦点を当ててこれまでの電力供給サービスから次世代の電力相互供給サービスについて紹介し、その実現課題を分析する。

4.5.2 電力サービスモデル

　これまでの電力サービスは、大規模集中電源で電力を生産し、送電線と呼ばれる集配網を活用して電気を顧客にオンタイムで提供する一方向のサービス提供（供給型）モデルであった（表4.5　第1世代）。本モデルの利点は投資における規模のメリットが働くことに加えて、電力の同時同量性（貯めることができない）の課題を

顧客負荷（利用）の均し効果により改善できるといった側面もあった。一方、近年増加している太陽光発電（Photovoltaics：通称 PV）などの分散電源は、投資効率で劣るものの分散化されていることによるメリット（災害に強い等）に加えて、再生可能エネルギーの利点（低炭素化、燃料不要）を兼ね備えていることから政策的に導入が進められている。この政策の一例が、各国で導入されている前述の FIT（フィード・イン・タリフ）制度である。この FIT 制度とは、再生可能エネルギーの導入推進のため PV で発電した電気を通常の電気よりも高単価で買い取る制度であり、高単価で買い取る費用は電気利用者が広く負担する制度である。端的に言えば再生可能エネルギー導入費用を電気代として国民全員が負担する制度と言える。一方、電力サービスとして見ると PV 等で作られた再生可能エネルギー（電気）は、電力送電網（Grid）にどんどんと送りこまれることとなり、電力の分散供給が実現していることになる。また、屋根上の PV により再生可能エネルギーを供給している家庭においては、PV が発電できない夜間は需要家（利用者）になることから電力サービスの双方向化が実現しているとも言える（表 4.5　第 2 世代）。

　このように電力サービスの分散化、双方向化は世界的な潮流となっているが、人口が比較的少なく小規模 Grid となる離島においては、発電の不確実性が高い再生可能エネルギーの比率が高まると Grid 全体の供給信頼性が低下するといった課題が発生している。この課題を解決するためには、予備電源を大量に確保したり、蓄電池を導入したりする方法が採用されているが、いずれも設備投資・維持が必要である。そこで近年注目されているのが、DR（Demand Response）と呼ばれる手法の導入である。DR の原理は非常に単純で、供給が足りない場合は需要を減らす（調整する）といったものである。従来、ライフラインと呼ばれる社会インフラ系サービスは公共サービスとして必要な量を必要な時間分供給者が用意することが望まれてきたが、供給者および供給先が多数分散される新しい世界では供給側での調整は困難となり、その調整は一般商品のように、物品やサービスの価格によって利用者側で行われるようになる。一般に公共サービスと呼ばれるサービスは価格弾力性（volatility）が低く、価格による消費行動の誘導は難しいとされているが、離島のような限定された環境下においてはサービス価格だけでなく、社会的価値の共有によって成立する可能性があると考えられる（図 4.7　各世代の電力サービスモデルを参照）。

　そこで次項では、次世代のサービスとして DR を活用した離島電力サービスについて述べたい。

表 4.5　各世代の電力サービスモデルにおけるリスク

	サービス内容	共創価値	ステークホルダー	サービス評価	リスク
第1世代（一方向供給）	大規模発電所からの一方向で電力を供給する。	なし	・大規模電力供給者 ・利用者	・規模による電力の低価格化	・燃料調達・輸送リスク（エネルギーセキュリティ） ・燃料費・輸送費の変動による電気料金変動リスク
第2世代（双方向供給）	大規模発電所に加えて太陽光発電（再エネ）などの分散電源からも電気を供給する。	・CO_2削減ほか（FIT：フィードインタリフ制度で全員が費用分担している場合）	・大規模電力供給者 ・再エネ発電者 ・利用者	・エネルギーセキュリティ（自給率）の向上 ・CO_2削減・コスト（電気料金）変動が小さくなる。	・再エネ供給の不安定・不確実性 ・分散電源比率増加時の供給安定、大規模設備維持 ・FIT買取終了後の電源離脱
第3世代（双方向供給＋需要側調整）	双方向の電力供給に加えて利用者（需要側）も電力使用を調整する。（DR）	・エネルギーエコシステム形成による省エネと環境意識向上	・大規模電力供給者 ・分散電源発電者 ・利用者兼調整者	・省エネ ・エネルギーエコシステムによる再エネ安定化	「共創リスク」 ・利用者のライフスタイルや経年による調整不確実性の増大（弾力性変化） 「ビジネスリスク」 ・FIT制度の変更 ・供給責務維持

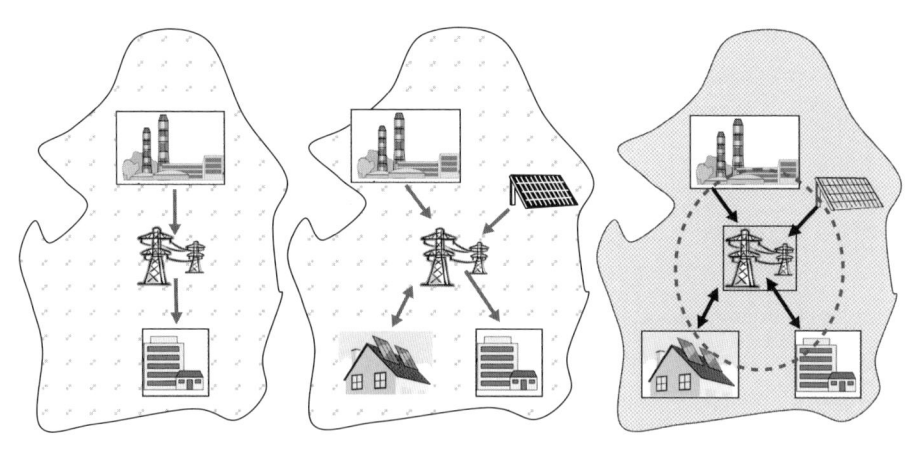

a)第1世代(一方向供給)　b)第2世代(分散・双方向供給)　c)第3世代(双方向+調整)

図4.7　各世代の電力サービスモデル

4.5.3　離島電力サービスモデル

　需要者（利用者）側の調整である DR を活用した電力サービスは、既に幾つか実現されている。例えば、電力の利用ピークが夏期昼間の数日に集中する日本において、発電所の供給力が不足し大規模停電が発生する前に、個別の大口需要家（事業者）に大幅な節電又は停電をお願いする。その代わりに常時の電力料金を割り引く、需給調整契約などが挙げられる。このような需要者側の調整は、前日又は当日に電話等で事前連絡する方式が主流で対策効果の高い大口需要家に対して実用化されてきた。近年は、IT 技術の進歩により、即時性と多数性を加味した新しい DR モデルが出現している。すなわち、実際に発電側の余力が乏しくなった際に、小規模ながら多数の利用者が節電することによって、大口利用者が節電したのと同等の効果を獲得し対価を得るサービスモデルである。このモデルは小規模な電力事業者が多い米国で導入事例が多い。今後、日本でも VPP（Virtual Power Plant）実証試験として広く実施される予定である。

　このような拡張 DR モデルには、確実性の担保とビジネスの成立性といった課題がある。言い換えると、本サービスの提供者であり利用者でもある電力事業者にとっては、多数の小口電力利用者が継続的に節電要求に協力してくれるかが課題である。また、本サービス受益者であり実施者にもなる電力利用者はサービス対価を十分に受け取れるかといった課題もある。そこで、これらの課題を整理し、解決する

ために、電力事業者と電力利用者の間にアグリゲータと呼ばれる会社を介在させてビジネスとして成立させることを目指している。このサービスモデルを経済的価値だけではなく社会的価値で推進（ドライブ）させるのが、以下提案する離島電力サービスモデルである。

4.5.4 離島電力サービスモデルのビジネスプロセス

離島電力サービスモデルには、利用者、提供者およびサービス運用者など多数のステークホルダーが存在する。この多数のステークホルダー間をマネジメントするのが前述したアグリゲータである。アグリゲータは電力事業者のニーズおよび注文を聞いて需要側である家庭や事業者などの電力使用量を増やしたり減らしたりする。その一方で、電力事業者からは当該サービス提供の対価を受け取り、需要調整に応じてくれた家庭や事業者に対価を配分する仕組みである。このビジネスプロセスには、情報伝達や課金の各システムに加えてアグリゲータからの需要遠隔制御が組み込まれることが想定されている。この需要遠隔制御には、家庭や事業所のエネルギー消費をマイルドに調整するものと事前合意に基づき半ば強制的に調整するものの2通りが考えられている。前者は家電機器の温度調整、後者には重要負荷以外の強制切り離し（停止）などがある。このようなサービスプロセスを維持するには、このサービスの意義や必要性を高く理解した賢い利用者（プロシューマー）が必要であり、利用者が意識しない範囲で上手く電力調整できる技術が重要である。

4.5.5 電力サービスモデルのリスク

電力サービスモデルは表4.5のように第1〜3世代に分類することができる。すなわち一方向の電力供給サービスである第1世代、双方向の分散電源サービスである第2世代、そして利用者・需要家が電力利用を調整し協調を取る第3世代である。これら各世代のサービスを離島に当てはめた場合のリスクを以下に述べる。まず、第1世代の電力サービスにおいては、電力事業者が一方向でサービスを提供するため、そのビジネスリスクも一手に担うことになる。ここでのリスクは離島に限定されるものだけではないが、離島だからこそ大きくなるリスクとして、高コストな輸送費がもたらす価格変動リスクとエネルギーセキュリティのリスクがある。特に、エネルギーセキュリティのリスクは社会的影響が大きいため、電力事業者は大規模な燃料タンクを設置するなどの対策をとっている。

第2世代の電力サービスでは、PV（太陽光発電）に代表される燃料費不要の分散電源により、離島のエネルギー自給率を向上させることが可能になり、電源の分散化により供給冗長性の向上が図られる。一方で、PV 等による供給の不確実性や変動の大きさを補完する設備を誰かが保持するリスクが発生する。また、PV 導入に関しては FIT 制度などの後押しが不可欠であるが、同制度終了後の電源離脱なども長期のリスクとなり得る。これらのリスクは分散化、双方向化がなされていても実質的には電力事業者が負うことになる。

　第3世代の電力サービスは、島に居住する全員がステークホルダーとなる価値共創サービスであり、その価値は経済的価値だけでなく、前述のように社会的価値を包含するものである。しかし、島外からの訪問・転入者や個人のライフスタイルの変化によって価値を共有できなくなるリスクが十分に想定されるため注意が必要である。また、一旦サービスモデルが確立できたとしても、太陽光発電買い取りの FIT 制度や低炭素化を推進する炭素税などのエネルギーに関する諸制度の変更によって、その継続性が困難になることもあり得る。これはインフラ系サービス全般に言えるリスクであるが、離島などではそのインパクトが大きくなるため一層の留意が必要である。また、共創離脱のリスクも大きい。具体的には太陽光発電を行い、余剰発電分を Grid 側に送っていた供給者兼需要者が転出などの理由で離脱すると発電量だけでなく調整量も失うことになるからである。また、インフラ系サービスで見逃せないのが設備維持・管理のリスクである。自然災害等からの復帰においては個人にかかる負担が大きく、再構築に時間を要することが容易に想像される。このように社会的価値を高めた価値共創サービスは、社会的価値が高い故にサービスを維持するにも多くのリスクをステークホルダー全員で抱えることになる。よって、離島電力サービスモデルを実現するには、このようなリスクを承知した上で、自給率（エネルギーセキュリティ）の向上や省エネ・低炭素社会の実現に向けたエネルギーのエコシステムを構築することが重要といえる。

4.5.6　まとめ

　2016 年 11 月のパリ協定発効により、世界は低炭素から脱炭素に動き始めており、エネルギーの使い方に更なる創意工夫が求められる時代となっている。ここでは、離島における電力サービスモデルを中心に解説したが、時代の要請は既に世界各国に広がり、社会的価値を推進力とした共創型の電力サービスモデルがいつ出現してもおかしくない状況となっている。日本国内においても大規模な VPP 実証試験や

DR 市場の開設が決定されており、電力利用者すなわち需要家側を巻き込んだエネルギーサービスビジネスの勃興は近いと言える。一方で、双方向かつ共創型の電力サービスでは、利用者がこれまで考えても見なかったリスクが薄くではあるが転嫁されることになる。「エネルギーを考えることは社会を考えること」とは良く言ったもので、社会全体としてこれからエネルギーをどう効率的に活用していくのか考えるとともに、そのリスクについても十二分に議論・検討していかなければならない。

（田代洋一郎）

4.6　宅配便サービス

4.6.1　宅配便サービスが開始される前

比較的小さな荷物を送り手の戸口から受取手（受け手）の戸口まで迅速に配達する宅配便サービスが開始される以前、個人が簡単に荷物を送付するためには、荷物を郵便局か国鉄（現 JR）の駅に持ち運ぶ必要があった。郵便局が受け付ける郵便小包は 6kg までで、それ以上の場合は、荷物をきちんと梱包し、駅から発送し、受け取り先も駅まで出向かなければならなかった。また、これらのサービスはあまり良くなく、荷物がいつ到着するのかはっきりしなかった（ヤマト運輸, 2016）。

大手輸送会社を代表するヤマト運輸が、宅急便という名称で宅配便サービスを 1976 年に開始した。このときから大まかであるがインターネット普及前までを第 1 世代、インターネット普及後を第 2 世代、情報通信技術と IoT の活用が進む現在と未来を第 3 世代と分類し、宅配便サービスの変遷を整理する。

4.6.2　第 1 世代から第 3 世代までのサービス

第 1 世代では、宅配便サービスの対応エリアの拡大だけではなく、スキーやゴルフバックなど荷物の種類が多様化した。また、通信販売等で購入した商品の代金引換サービスや、冷凍・冷蔵品を輸送するクール便、航空便、荷物の受け取り時に不在でも一時的に保管する宅配ボックスといった基本的なサービスが提供された。サービス価値は、送り手の荷物を受取手の元へ希望する日に傷めることなく届ける

ことができるかどうかで評価された。

　第2世代では、荷物追跡情報のリアルタイム提供サービスや、指定した時間帯に荷物を届けるサービスなどが提供された。

　第3世代では、通販で購入したものが届けられたときに、クレジットカードで決済できるようになった。また、荷物の受け取り場所がコンビニエンスストアや駅の宅配ボックスなど多様化し、従来の翌日配送から当日配送へと進化しつつある。今後は、ドローンによる無人配送（楽天, 2016）、自動車の自動運転技術の開発・適用が課題となっている（デロイト, 2016）。

　一方、昨今では、高齢者や働く女性、子育て世代の共働きが増加したことを背景とした「買い物不便者」に対する生協の宅配、ネットスーパー、配食、食材配達といった食品宅配サービスや日用品のサービスなど、情報技術に必ずしも頼らないアナログ的なサービスも多様化し、チャネルも「買い物不便者」をターゲットにして移動販売車など多様化しつつある（石橋, 2016）。

4.6.3　第3世代における宅配便の輸送プロセス

　宅配便の荷物を送り手から受取手（受け手）へ素早く配達するためのプロセスを簡便に模式化したものを図4.8に示す。はじめに、送り手が取次店に持ち込んだ荷物や小型トラックによって直接集荷された荷物は、管轄の営業所へ集められる。次に、集められた荷物はトラックターミナルなどの配送センターに届けられる。配送センターでは、荷物を目的地毎に仕分け、同一の目的地の荷物を纏めて大型トラッ

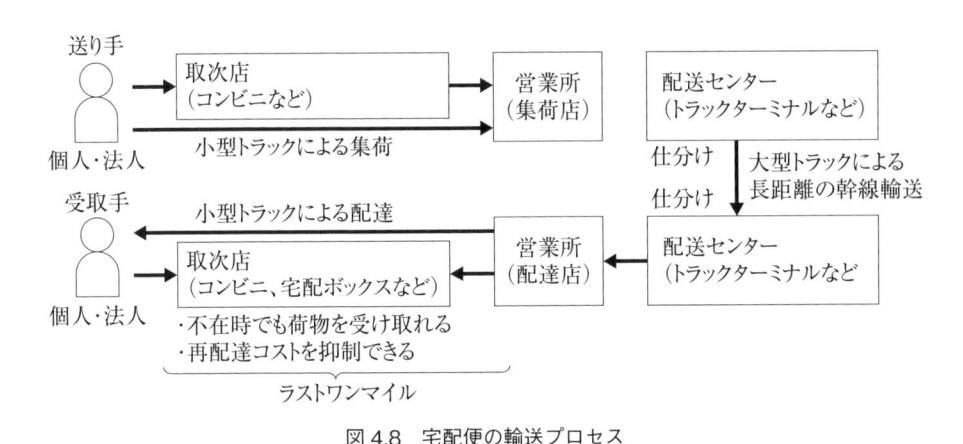

図 4.8　宅配便の輸送プロセス

クに積み込む。その後、大型トラックによって、目的とする配送センターに幹線輸送された荷物は、配達店の営業所毎に仕分けられる。最後に、仕分けられた荷物は、営業所を経て、小型トラックで配達される。このラストワンマイルでは、受取手が不在時でも荷物を受け取れるように、受取場所をコンビニエンスストアや宅配ボックスなど希望する場所を選択することができる。

　また、年々増加する取扱い荷物数に対応することや、当日配送の対象エリア拡大などを目指し、各大手輸送会社では、高速自動仕分け機を設置したトラックターミナルの機能に、通販業者などの商品を保管・ピッキング・梱包する物流機能を加えた総合物流センターを大都市に竣工させつつある。たとえば、ヤマト運輸は、東京、名古屋、大阪を結ぶ三大都市圏周辺に総合物流センターを建設するゲートウェイ構想がある。配送センター間の幹線輸送を1日1回夜間に行っていたのに対し、総合物流センター間及び総合物流センターとその管内の配送センター間の幹線輸送を24時間行う方式に変えたことが特徴の一つである。

4.6.4　価値共創

　インターネットで商品を購入することが当たり前となった第3世代の宅配便取扱個数は37億個（2015年）で、第2世代前半（1996年）に比べると23億個も増加している（国土交通省, 2016）。物流の効率化を実現するため、輸送会社と通販業者の連携や、輸送会社と取次店（コンビニエンスストアなど）の連携が強化された。たとえば、通販業者などの荷主に対して輸送会社が物流改革を提案し、包括して物流業務を受託遂行する3PL（Third Party Logistics）が挙げられる。これにより、通販業者と輸送会社がそれぞれの得意分野の業務に専念することできるので、物流の効率化を向上させることができるだけではなく、通販業者から商品を購入した顧客に対して輸送会社が配達する際に、通販業者に代わってクレジットカード決済代行サービスといった共創価値が生まれた。また、輸送会社と取次店が連携することによって、荷物の受取場所を顧客が望むコンビニエンスストアなどを選択できるようになるため、輸送会社の再配達コストを抑制できる。これにより、顧客は、不在時でも荷物を受け取れる価値がもたらされる。

　インターネットの普及により、商品・サービスをインターネット上のウェブサイトで販売するECサイトが増え、取扱商品・サービスも書籍、DVDレンタル、日用品など多義にわたってきた。ECサイトとして、たとえば、日用品をはじめ飲料・食品、酒類、化粧品から医薬品まで、いつでも低価格かつスピーディーに届け

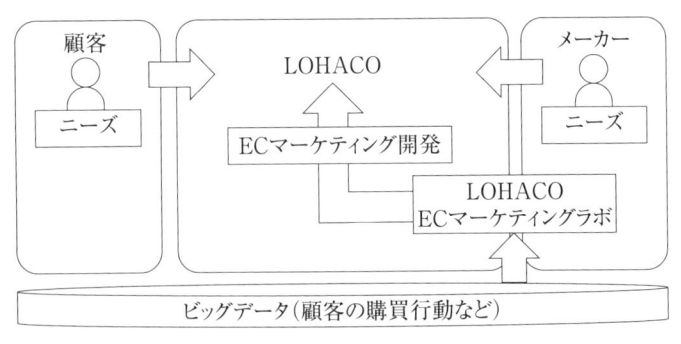

図 4.9　メーカーと共創するプラットフォーム

る一般消費者向け通販（BtoC）の LOHACO が挙げられる。これは、アスクルがオフィス向け通販（BtoB）で培ったノウハウを生かし、ヤフーの協力のもとで運営されているが、即時配達サービスへの参入は目指していない。対象とする顧客は働く女性で、日中家にいないパターンが多く、朝に注文したものが夜届けば十分だからである（アスクル, 2016a）。また、LOHACO では、図 4.9 に示す通り、商品開発や販売促進、プロモーションなどにおいて、顧客の購買行動についてのビッグデータをメーカーと共同で活用するべく、2014 年に LOHACO EC マーケティングラボを創設した（アスクル, 2016b）。なお、競合メーカーもここへ販促費を支出する共創が起こっているのは、EC サイトでは競合する商品でも買い合わせが見られるからといわれている（アスクル, 2016b）。

　高齢化や過疎化などで物量も少ない地域においては、たとえば、岩手県北バスとヤマト運輸が相互連携し、路線バスを活用した宅急便輸送「貨客混載」サービスを提供している。車両後方の座席を減らして、一定量の宅急便を積載できるようにしたバスを使って、路線バスの運行途中にあるいくつかのヤマト運輸の営業所にて荷物を積み替えるのである。これまで路線バスとトラックが別々に輸送していた時に比べて効率向上した。バス路線網の維持につながることで、地域住民にとっては、病院やスーパーなど多様な施設へアクセスでき、生活基盤の維持・向上といった共創価値がもたらされる（岩手県北バス・ヤマト運輸, 2016）。

4.6.5　第 3 世代を支えるための情報通信技術活用事例

　第 3 世代のサービスを提供するための情報通信技術などの活用事例を以下に示す。

(a) 車載システム

　運転速度や距離、時間といった記録の他、急発進や危険個所などの警告をセールスドライバーに促す（ヤマト運輸, 2011）。

(b) ハンディーターミナルの高度化

　ヤマト運輸のセールスドライバーが利用するハンディーターミナルの最大の特徴は、宅急便・メール便の運賃などのお支払い時に電子マネーを利用できることである（ヤマト運輸, 2011）。

(c) 荷物のリアルタイム管理

　佐川急便のセールスドライバーが携帯しているハンディーターミナルでは集荷時や配達完了時に荷物のバーコードを読み取って、即時に荷物追跡データベースに情報を反映させる体制にしている（清嶋, 2007）。

(d) ビッグデータの企業間連携

　佐川急便の新貨物システムでは通販業者などのパートナー企業のシステムと連携させることで、コールセンターやウェブサイトなどを通じて顧客に情報提供を実現している（清嶋, 2007）。パートナー企業に対しても荷物情報などを提供できる。

(e) 大量にある荷物の高速自動仕分け機

　ヤマト運輸のトラックターミナルに導入されている高速自動仕分け機の処理能力は、1時間で2万5,000個の貨物を仕分けできるようになっている。これとは別に総額で2,000億円の設備投資をした日本最大級の物流拠点「羽田クロノゲート」の処理能力は1時間で4万8,000個の貨物を仕分けることができる（齋藤, 2016）。

(f) 輸送手段のイノベーションによる宅配便サービスのビジネスモデル刷新

　千葉市が2016年に国家戦略特区に指定され、千葉市は2019年にもドローンを使用した宅配の実用化を目指し、実証実験が行われている。これは、ドライバーが運転するトラックによる配送から無人の航空機による配送へと輸送手段及び輸送の仕方が大きく変化する兆しであり、これが実現すればネット通販の配送が劇的に変わる可能性がある。

4.6.6　第3世代のリスク

(a)　ドライバー不足

　ネット通販が盛んになり、宅配便取扱個数は例年増加基調であった。特に、消費税が5%から8%に引き上げられる直前の2014年3月には駆け込み需要による一層の物量が期待されていたが、トラック不足、ドライバー不足といった問題が表面化し、荷物の配達が滞った。過当競争による過酷な労働条件や賃金格差、高齢化するドライバーといった要因が指摘されている。女性ドライバー・新卒ドライバーの活用や賃金改善・労働時間の短縮が課題となっている（齋藤, 2016）。

(b)　高額な投資費用

　第3世代のサービスを提供するためのハンディーターミナルの高度化、荷物のリアルタイム管理、ビッグデータの企業間連携、荷物の高速自動仕分け機などへのIT投資や設備投資に要する費用が高額となる。これによる固定費を回収するためには、常にある程度以上の荷物の物量を確保し、稼働率を高めることが必要となる。これまで宅配便取扱個数が年々増加していたが、鈍化・減少しても、収益が確保できるような経営体質の改善が課題と考える。

(c)　輸送手段のイノベーション

　トラックによる配送から無人の航空機による配送へと進展させるためには、安全性に関するリスクと法整備が進まないリスクのほか、ドライバーの雇用に関するリスクが考えられる。安全性や法整備は時間が解決しれくれそうであるが、ドライバーの雇用に関するリスクについては、どのように共創していくのかが課題と考える。

（金野浩之）

4.7　衛星ビジネス

4.7.1　はじめに

　1957 年、世界初の人工衛星（以下、衛星）であるスプートニク 1 号（ソ連）が打ち上げられ、宇宙への扉が開かれた。これが宇宙開発競争の始まりとなり、2016 年現在、約 7,000 機以上の衛星が地球の周囲を飛んでおり、今もなお、各国で打ち上げが続いている。地球の周囲に打ち上げられた衛星は、その与えられた役割に応じて、通信、気象観測、撮像、測位、リモートセンシング等の様々なミッションを有しており、私達の生活に利用され、必要不可欠なものになりつつある。

　これらの衛星のミッションを支えるために、衛星の運用計画の策定及び立案、衛星の運用管制、衛星から伝送されたデータの受信と処理、受信したデータの加工と蓄積、さらに利用者への情報提供など、数多くのシステムからなる地上設備が必要となる。このように、衛星を保有する場合、衛星の製造費用、打ち上げ費用、地上設備の導入費用など大きなコストを要する。衛星は単体で使用することが不可能なプロダクトであり、軌道上に打ち上げるためのロケット、打ち上げ後に使用する地上設備などを用意する。さらに、衛星は役割を終えて廃棄されるまで、軌道上を周回し続けるため、24 時間 365 日に渡って監視を行う必要がある。また、ロケットの打ち上げ失敗による喪失可能性（リスク）も考慮すると、他のプロダクトと異なり、「所有することに大きなリスクがあること」、「使用機会に関わらず、保有する限り、運用コストが発生すること」が挙げられる。

　衛星を活用したビジネスを行う場合、これらのコストやリスクを考慮に入れる必要がある。しかし、近年、打ち上げ費用の低コスト化、コモディティ化による衛星や地上設備の調達費用が低下する傾向にあり、従来よりも総コストが少なく参入出来る可能性が生じつつある。ここでは、従来の衛星を活用したビジネスを整理し、衛星を活用したサービスについて考察を行い、今後発展していく衛星ビジネスについて考察する。

4.7.2　衛星ビジネスにおけるサービスとリスク

　これまで衛星はそのほとんどが国家的な宇宙開発によるものであり、長い年月と

表 4.6 衛星ビジネスのサービスモデルとリスク

	サービス内容	共創価値	ステークホルダー	サービス評価	リスク
第1世代（国家安全保障）＜競争時代＞	・他国・地域の状況把握 ・有人宇宙飛行技術の確立 ・月・惑星探査 ・衛星放送の開始	・国家安全保障	・政府・省庁（軍） ・周辺国・地域 ・衛星メーカ	・打ち上げ・軌道上運用技術の確立 ・他ユーザより早い打ち上げと技術の優位性	・打ち上げ失敗時に衛星が喪失 ・軌道上故障による機能制限 ・膨大な開発予算による財政懸念
第2世代（放送・通信・天気・GPS・観測）＜利用機会拡大＞	・衛星放送（大容量・他チャンネル） ・通信回線（高速・大容量通信） ・気象情報（高頻度観測） ・位置情報（GPS） ・リモートセンシング（地球観測） ・実験環境（ISS） ・月・惑星探査	・災害利用 ・国際貢献 ・インターネット ・天気予報 ・位置情報	・政府・省庁 ・周辺国・地域 ・衛星メーカ ・コンテンツ提供者	・継続的な安定稼働 ・運用コストの低減	・衛星増加によるデブリの増加 ・打ち上げ失敗時に衛星が喪失 ・軌道上故障による機能制限 ・運用コスト増大による運用停止
第3世代（AI、ロボット）＜全体から個＞	・個人向けサービスの拡大（撮像、気象情報、通信環境） ・広告・宣伝（エアーサイネージ） ・芸術・文化分野での利用拡大 ・宇宙旅行、月・惑星探査の支援拠点 ・軌道上発電 ・衛星のリース業	・個人の生活向上 ・宇宙旅行の実現 ・軌道上での新技術確立 ・産業創出 ・芸術・文化	・政府・省庁 ・周辺国・地域 ・衛星メーカ ・コンテンツ提供者 ・利用者(個人) ・利用者(企業・組織) ・保険業界	・継続的な安定稼働 ・運用コストの低減 ・コンテンツの利用者増減 ・広告・宣伝効果 ・軌道上でのミッション成否	・衛星増加によるデブリの増加 ・プライバシー確保 ・電波・周波数の利用割り当て制限 ・コモディティ化による既存衛星メーカの淘汰 ・法整備（国内・国際間）の遅れ

巨費を投じて開発が行われていた。約10年前から、大型で多機能な衛星とは異なり、小型で単機能、かつ低価格による小型衛星の開発が始まった。衛星は、それ自体が目的ではなく、衛星を利用することで得られるデータを高度に活用することが目的である。その用途としては、気象観測、地球観測、天体観測、放送、通信、測位などがあげられる。これらは、現在の私たちの生活に深く関わりを持っているものが多く、衛星は今や欠かすことのできない存在となっている。

衛星を打ち上げ、軌道上で運用し、寿命や損傷などにより運用が終了するまでが衛星のライフサイクルである。このライフサイクルのうち、打ち上げは輸送手段であるロケットの範疇である。よって、衛星ビジネスにおけるサービスは、軌道上での運用に関連するサービスとして定義する。表 4.6 に衛星ビジネスのサービスとリスクを示す。

表 4.6 の第 1 世代及び第 2 世代の衛星ビジネスのサービス例を以下に示す。

(1) 地球観測・気象観測

地球観測とは陸域及び海面観測を行うものであり、地図の作成、資源探査、流氷観測等に利用され、国土保全に活用されている。また、国内外における大規模災害発生時には、発生前後のデータを纏め、必要に応じて関係諸国へのデータ提供を行っている。

気象観測では「ひまわり」で知られている衛星が日本上空において日々の気象状況を観測し、天気予報などを通して生活に密接な関係を持っており、太平洋地域の 30 以上の国や地域に観測データを提供している。

(2) 通信・放送

放送における衛星利用として、放送衛星を使用する BS（Broadcast Satellite）放送と、通信衛星を使用する CS（Communication Satellite）放送の 2 種類がある。BS は放送を目的とした衛星であり、1989 年の BS アナログ放送を開始したのに対して、CS は通信を目的とし企業等の受信を主な対象としていたが、1992 年から放送が開始された。当初は、BS が東経 110 度の軌道上、CS が東経 124 度と 128 度の軌道上に配されたため、別々の受信機が必要であったが、2002 年に 110 度 CS 放送が開始され、1 台のアンテナとチューナーで BS と CS の受信が可能となっている。

衛星を利用した通信では地上回線を経由しないため、災害時にも寸断されることがないことから、全国の自治体や、電気・ガス・石油などライフラインを支える企業の多くに、防災・危機管理の通信インフラとして導入されている。高品質のデジ

タル映像をリアルタイムで配信できる衛星通信は、教育・医療・ビジネスなど幅広い分野でも活用されており、山間部や離島、移動体など、地上回線の設置が難しい場合においても衛星通信が活用されている。

(3) 測位利用

米国の GPS 衛星、ロシアの GLONASS、欧州の Galileo に代表される衛星群であり、2010 年に打ち上げられた準天頂衛星「みちびき」は東アジア、オーストラリアをカバーする地域限定の衛星測位システムを構成している。地球の周回軌道上に複数の衛星で構成され、それぞれの衛星からの電波を受信することで、自分の位置を特定することが可能であり、カーナビや携帯電話等の利用をはじめとして、測量分野、海洋資源の探査、安全保障に関わる情報収集など、広い分野で利用されている。

現在、宇宙を利用したインフラストラクチャー（社会的生産基盤）として、最も日々の生活に欠かせないものとなっている。

(4) 宇宙科学

科学観測においては、地球自身を調査することから始まり、月や太陽、太陽系惑星の探査、銀河系外の天体観測に加えて、宇宙の起源を知るための深宇宙の探査などが行われている。月や太陽系惑星では、周回軌道からの観測だけではなく、着陸を行って土壌のサンプルリターンも行っている。天体観測においては軌道上にある米国のハッブル宇宙望遠鏡（1990 年打上げ）を活用し、新しい宇宙の姿が次々に明らかになっており、X 線や γ（ガンマ）線の科学観測において、超新星の発見やブラック・ホールの存在の検証なども行われている。

4.7.3　第 3 世代の衛星ビジネス

ここ数年、様々な技術の進化や衛星を利用したコンテンツの拡大、参入障壁の低下による新規参入者の増加により、衛星ビジネスは表 4.6 に示す第 3 世代に入ろうとしている。

図 4.10 に示すように、現在の衛星の主流は、大型・多機能で、単機による運用が原則となっているが、第 3 世代では小型・単機能で、複数機による協調（編隊）運用が開始されることが予想されている。技術のコモディティ化により衛星の製造が容易となり、製造コストも低下することで設備投資等の初期コストが抑えられる

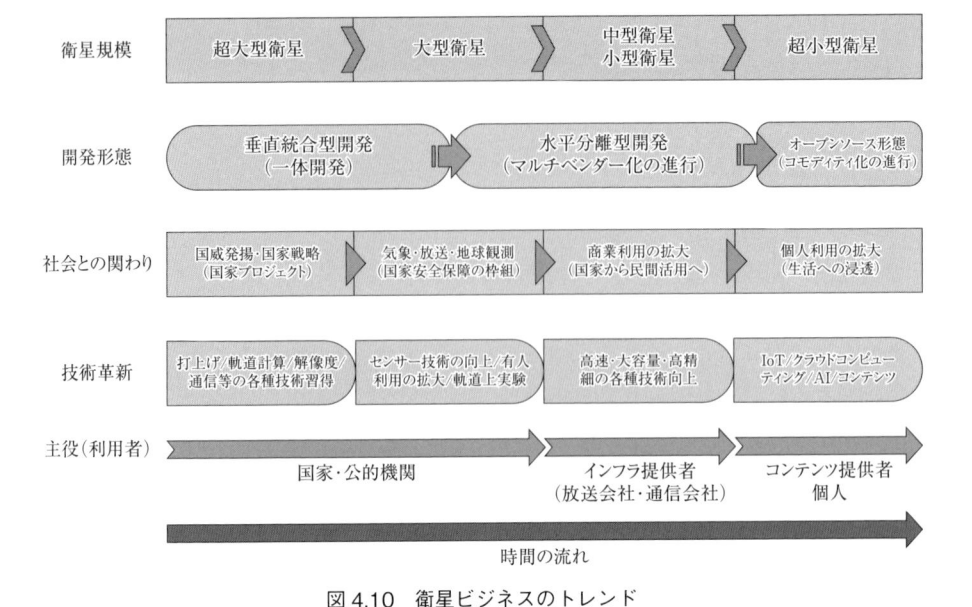

図4.10 衛星ビジネスのトレンド

ため、新規参入が容易になっている。

　この流れは、IT の歴史になぞらえると、ダウンサイジング化の波により、コンピューターの中心がメインフレームからパーソナルコンピューターや UNIX サーバーに移行していったことに対応する。ダウンサイジングにより分散処理と相互接続性が重要になると、ハードウェアとソフトウェアの囲い込み販売は成立しなくなり、多くの企業が撤退を余儀なくされた。ソフトウェアがハードウェアと並ぶ製品として認識され、異なるベンダーであっても連動させることが必要となった。インターネットの活用が進み、WWW の登場によりインターネットは一般化され、インターネットの主役は Google や Yahoo などのコンテンツ提供者に移行し、現在の姿になっている。さらに、携帯電話やタブレットの普及により IT の分散化は一層進行し、プロダクトは連動性を保つために各社が共通の API を提供するようになった。そして、クラウド化によりデータセンターからタブレットまで利用者が全く意識することなく、シームレスに稼働することが当り前の時代となった。

　衛星ビジネスもこの IT 業界の流れに対応して考えると、今の衛星ビジネスはメインフレーム（超大型衛星）から UNIX サーバ（大型衛星）への移行期に例えることが出来る。利用者が国家レベルから個人レベルに移行すると想定すると、図4.11のように衛星ビジネスはプロダクト製造を柱とするビジネスからアフターサービス

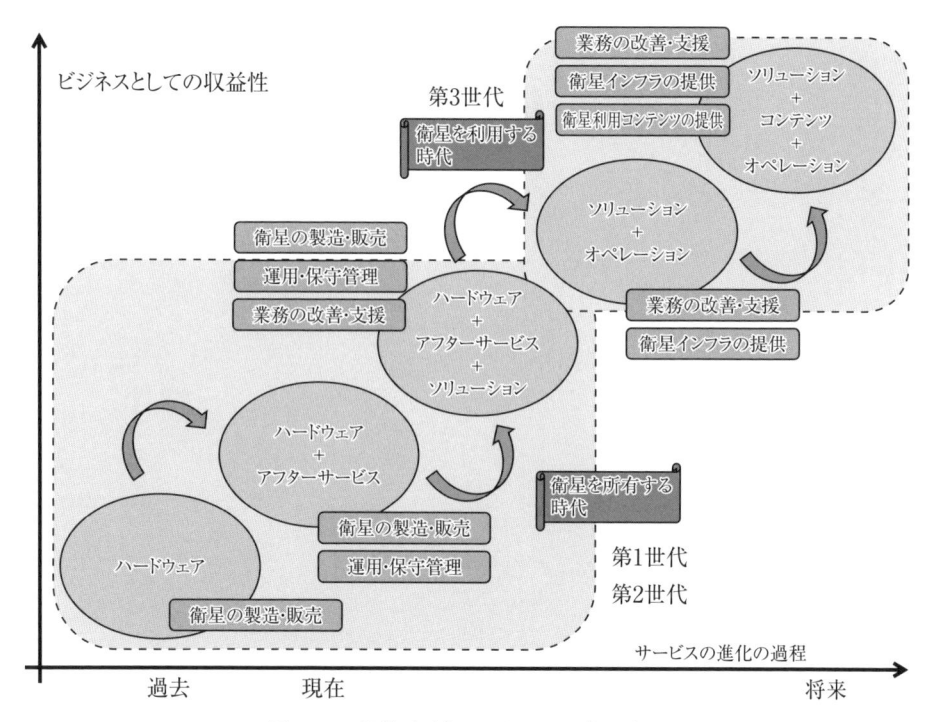

図 4.11　衛星ビジネスのあるべき姿の流れ

表 4.7　今後、登場が予想される衛星利用コンテンツの例

安全	災害発生時、すぐに上空から情報をとる
	軌道上からの犯人追跡（自動車・船舶・人間）
経済	自動操縦⇒車、船
	個人ナビ（カーナビからポケットへ）・徘徊対策
	リアルタイム全世界天気（予報）
	どこでも繋がる低価格な衛星携帯電話
	どこでも繋がる低価格な衛星インターネット
	いつでもどこでもリアルタイム撮像
	火星など宇宙旅行の支援
	軌道上で発電
	軌道上からの航空管制業務
	衛星の軌道上修理拠点を設置
	軌道上にデータセンター
宣伝・広告	夜空にサイネージ（エアサイネージ）
芸術・文化	衛星軌道上での映画撮影
	夜空に衛星で絵をかいたり、模様を出す
	衛星を使って鬼ごっこ

やプロダクトの活用に重きを置くコンテンツ・ソリューション提供のビジネスへと変遷すると考えられる。

　たとえば、2016 年に衛星からの位置情報を提供する Google マップを利用したゲーム「ポケモン GO」がリリースされた。AR（Augmented Reality：拡張現実）と位置情報を組み合せた遊戯施設の情報案内等、個人向けコンテンツが徐々に登場し、実用化されている。第 3 世代に登場が予想される衛星を利用したコンテンツ例を表 4.7 に示す。

4.7.4　衛星ビジネスにおけるリスク

　衛星ビジネスにおけるリスクとしては、表 4.6 に示すリスクが存在している。

(1) 打ち上げリスク（打ち上げ順番リスク）

　衛星はロケットを使って軌道上に打ち上げることから、打ち上げ時に発生する振動やロケットの爆発、軌道投入時にロケットから離脱に失敗してしまうなど、利用する前に喪失する可能性が非常に大きい。これは他のプロダクトには無いものである。喪失時に代替品を用意するためにはさらに多くの時間と膨大なコストが必要となり、保険金も非常に高価である等が大きなリスク要因である。今後、衛星数の増加に伴い、衛星の打ち上げ順番が遅くなること、順番によっては軌道投入が顧客の希望する時期にはならない可能性から、顧客のサービスインが遅れることもリスクとして今後は考えていく必要がある。

(2) 故障リスク

　衛星は利用している間に障害発生などによって破損または故障してしまった場合、修理や交換が出来ないことが挙げられる。無事に打ち上げが成功し、軌道投入が完了した場合であっても、宇宙空間という温度差が激しく、宇宙線に晒される非常に過酷な環境において運用に供されるため、運用（利用）開始後に何等かの理由で故障ないし、壊れてしまう可能性が存在している。さらに、衛星は人間が容易に到達できない宇宙空間に存在していること、秒速約 8km という速さで軌道上を移動する衛星を捕獲する技術が確立されていないこと等から、軌道上での修理や交換ができない。よって、故障の度合いによってはそのまま廃棄となってしまう可能性が懸念され、顧客のサービス利用継続が不可能となるリスクが挙げられる。

（3）コストリスク（初期投資リスク）

　衛星は、そのものだけでは使うことができず、ロケットによってまずは軌道上に打ち上げる必要があり、さらに打ち上げ後は状態監視やミッション遂行のための運用を行う地上設備と衛星との交信を行うために電波の送受信を行うアンテナ等を整備する必要がある。どれか一つが欠けても利用することができないプロダクトである。衛星はその役割を終えて廃棄されるまで、軌道上を周回し続けるため、24時間365日に渡って衛星の監視を行う人員が必要となってくることから利用する段階においても継続的に膨大なコストが必要となる。これは、他のプロダクトのアフターサービスに含まれる範疇であるが、利用してもしなくても運用コストがかかる点（ランニングコストが非常に高い点）も他のプロダクトと異なる点である。

（4）法制度リスク

　衛星は国家以外が保有することは想定されておらず、法制度が未整備な状況である。また国際間調整も一元化されていないこともあり、参入後に後出しじゃんけんのようにルールが変更される可能性も大いにあることから、大きなリスクを伴う。整理すると、衛星が「所有することに大きなリスクがあること」、「使用機会に関わらず、コストが発生すること」、「法整備が未熟であり想定しない作業やコストが生じる可能性があること」が挙げられる。

　第3世代の衛星ビジネスにおけるリスクヘッジとして、「衛星を所有しないこと」がポイントになることから、ITのクラウドサービスを参考にすることができると考える。クラウドサービスはクラウド・コンピューティング（Cloud Computing）の上で提供されるサービスとしてサーバーなどの「機器」や「ソフトウェア」といった様々な資源を利用者自らが保有することなく、ネットワーク経由で利用することができるサービスである。衛星ビジネスについて置き換えると、衛星のリース業態を想定し、利用者は衛星を保有することなく、衛星を利用したサービスを享受できることで、自分達のリスクを減らし、衛星ビジネスによる価値を創出することに専念できる。

4.7.5　まとめ

　衛星というプロダクトを保有することで、非常に大きなリスクを伴うこと、そのようなプロダクトに対するアフターサービスのあり方、ハードウェアを売る必要が

無く、ハードウェアを使って提供できるサービスに課金することで、衛星ビジネスは現在の形からサービスへシフトすると考えることができる。第3世代のあるべき姿として、顧客に対するオペレーション中心から、顧客と創るサービスの企画・提供・評価中心へと移行するビジネスモデルの構築と検証を行い、法整備等、衛星ビジネスの障害を取り除くための議論・検討を進めたい。

（赤澤聡）

4.8 ビジネスにおける価値共創リスク

4.8.1 価値共創リスク

本節では、第3世代を想定した新しいビジネスを進めていく中で、サービス提供者とサービス利用者との関係の中で生じる価値共創リスクに焦点を当てる。これまでの議論から、第3世代では、新たな技術を活用することに伴うリスク、取引関係や業務フロー自体が変化することからリスク、サービス提供者とサービス利用者とが価値共創を行う際に発生するリスクなどを考慮する必要がある。特に、第3世代では、第1世代、第2世代では存在しなかった価値共創リスクが発生する。

ステークホルダーであるA、B、Cのそれぞれがサービスを共創する場合、A、B、

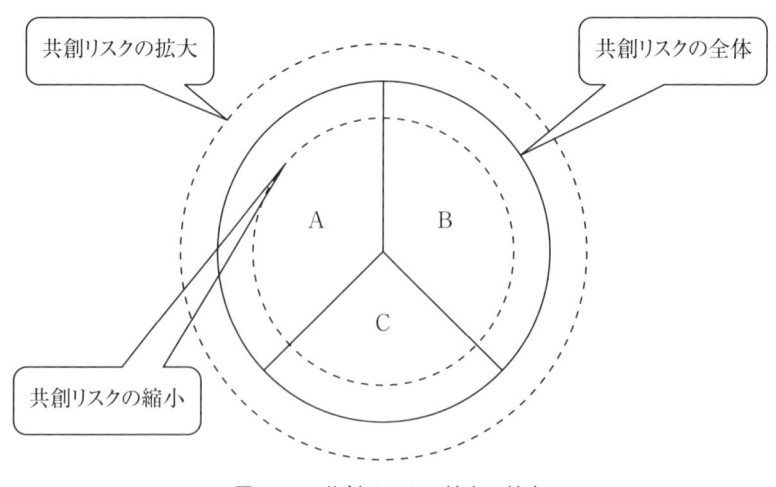

図4.12　共創リスクの拡大・縮小

Cが協調、連携、合意によって事業規模の拡大を進める。この場合、Aだけが事業を大きくしようとしてもB、Cの参画がなければ、エコシステムが回らない。それゆえ、リスクに関しても、一企業のAのみが共創リスクを負うのではなく、B、Cも同様にリスクを負うことになる。第3世代では、共創リスクを背負う覚悟がなければ、事業規模を拡大することが難しいことが想像できる。図4.12に示すように、共創リスクは、ステークホルダーであるA、B、Cがその配分は別として同等にシェアすることになる。

4.8.2　ビジネスプロセスにおけるリスクマネジメント

(1) 組織のリスクマネジメント

　サービス特有の目に見えないプロセスや数百人以上の規模の人員を抱える組織になると、リスクマネジメントは意識せずに行うことはできない。組織全体のリスクを管理するために、組織のルールを創り、実施手段を考え、情報ルート（情報システム化などを含む）を構築し、従業員の意識を変える教育を制度化することを考慮しなくてはならない。こうした活動を組織として秩序を保ちながらビジネスを進めていくことが組織のリスクマネジメントである。

　価値共創を行う場合、リスクマネジメントがより複雑になる。なぜなら、複数の組織が混在して一つの価値共創モデルを構築する場合、リスク評価やリスクマネジメントもより複雑化する。価値共創リスクに対するリスクマネジメントができているのかを見極めるポイントは2つある。ひとつは「組織の共創リスクが評価されるプロセスがあること」と「共創リスク評価に対応した対処方法（リスクコントロール）があること」である。価値共創リスクが何であるのか、価値共創リスクに対する対処方法が明確であるか、の2つの視点で見ると、より明確に記述できている事業は、共創リスクのマネジメントが行いやすい事業であり、逆に明確にならないものは共創リスクのマネジメントが行いにくい事業であるといえる。

(2) リスクマネジメントの目的

　それぞれの組織には、組織目的（ミッション）、経営目標（ビジョン）、基本理念（バリュー）が存在する。これらは次のように定義される。

　「組織目的」：事業領域を決めた理由あるいは企業活動を行う社会的意義を表記したもの

　「経営目標」：将来の社会や市場での地位を具体的に表記したもの

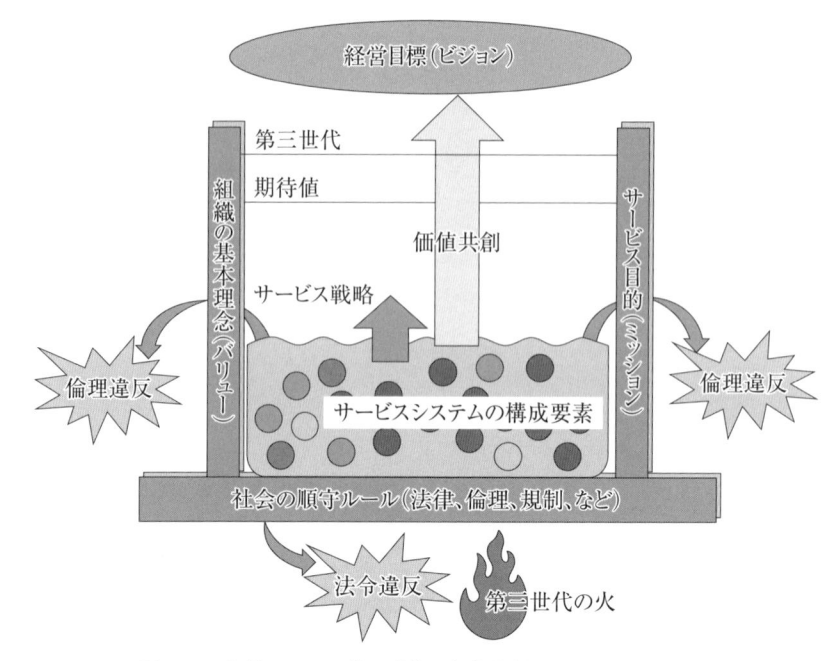

図 4.13　組織における第 3 世代の価値共創リスクマネジメント

「基本理念」：組織に所属する従業員全員が最も大切にしなければならないもの

　これら「組織目的」、「経営目標」、「基本理念」は、「社会の順守ルール」の上に成り立っている。これらの定義から、「組織は、組織の目的、基本理念、社会の順守ルールから足を踏みはずさずに、経営目標を達成するために活動している」と言い換えることができる。

　いくら経営目標を達成しても、組織の目的や基本理念に抵触していれば組織としての活動は拒否される。また、社会の順守ルールを守れない場合も社会から否定されることになる。第 3 世代のサービスを考えていくうえでも、これらの 3 つの要素を意識的に整理することは、非常に重要なポイントである。すなわち、共創を行う場合、組織の目的、基本理念、社会の順守ルールに抵触することを防止することがリスクマネジメントの目的の一つであり、価値共創を構成するメンバー（ステークホルダー）が共通的に考えないといけない点である。

　図 4.13 は、共創を行うサービスシステムにおける価値共創リスクマネジメントの概念図である。サービスシステムで価値共創を行う場合、サービスシステムの構成要素であるステークホルダー全員に対して、リスクは共有され分配される。サー

ビスシステムの構成要素が、価値共創によってサービス戦略を実行し、経営目標へ向けて進んでいく。その際に、両横の壁となっている「サービス目的（ミッション）」と「組織の基本理念（バリュー）」の範囲の中で共創活動を行う必要がある。もし、これらの壁を超えた場合は組織倫理違反となる。また、底辺の基本となる「社会の順守ルール（法律、倫理、規制、など）」は大前提となるものであり、これを飛び越えてサービス事業を行った場合は社会から法令違反とみなされることになり、社会的制裁を負うことになる。したがって、「サービス目的（ミッション）」と「組織の基本理念（バリュー）」の範囲の中で、すぐれたサービスを共創し、「経営目標（ビジョン）」へ進んでいくように組織をコントロールすることが、価値共創におけるリスクマネジメントの方向性であるといえる。

「事業のとるべきリスク」「ステークホルダーのとるべきリスク」「組織運営のための管理コスト」などに焦点をあてることは、経営戦略を考える際のリスクマネジメントの目的となる。これらを、サービスシステムを構成するメンバーによって、全体としてのリスク検討と参加メンバー個別でのリスク検討を、バランスをとりながら進めることが第3世代の経営で必要となる

(3) サービスビジネスの成功要因とリスク

サービスビジネスは、リスクとリターンが表裏一体であり、大きなリスクをとれば大きなリターンを得られる構図になっている。図4.12で説明したとおり、価値共創リスクはステークホルダー全員に共有され、かつ分配されている。共有が進むと価値共創が拡大し、価値共創リスクも拡大するが、サービスビジネス自体の規模も拡大する。サービスビジネスは、時間の経過や社会環境の変化などの外部環境により影響されることが多く、サービスビジネス開始当初とは状況が変わることが多い。

サービスビジネスにおける価値共創を生み出しているサービスシステムは、一種のエコシステムといえる。そのため、いったん価値共創の仕組みが出来上がった場合、サービスシステムを構成しているステークホルダーは、簡単にはこのシステムから抜け出せないという別の視点のリスクも生まれてくる。価値共創を構成している構成要素が一つでも欠けると、システムが成り立たないからである。また、逆に十分に成熟しているエコシステムに新規に参入することもかなり障壁が高いと言える。参入当初から既に存在する構成要素にとってかわるだけの実力が必要となるからである。見方を変えると無理に参入するよりも、新しく共創先を募って、既存のサービスシステムよりもより良いサービスを提供するエコシステムを作り上げる方

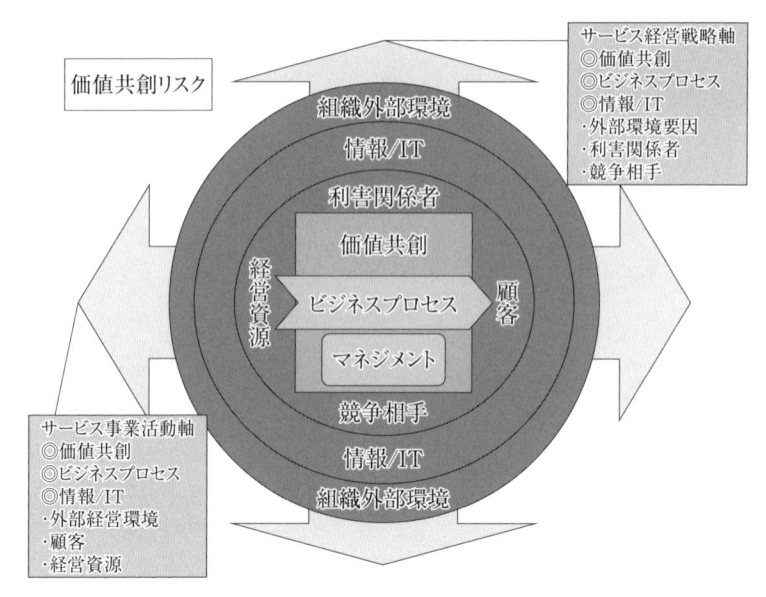

図4.14　サービス経営戦略とサービス事業活動

がたやすい場合もある。したがって、ビジネスは、価値共創を生み出しているエコシステム同士の価値共創の勝負となってくる。このように価値共創を生み出すサービスビジネスには、考えるべき価値共創リスクもあることを承知した上で、既存のエコシステムに甘んじることなく、協業するステークホルダーと価値共創リスクを共有し活動していくことが必要となる。

　図4.14は、第3世代を想定した組織における「サービス経営戦略」と「サービス事業活動」との関係を示している。サービス事業規模が大きくなれば、「価値共創リスク」が大きくなり、「リスクとリターンが表裏一体」であることを示している。

　図4.14では、サービスビジネスは、「サービス経営戦略」と「サービス事業活動」に基づいて事業を推進している。事業が拡大すると円で示している「価値共創リスク」も拡大していく。「サービス経営戦略軸」は、6つの項目（外部環境要因：現在（将来）の経営・市場環境の分析、利害関係者（ステークホルダー）：株主価値、顧客価値、従業員価値の共有者、競争相手：競合先の販売シェアや競争戦略の分析・評価）を検証し、競争優位を築くための戦略を立て、これを実行に移すことでサービス価値を高める。「サービス事業活動軸」は、6つの項目（外部経営環境：現在（将来）の経営環境を分析、顧客：顧客により良いサービスを提供、経営資源：調達し

た資金を人財・設備・情報などの経営資源に投入）を検証し、経営資源に投資することで顧客満足を高めサービス価値を高める。「共通項目」として、ステークホルダー間での価値共創、ビジネスプロセスの構築、情報/IT が必要となる。第 3 世代でのサービス事業を考えるうえでは、「共通項目」で定義しているものが不可欠である。特に、情報/IT の事業に対する比重が大きくなり、他社からの情報収集や IT 環境構築に対する投資額が増えていくと考える。

4.8.3　価値共創とリスクマネジメント

　第 3 世代のサービスビジネスを進めていく中で、価値共創を高めながら、同時にリスクマネジメントしていく方法を考察する。

(1) リスクマネジメント組織の確立

　現在の企業の組織構造の代表例としては、市場に合わせてサービスの企画、開発、生産、販売などの各プロセスを構築し、カンパニー制や事業本部制などを導入して事業単位を作っている。サービスビジネスは、外部環境や時代の変化に対して敏感に反応するため、構築した組織構造が経営環境と合致せずに長期戦略を変更できないリスクがある。これらを防ぐために、事業部門から独立して、法務部門、品質部門、環境部門などが設置されてきた。この背景には、これらの部門は事業に対するリスク管理の専門性を持たせているからである。

　第 3 世代のサービスビジネスでは、価値共創の幅を広げるために、他組織との協業が進むことが考えられる。協業する組織と価値共創リスクを共有し、自社のサービス構成要素を活用できる環境で活動していくためである。その場合、サービスカテゴリー・地域・顧客といった要素を考慮して、それぞれの組織がコンソーシアム化された事業部制組織形態をとることが多くなるのではないかと考える。組織間の関係はネットワーク型組織形態となるが、それぞれの組織単体を見ると組織自体で事業ごとの責任を負うこととなり、事業部制組織形態が求められる。これは事業が多角化し、単一の指揮命令系統では管理しきれなかったときに採用される構造である。事業部制組織形態の利点としては、各事業が環境の変化に柔軟に対応できることや経営陣の意思決定の負荷が軽減されることなどが考えられる。ただ、組織のリスクマネジメントを考えた場合、権限が分散されることから各事業の全体像を把握できなくなる可能性があるため、全体を統括する責任者を定め、それぞれの組織にもリスク担当者を設ける必要がある。このように、サービスシステムの構成要素が

増え、事業単位が分かれるほど対象となるリスクは多くなり、リスクマネジメントも全体統括機能が重要となってくると考える。

(2) サービスリスクの評価・測定

　リスクを測定する目的は、特定されたリスクについて重要性、発生可能性、企業価値へのインパクトを定量的に示して、リスクマネジメント活動に役立てることである。既存のリスク分析の手法としては、統計分析（確率分析によるモデル）、シナリオ分析（シミュレーション）、感度分析、ポジションレポート、スコアリング分析、リスク指標分析など様々な手法がある。第3世代のサービスビジネスでは、既存の測定方法を用いるよりも業務プロセスからの価値共創リスクを考慮しながら、リスクの分類を行い定量化していくことが効果的であると考える。

(3) サービスリスクマネジメントの戦略立案

　リスクマネジメントでは戦略立案の検討を、図4.15に示す「回避」「受容」「移転」「軽減」「活用」に分けて行う。望ましいプラスのリスクは、企業のサービスモデルあるいは将来のビジネスに固有のリスクである。望ましくない懸念されるマイ

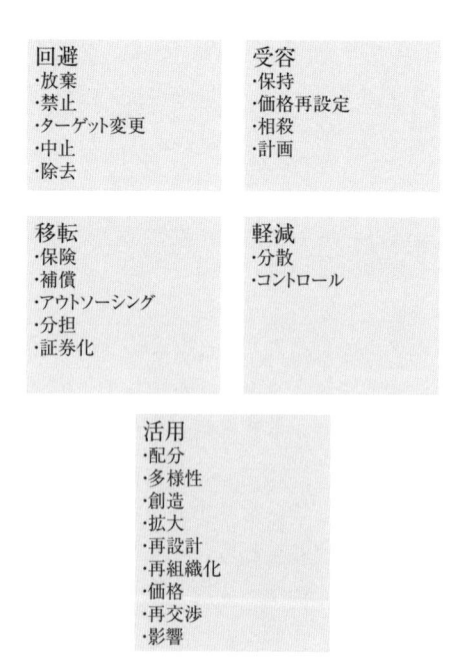

図 4.15　サービスリスクマネジメントの戦略立案

ナスリスクは、組織の戦略に適合しなかったり、少ない見返りしか期待できなかったり、自組織で管理できないリスクである。この場合、きわめて危険性が高いと予想されるような事業領域には乗り出さない、投資は行わない、という「回避」の選択肢をとることが多い。

　現状のサービスビジネスでは、リスク対応方法として、リスクの対策・コントロール（軽減）や事業の中止（回避）をとる場合が多い。予算の都合上やむをえない場合は経営者がリスク受容（保持）を行うこともある。だが、第3世代を想定した様々な事例を分析すると、あまりにも不確かな要素が多く、将来的にリスクが明確になってからの対処では手遅れになることが考えられる。情報漏洩保険、サイバーセキュリティ保険などの保険（移転）や、DM発送やシステム代行会社などへのアウトソース（移転）など、不確かなことへの明確な対処戦略としてリスク「移転」を行うことが多くなると予想される。

4.8.4　第3世代のサービスイノベーションにおけるリスクマネジメント

(1) 第3世代の情報基盤に対応したリスクマネジメント

　第3世代として考えられるIoTの社会基盤では、責任が明確になるように自律分散協調のアーキテクチャを目指している。そのためには、セキュリティに関して2つの点を考慮したリスク対策を実施する必要がある。1点目は、秘密分散により侵入されても安全を確保するとともに、異常検知した場合は隔離して全体へのダメージを防ぐことができることがある。2点目は、データをコントロールしつつ、必要なところにデータを提供でき低コストで改ざんを防止することができることである。技術的には、ブロックチェーン技術を使うことが有益であると考えられている。ブロックチェーンでは、情報空間上の主体・情報の信頼性（トラスト）を担保する仕組みを構築することにより、全ての電子マネー、ポイント、保険、財産などを“貨幣と等価交換”する仕組みの実現を考える。これらがオンラインで結ばれる環境では、事業者、個人、情報などの信頼性を担保する仕組みが必要になってくる。

　第3世代における個人情報保護では、情報を共有することを前提としているため、これまでとは視点を変えたリスク対策が必要となる。代表的なリスク対策としては、以下の3点が考えられる。

(a) トラストフレームワーク：　本人確認の情報をIDプロバイダー（IDP）が実施する。サービスプロバイダー（RP：Relying Party）のサービスを受ける際に、IDPから本人確認情報などをRPへ渡す。

(b) 情報銀行： 個人からパーソナルデータの信託を受けて、情報銀行事業者が運用するもの（例：利活用して利益が出たらキャッシュバックする）

(c) 集めないビッグデータ： 個人が自分のパーソナルデータを所有する事業者から当該データを集める。収集場所としては、①個人でクラウドにて管理する、②個人ごとに自分で第三者へ提供する、③メディエイターに利用許可を出す、の3つが考えられる。

　第3世代では、個人を特定されることが大きなリスクと考えられるため、匿名加工情報化することが重要となる。特に、B2Bの契約上再識別は禁止されており、データ解析を実施する中で再識別されてしまった場合の対処ルールを定めることが必要となる。これらを考慮すると"データセット全体"に影響があるため、以下の4点から機械的にリスク分析を実施していくことが求められる。

(a) 特定の個人を識別できることができる記述等（例：氏名）の全部又は一部を削除（置換を含む）すること

(b) 個人識別符号（例：運転免許番号、マイナンバー、等）の全部を削除すること

(c) 個人情報と他の情報とを連結する符号（例：委託先に渡すために分割したデータと紐づけるID）を削除すること

(d) 特異な記述等（例：年齢116歳、等）を削除すること

　様々なセンサー、デバイス、ウェアラブル等の普及により、"ある特定の環境"から収集されたデータによって、プロファイルが独自に生成される可能性がある。この場合、誤ったプロファイルが生成される可能性があり、サービス利用者が不利益を被る恐れがある。第3世代では、自分自身の知らない姿が"可視化"されることとなり、自分の意思とは関係なく自分の情報が溢れ出す時代となっていく。第3世代では、責任分界点が不明確になることから発生するリスクも様々考えられる。IoTでは、「インターネットにあらゆるモノがつながること」であり、「あらゆるモノにインターネットがつながること」である。例として、自動運転車が事故を起こした場合、その責任は誰にあるのかは不明確な点も多い。不明確な点を考える場合の考慮点として、以下が考えられる。

(a) 取得している情報等は、モノの一部なのか、人の属性としての一部なのか

(b) 情報等の法的な占有権（所有権）は誰にあるのか

(c) インターネット及びモノとして規範・価値観を優先した検討がされているのか

以下のように、人、モノ、インターネットのそれぞれを対象とした価値共創リスクを考慮するとリスク対策が検討しやすくなる。

(a) 人を対象（提供者等）：個人情報保護法、特定商取引法、薬事法、酒類販売業免許、など

(b) モノを対象（製造者等）：PL法、消費生活用製品安全法、電気用品安全法、労働安全衛生法、道路運送車両法、道路交通法、など

(c) インターネットを対象（通信事業者等）：電気通信事業者法、プロバイダ責任制限法、青少年インターネット環境整備法、携帯電話不正利用防止法、など

　モノの製造に関しても、インターネットや3Dプリンターを活用し、モノを配達しなくても自分で作成することができるようになる。この場合、モノ自体の製造責任が問われることはなく、設計図のみの責任が問われることとなる。この場合、製造物責任は、人、モノ、インターネットのどれが対象となるのかについて、議論の余地がある。従って、第3世代はリスクの所在が不明確になっていく要素を多く含んでいる。

表4.8　サービスビジネスで発生する価値共創リスクの例

外部環境リスク（組織外部）	業務プロセスリスク（組織内部）	情報リスク（価値共創の重要度）
1、競合他社	・組織の財務体質	・戦略情報
2、顧客の意向	与信、キャッシュフロー	経営資源配分
3、技術革新	・組織の権限	ビジネスモデル
4、外部環境への感度	リーダーシップ	投資判断
5、株主への期待	アウトソーシング	組織構造の有効性
6、資本調達	・情報システム	戦略策定
7、政治体制の安定性	インフラストラクチャ	
8、国際情勢	インターネットへの依存	・外部情報
8、国内外の法令の改変	・ガバナンス	監督機関への報告
9、国内外の規制の改変	企業文化	財務報告の評価
10、業界特性	・ブランド力	経営者の評価
11、金融市場	イメージ	
12、災害・壊滅的損失	・内部不正	・内部情報
13、風評被害	経営者、従業員の誠実性	契約条項
14、天候不順	・業務運営力	業務測定
15、地球環境の変化	組織パフォーマンス	

(2) 新しいビジネスの検討事例に基づく第 3 世代のリスク

4.1 から 4.7 までに検討した第 3 世代の新しいビジネス事例に基づいて、第 3 世代のビジネスにおけるリスクを整理すると表 4.8 のようにまとめることができる。第 3 世代のサービスリスクは、大きく「外部環境リスク（組織外部）」「業務プロセスリスク（組織内部）」「情報リスク（価値共創の重要度）」に分類できる。

「外部環境リスク（組織外部）」では、風評被害、天候不順、地球環境の変化などの将来予測が不可能な要素に左右される可能性が高いことが考えられ、組織自身がコントロールできないリスクが増える可能性が高い。

「業務プロセスリスク（組織内部）」では、電力や情報システムなどのインフラストラクチャーがサービスに与える影響が今まで以上により重要性が増していくと考えられる。

「情報リスク（価値共創の重要度）」では、より情報戦が激しくなり、これまでの人を介した情報交換だけでなく AI などの自動化された情報収集・分析が大きく関与することから、判断すべき情報が正確であるかどうかの情報の信頼性が価値共創をしていくうえで重要な判断材料となる予感がする。

(3) リスクマネジメントを成功させる 3 項目

新しいビジネスを考えるときに「プロセスを定義する」を実施することで、リスクマネジメントを成功させるための 3 つの要素が得られる。

- (a) サービスビジネスのリスクがどこで発生するのかについて共通の認識が得られる
- (b) サービスプロセスで生じるリスクに対して責任者が明確になることから、責任分界点が明確になり責任者を容易に定めることができる
- (c) 良いサービスや悪いサービスの事例分析を行うことにより、プロセスから考慮したベストプラクティスを導入しやすくなる

プロセスを定義する際に重要となるのが、サービス利用者の視点とサービス提供者の視点の双方を定義することである。なぜなら、サービスプロセスとは顧客であるサービス利用者とサービス提供者の視点の両者が一緒に価値創造を構築していくプロセスだからである。サービス利用者のみの価値やサービス提供者だけの価値にとどまるプロセスでは不十分であり、検討の余地がある。

　サービスプロセスは、目に見えるものがない場合が多く、確からしさを説明することが難しい。そのため、サービスリスクをコントロールするためには、業務プロセスを定めそれに対するサービスリスクコントロールを適用することが肝要である。第3世代のサービスを考慮すると、サービス利用者とサービス提供者、またはサービス提供者間の取引においてもそれぞれのサービスに対する確からしさは非常に重要である。これらへの対応方法として、従来は組織内の内部監査で対応することが多かったが、組織間の協業が進んだり、グローバル化により地域が離れていたりすると内部監査では限界となる場合がある。それゆえ、今後は業界団体間での相互監査（二者監査）、第三者機関や監査法人などによる第三者監査、または、保険会社などが実施する第三者調査など、今後は利害関係のない独立性の高い組織が判断し、それらの評価結果を利用することがますます増えていくと考える。

（畑野元）

4.9　規制、契約、個人情報リスク

4.9.1　規制リスク

（1）　規制とは何か

　規制とは、特定の目的の実現のために法律などの規則によって許認可・介入・手続き・禁止などのルールを設け、物事を制限することである。本来、人間は自由な意思を持ち、社会において自由に生きることを望んでいるが、人間の自由な行為が他の迷惑や障害になることがある。それが大きな社会問題となる場合には、何らかの社会的な制限を設ける必要性があると考えられている。現代社会は極めて複雑なシステムで運営されており、人間の自由な意思や行為に任せれば、貧富の格差や不公正、不平等など様々な社会問題が発生する。

　こうした社会問題の解決のために規制は存在しているが、反面、様々なリスクを発生させる。たとえば、医療・医薬品における安全基準は人間の身体・生命に直接関わることであるから、安全確保という大前提の下、厳しい基準が定められている。安全基準が厳しければ厳しいほど、研究開発のコストが肥大化するのは当然であり、開発期間も長期化する。企業は莫大な資金を投入して技術開発しながら、もし安全

基準をクリアーできなければ、開発中止もしくは開発の遅延というリスクにさらされる。また、技術開発中に有力な代替技術が開発され、一気に技術が陳腐化することも考えられる。一方、重症化した患者にとっては、技術開発の遅延により、生命・身体が深刻なリスクに見舞われる。これは、医療・医薬品開発における大きなジレンマであり、規制基準の必要十分な線をどこに引くのか、その見極めが求められる事例である。

　日本では、規制は元々、欧州の大陸法を取り入れた精緻なもので、問題が発生する余地は比較的小さかった。そういう理由もあって、日本企業の政府の規制に対する信頼感は厚く、まず規制を作ってもらって、その基準に合わせて商品やサービスを開発するという観念が強い。一方で、規制が新技術の開発の障害となったり、グローバル化や働き方の変化に対応できていなかったりとの批判も多い。特に、公正性や公共性の確保を前提とした医療・介護・保育・農業などのいわゆる「官製市場」は「岩盤規制」とも言われ、株式会社の参入を認めないことや非営利法人との競争条件が平等ではないなどの厳しい制限が課されており、早期の規制緩和が期待されている。

　また、グローバル化した世界経済では、商慣習や国独自の規制の間で幾多の摩擦が発生し、企業は多くのリスクを背負うことになる。たとえば、食品の安全基準、材料の認可基準、プライバシー権や表現の自由に対する考え方の相違などで、未認可の化粧品や安全基準をクリアーしていない食品による健康被害が起きたり、禁止薬物による薬物乱用が多発したりするなどの重大なリスクが発生する可能性がある。これをグローバル・ルール・リスクと言う。

　さらに企業側の規制として「内部統制」、「自主規制」という規制がある。「内部統制」とは、政府の規制緩和が進む中、企業がその業務を適正かつ効果的に遂行するために社内に構築され、運用される体制及びプロセスである。その目的はコンプライアンス（法令遵守）の確立、財務報告の信頼性の確保及び業務の効率化にある。「自主規制」とは、業界に対して厳格な公的規制が課されたり、公権力が介入したりすることで、業界各社の活動停滞、業界全体の存続に大きな影響がある場合、業界関係者の合意という形で行われるものである。業界内で禁止された製品の開発・販売を控えたり、任意とされることを積極的に行ったりすることであり、工業製品や食品、商標・広告表示の自主規制などが代表的なものである。

（2） 第3世代における規制リスク

規制リスク

　自由主義経済と市場経済の活性化の要請により、第3世代では、政府は「小さな政府」となり、多くの公的業務が民間に移管され、規制は大幅に緩和されている可能性が高い。企業の自由な経済活動が進展する反面、公共性、公益性、平等性などを担保する必要から企業自体に高度なコンプライアンスや透明性が要求されることになるだろう（図4.16参照）。

　たとえば、農業規制は、食料安全保障の見地から岩盤規制の典型であるが、その規制の目的は「有害物質・疫病対策」「食料需給の調整」「品質の明確化」「安全性の確保」「新種農業保護のための参入規制」などで、最近、規制緩和が強く叫ばれている分野である。第1世代では、生産者と消費者の間に介在するJAが価格統制、品質表示、安全表示を行い、市場に供給している。天候に左右される農業の特質のため、農業災害補償制度（NOSAI制度）が導入され農家は保護されている。第2世代では、JAは生産者の支援組織にとどまり、生産者は自由な生産・販売形態をとることができる。生産者がインターネットで販売することが主流となり、ほかに観光農園や道の駅などで直接販売が行われる。天候によるリスクはあるものの、JAの介在の影響が低下することで価格が低下し、農産物の品質保証・安全確保などの責任は生産者が負担することになる。第3世代に移行すると、農業の法人化が進展してロボット工場による農産物の生産が普及し、天候の影響を受けないため、安定的な供給が可能となる。農産物の品質保証・安全確保などの責任は企業が背負うことになる。IoTやAI、ロボットにより個人の消費特性などが分析され、農産物の生産調整や迅速・的確な消費者への送付、商品の低価格化が起こるが、企業の信頼

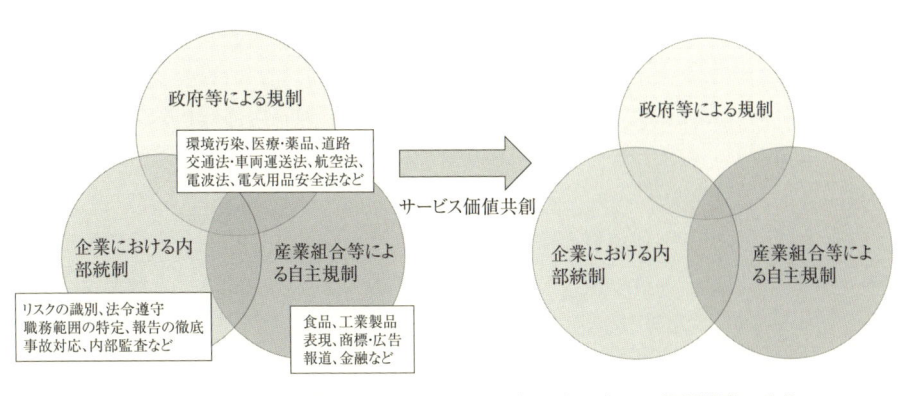

図4.16　第1世代から第3世代のサービス価値共創に向かう規制構造の変化

性や遵法意識などの差異が原因で、「産地偽装」「賞味期限改ざん」「期限切れ原料の混入」「農薬・薬物の混入」などの農産物の安全性や品質維持に問題が生じる可能性がある。（図 4.16）

グローバル・ルール・リスク

　第 3 世代においては、世界のあらゆる国から消費者の趣味・嗜好などに合致した商品が迅速に送られてくるサービスが常態化する。しかし、国ごとに価値観や基準が違うことで、知的財産権やプライバシー権など規制の相違が発生する場合がある。書籍を例にとると、第 3 世代ではすべての書籍がデジタル化され、国際間においてもデジタル・データとして書籍が売買される。ここで問題なのは、IoT 上で国ごとに異なる基準で知的財産権やプライバシー権などの保護のために規制をかけることが可能かということである。米国のようにプライバシー権や人種差別に対する意識が高い国や中国のように反政府的な表現を禁止する国などでは、規制の基準も当然異なる。書籍を発行する企業は世界の規制制度について情報を集めるコストを負担し、訴訟リスクも増大することになる。日本に目を向ければ、日本は世界有数の職人的な技術を有する国であり、職人による暗黙知的な技術は他の国の追随を許さない。日本独自の技術やサービスは、言語化できずマニュアル化できないことでルール化にそぐわない性質を持つ。日本のサービスが米国、EU、新興国で規制されれば、IoT 社会では国内でさえも流通できなくなる可能性がある。

内部統制、自主規制リスク

　内部統制、自主規制は、企業や業界のリスクマネジメントの一環として行われるものであり、規制基準が各企業・業界ごとに任意に決められている。第 3 世代においては、政府等による規制が大幅に緩和されている可能性があるが、代わりに企業や業界が自ら透明性を確保してコンプライアンスを確立し、消費者に安全・安心な商品・サービスを提供することが求められる。そのため、内部統制や自主規制が強化されることで、かえって複雑で厳格な暗黙的規制が課せられる可能性も否定できない。

　たとえば、ロボット掃除機の開発において、日本企業はロボット開発の豊富な経験と高度な技術を持っていたにも関わらず、米国アイロボット社に先鞭をつけられる結果となった。藤井（2012）は、「日本メーカーは、ロボット掃除機のプロトタイプを、アイロボット社より先に開発していたにもかかわらず、ロボット掃除機の衝突で仏壇のローソクが落ちて火災になるリスクを恐れて製品化を見送っていた」

として「真にイノベイティブな製品やサービスは社会にさまざまな影響を及ぼす。リスクをマネジメントするためのルール作りを企業自らが作る必要がある」と日本人の陥りがちな「ルール＝権威」という思考に警鐘を鳴らしている。

日本においては、米国のようにプライベート・ルール（自社もしくは複数の企業が集まって統一ルールを作り、安全基準を策定して製品化する）を作る例は少なく、政府規制が決定されてから、商品化することが多い。政府等の規制の大幅緩和・見直しが予想される第3世代では、企業の積極的なルール作りが非常に重要なものとなり、産業基盤の形成に大きな役割を果たしていくものとみられる。

4.9.2　契約リスク

（1）　契約とは何か

契約とは二人以上の当事者の意思表示が合致することによって成立する法律行為のことであり、当事者間において権利と義務を発生させ、法的拘束力が期待される。これには所有権などの権利の変動や婚姻などの身分契約も含んでいる。契約リスクの大きな課題は「契約不履行」と「情報の非対称性」の問題である。

契約不履行

契約は当事者の合意でまとまって発効されるものであり、内容どおり履行されるかどうかが最も重要である。契約が内容どおり履行されないことを「契約の債務不履行」といい、履行義務を負う側に非難されるべき責任がある場合、契約のリスクを負わせて損害賠償を請求することができる。

契約の中には予見可能なリスクと予見不可能なリスクがある。予見できるリスクは、為替リスクや物価の変動リスクなどであり、契約時にある程度予測が可能なものである。この場合は当事者双方の交渉により、リスクの負担割合を事前に協議して決定することができる。予見不可能なリスクは、自然災害、テロ、戦争などであり、事前に予測できる情報入手が不可能な場合である。

情報の非対称性

「情報の非対称性」とは、市場で取引される商品やサービスについて、商品を販売する企業は消費者よりも詳細な情報を持ち有利な立場にあることであり、完全競争市場実現の障害といわれる。

近代以降、契約当事者が対等な地位でないことに起因する不合理な契約が問題化

したことから、著しく社会的妥当性や合理性を失する契約は公序良俗違反・強行法規違反として拘束力が否定された。契約者当事者が対等な地位でないことの原因は、企業の資金力、信頼性などいくつかの理由があるが、その根本的な原因は「情報の非対称性」である。

　たとえばインターネット社会では、多数の契約を定型的・画一的かつ迅速確実に処理するために、サービス提供者があらかじめ契約条件を定めた約款を用意する付合契約が一般的であるが、消費者は約款上の文言の修正交渉を行う余地がなく無留保で約款に従わざるを得ない。この場合、「情報の非対称性」の影響によりサービス提供者と消費者間の取引において不公正が発生し、望ましい取引が行われない情報の偏在があるとされる。また、大規模な企業が行うことが望ましいとされる電気・ガスなどの供給契約、保険契約なども、サービス提供者である大企業があらかじめ約款を一方的に作成して、中小企業や消費者が約款以外に契約内容を選択する自由を持たずに締結される契約形態となっており、これも「情報の非対称性」の一例である。

(2)　第3世代における契約リスク

契約不履行リスク

　第3世代において、課題となるのは「契約当事者に契約不履行の責任を課すことができるのか」、「契約の責任範囲はどこまであるのか」という問題である。これは消費者と企業間のみならず、企業間の契約においても起こりうる問題である。

　商品・サービスの提供において、第1世代では消費者は小売店に行き商品を見て現金で買い物をする。消費者は店にある商品しか知ることができないし、価格、品質、数量などの比較も限定的である。第2世代ではインターネットにおいて商品・サービスの提供が行われ、サービス提供者と消費者の間の契約によってサービス提供者は契約内容を遵守してサービスを履行する義務を負い、消費者はサービスを受ける権利を得る。反対に消費者は対価を支払う義務を負い、サービス提供者は対価を受ける権利を持つ。これは、お互いに権利義務を持ちあう双務契約であり、どちらかが義務を怠った場合損害賠償請求権が発生する。

　第3世代に入ると、AIが消費者の趣味や嗜好、これまでのサービス履歴などの膨大なデータを分析して、最も適切と判断される商品・サービスを提供するようになる。たとえば、一般家庭では、ロボットが冷蔵庫内の食品の減少を感知して、自動発注して食品を購入する。そして調理レシピも作成してロボット調理器が調理する。高齢者が人口の3分の1以上を占める未来社会では、こうしたサービスは高齢

者の自立を助ける必須ともいえるシステムである。しかし、消費者がたまたま好まない商品やサービスだった場合、消費者は対価を支払わなければならないのか。対価を支払わない場合契約不履行の責任を負うのだろうか。はたまた、この消費者が高齢者で認知症の疑いがあった場合は、責任は問われるのだろうか。あくまでも個人的意見であるが、おそらく、消費者が自動発注の契約を事前に交わしていた場合には消費者が責任を負う可能性があり、高齢者の場合は認知症による判断能力の有無によって判断されるだろう。

情報の非対称性リスク

第3世代においては、サービス提供者と消費者の関係は緊密化し、サービス価値共創が可能になる。しかし、サービス提供者の企業内情報、商品、サービスの専門的情報や知識をすべて消費者が把握し理解することは不可能であり、「情報の非対称性」をなくすことはできない。そのため、消費者が共創することで「情報の非対称性」が緩和されることがあったとしても、どうしても「情報の非対称性の緩和不可領域」とされるものが存在する。そのため、「情報の非対称性」は永遠に解決しない課題といわれる（図 4.17 参照）。

たとえば医療サービスは、医師と患者の間に交わされた準委任契約であり、医師は善管注意義務を課されて診断・治療・投薬の義務を請負い、患者は診断・治療・投薬を受ける権利を持つ。医師と患者の関係においては、専門知識を有する医師に対して、患者は専門知識を持ちえないし、理解できない。情報の質量において同等の立場になっていないため、医療サービスには「情報の非対称性」の問題が内在しているとされる。第3世代になって、医師に代わって診断や手術を行う医療ロボッ

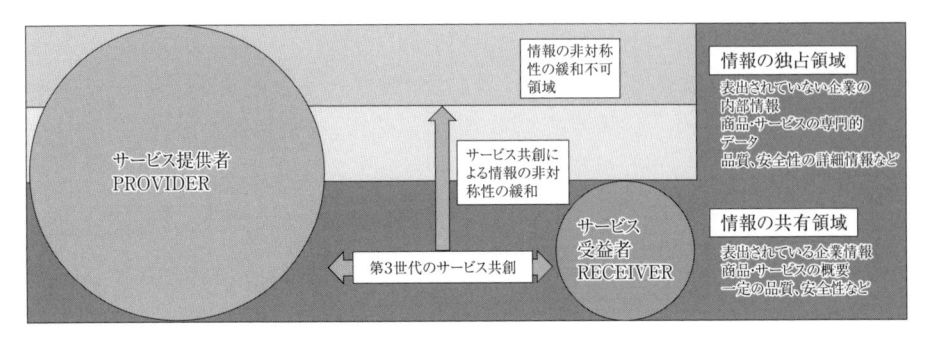

図 4.17　第3世代のサービス共創による情報の非対称性の緩和

ト、診断用 AI などが IoT で活用されるようになると、患者の日常の体温、血圧、心拍数、運動の有無、行動範囲などあらゆるデータを医師は把握できるようになり、医療の精度は格段に向上する。患者にとっても診断、手術などあらゆるデータを見ることが可能となる。しかし、両者の専門知識の格差による「情報の非対称性」の問題は緩和されたとしても解決はされていない。医療サービスにおいては、もし診断ミス、医薬品処方の間違い、手術ミスなどが発生した場合、誰が責任をとるのかが問題となる。そもそも自然人ではない AI やロボットに責任はないと判断せざるを得ないが、そうなれば現場の医師、AI やロボットを製造した企業の責任が問われる可能性がある。こうした医療過誤の場合、「情報の非対称性」が原因で現代でも過失を立証するのは難しく、訴訟の 80% は原告の患者側が敗訴している。医師、AI、ロボットが協働する第 3 世代では、医療過誤訴訟は一層複雑化を増し、患者側が不利になるリスクが増大する。(図 4.17)

4.9.3　個人情報リスク

(1) 個人情報とは何か

　個人情報とは、「生存する個人に関する情報であって、当該情報に含まれる氏名、生年月日、その他の記述等により特定の個人を識別できるもの（他の情報と容易に照合することができ、それにより特定の個人を識別できることとなるものを含む）」をいう。また、個人情報をデータベース化した場合、そのデータベースを構成する個人情報を特に「個人データ」という（個人情報保護法 2 条 1・4・5 項）。

　インターネット社会においては、一度、サービス提供者に提示した個人情報の削除や不正利用、漏えいを防止することは非常に困難である。個人情報の漏えいは、私生活をみだりに公開されない権利を侵害されるばかりではなく、例え公開されない場合でも個人情報の収集を本人の同意を得ずして行うこと自体がプライバシー権の侵害となる。個人情報漏えいに伴うリスクについては、「クレジットカード番号や銀行口座番号が流出した場合は金銭の盗難、不正な振込が発生する」「名簿が流出した場合、名簿を悪用した詐欺事件などが発生する」「クレジットカードやポイントカードの利用履歴が流出した場合、商品によっては個人の性癖や思想傾向などが知られてしまう」などが懸念されている。

(2) 第 3 世代における個人情報リスク

　IoT 社会は、スマートフォン、ウェアラブルデバイス、カメラ画像などをソース

とするヒューマンセンシング技術の進化により、多様で詳細な個人データが大量かつ容易に収集可能な時代となる。それとともに個人の特定情報、あらゆる行動規範、経済活動の履歴、健康の履歴などが時系列的に場所を特定されて一生涯蓄積される。これによって、生活者は自らの欲しいサービスや条件を示すことができ、事業者はこれまで入手できなかった個人の位置情報・活動情報や競争（共創）相手のサービスデータ、異業種からのデータなど極めて精度の高い個人データが入手可能となって、事業機会の創出やサービスの創造へとつながる大きなメリットを享受する。

　しかしながら、精度の高い個人データがIoT上で流出して悪用される危険性は否定できず、生活者は私的生活の平穏を脅かされるリスクを常に背負うことになる。たとえば、第3世代においては、自律型ロボットが家庭や職場の中に入り込み、介護や家事を行い、買い物・登校などに付き添って、交通機関や犯罪から人間を守ることが想定される。IoTでつながるロボットは、老人や子供の趣味、性格、嗜好、顔・身体の特徴、病気の有無などあらゆる情報を収集して分析し、各人に合った最適なサービスを提供する。独居老人や両親が働いている子供にとってはこうしたロボットは最高のパートナーであるが、ロボットが得た情報は極めてプライベートな要素を秘めている。こうした情報が第三者に大量に流れ、拡散していく可能性は否定できず、第3世代ではこうした重大なプライバシー侵害が極めて高い確率で発生することが予想されるのである。この場合、サービス提供者は常にプライバシー侵害の訴えを受けるリスクを背負い、消費者は個人情報、写真などが流出・拡散するリスクを背負うことになる。米国、EU、日本などは、こうした事態を想定しセキュリティの強化を呼びかけているが、あらゆるモノ・ヒト・企業がつながるIoT時代において、世界の企業が技術的にセキュリティのレベルを統一できるのか、各国特有の規制基準の差をどう埋めていくのか、など解決しなければならない課題は多い。

　もう一つの問題は、位置情報や動線情報などの個人情報は誰のものかということである。これは個人情報がプライバシー権という人格権を根拠とした概念だけではなく、財産権としての性格も併せ持つことから発生する問題である。個人情報保護法では、「個人から要望を受けたらデータを訂正する」ことを謳っており、個人情報を持つ官庁や企業が市民や消費者から「個人情報すべてを消してほしい」と要望されることが考えられる。ビッグデータやIoTの世界では、当該の個人情報を消去したら他のデータや結果として享受されている利便性にも影響が出てしまうことがありうるため、要望された個人情報を消去・訂正することが不可能なことも起こりうる。個人情報はサービス価値共創の時代には大きな資産価値を持つ可能性が高

い反面、個人情報を持つ官庁や企業に個人情報管理という大きなコスト管理のリスクを及ぼすおそれがある。

（藤谷昌敏）

5　共創プロセス方法論

5.1　バリューオーガナイザー

5.1.1　共創を必要とする事業環境

　近年の企業間競争は、商品やサービス単体の提供価値の優劣を競っているだけではない。事業をとりまく環境である「ビジネスエコシステム」の再構築競争の様相を呈している。ビジネスエコシステムとは、多くの組織、個人が価値を相互に交換しつつ全体系を形成する様子を有機的環境のメタファーで表した言葉である（Moore, 1996）。持続性を持ったビジネスエコシステムを構築し、その中で安定的に成長できるポジションを得た企業が勝ち組の企業となっている。

　この変化は、情報技術（IT）の急速な進歩により、業界の境界が曖昧になったためである。境界が曖昧になったことにより、事業の新規参入者もこれまでは想像もしなかった分野から現れる。例えば小売業界の大手が、オンラインショッピング業務の中で構築した計算機資源とその運用ノウハウを元に、コンピューターのクラウドサービサーとして参入する、といった例がそれである。自社の事業領域や従来のユーザーのみに目を向けていると、新事業の機会を損失する。さらには、視野の外からの新規参入者がエコシステムを再構築し、いつのまにか自社が排除されるリスクも生まれてきている。

　ビジネスエコシステムの全体像を見るのは現実には難しい面もある。そのため全体像を捕らえて課題を見出し、将来像を作って新しい価値を実装していく役割が必要であると考える。この役割をバリューオーガナイザーと呼ぶ。

　以下、次節では、バリューオーガナイザーが果たすべき役割を論じ、本章の残りの節では、バリューオーガナイザーが活用する方法論と実践事例を示す。

5.1.2 バリューオーガナイザーの役割

　バリューオーガナイザーとは、複数のステークホルダーの関係性を見通して課題と新しいサービス価値を発見し、その実現のために関係者を動かす人である。

　新サービス価値の創出には、まず課題の発見が必要であるが、サービスのユーザーとなる人に課題やニーズを問いかけても、必ずしも回答は得られない。これは確証バイアス、局所最適化、学習性無力感による。確証バイアスが働くと、自身の行動や判断を肯定的に捉えがちになり、自己否定につながるような課題を見逃すことになる。また、一人一人は最適な判断をしているが、組織全体で見ると無駄があるのが局所最適化である。最後に学習性無力感とは、不便であること自体に気付かない状況を言う。この場合、解決策を示されて初めて不便であったことに気付く。いずれの場合も、個々人へのヒアリングでは課題は出てこない。

　一方、ソリューション提供者はいわゆるプロダクトアウトになりがちで、自身が得意とするソリューションを通して対象を見るので、課題発見に対してバイアスがかかる。問題事象の解釈を誤り、根本課題を見落とす可能性がある。アブラハム・マズローが「ハンマーしか持っていなければ、全てが釘に見える」と表現した問題である（Maslow, 1969）。

　そこで、ソリューション提供者とソリューションユーザーをつなぐものとして第三者的に働くバリューオーガナイザーが必要となる。バリューオーガナイザーは、解くべき課題を発見し、ソリューション提供者を集めてソリューションのコンセプトを明確化し、その実装をオーガナイズし、サービスを実現する役割を担う。

　ここでサービスは最初から完成されたものとして実装される必要はない。初案のサービスを実装後、ユーザーフィードバックと実データによってサービス価値を磨いていくことが大事である。価値を提供しながら次の課題を見つけて価値を磨いていく。バリューオーガナイザーは、このスパイラルプロセスを仕組みとして作りこむ人である。ユーザー受容性、サービスの事業性、技術的実現性の３つを満たしながら、ユーザー価値と事業価値をスパイラルアップしていくことが必要なる。

　課題の発見と解決策の実装については、次節以降で方法論と事例を紹介するが、本節ではその概要を述べる。

（1）課題発見の方法
　課題を発見するためには、以下の方法がある。

(a) シナリオプラニングやスキャニング手法などで将来のシナリオを作り、その シナリオに基づいて将来の課題を発見するアプローチ（鷲田, 2016）

(b) 想定対象ユーザーを第三者が観察して課題を発見するビジネスエスノグラフィーのアプローチ（河﨑, 2011）

(c) ステークホルダーや有識者を集め、ワークショップにより集合知を深堀りしていくことによって一人では気づかぬ課題に到達するアプローチ（Sibbet, 2010）（鹿志村, 2011）

(d) 現状の人間行動の詳細やシステムの動きを数値データ化し、データ分析や人工知能（AI）によって課題を発見するアプローチ（平井, 2016）

といった方法が挙げられる。ことに最後の例で人間行動の詳細をデータ化できるようになったことがサービスを科学的に扱うことを可能にし、サービスサイエンス勃興の一因となっている。

これらはそれぞれ特徴があり相補的な手法である。これらの手法で得た結果をエビデンスとすることで、現状を第三者的に広い視野で把握できる。

(2) ソリューションとその価値の実装

価値の実現のためには、ステークホルダーが当事者意識を持って主体的に取り組む必要があり、目的、ゴール、実装方法について合意しながら進むことが必要になる。しかし実際にはステークホルダー間の利益対立が発生することがある。ステークホルダーが互いに壁を築き、壁の内側にこもっている間は、新しい価値は生まれない。

こうした状況を乗り越えるためには、課題と解決策のコンセプトをステークホルダーに浸透させることがまず必要となる。次に、実装方法の合意形成のために、ステークホルダー間で適切なコミュニケーションがなされるよう、ステークホルダーを「優れた交渉者」に仕立てることが必要にある。

ビジネスにおける交渉術とは、自己の利益を独占的に確保するためのテクニックではない。例えば、米国ビジネススクールで教える交渉術（Shell, 1999）では、

(a) 自身のゴールを明確にすること

(b) その分野でのビジネス規範に則ること

(c) 相手とよい関係性を築くこと

(d) 相手の利益になることを考えること

などを挙げており、交渉術という言葉から受ける印象よりも協調の方法を多く含んでいる。

バリューオーガナイザー自身が交渉を行うことはもちろん必要だが、バリューオーガナイザーの重要な役割として、ステークホルダーを優れた交渉者にすることを挙げたい。ステークホルダー自らが交渉して合意した方が結果に対する納得感が高く、実装の障壁が低くなるからである。

　バリューオーガナイザーは、ステークホルダーに交渉術を身につけさせることにより、視点を自利から他利へと変換させ、結果としてステークホルダー間の良いコミュニケーションを促進する。バリューオーガナイザーは、ステークホルダーに伴走しつつ共創の場を作り出していく。

(3) バリューオーガナイザーのスキル

　このような役割が求められるバリューオーガナイザーが活用すべきスキルとは何であろうか。具体的な方法論は本章の残りの部分で紹介するが、ここでは一般論としてバリューオーガナイザーが身に付けるべきスキルを挙げておく。

　有用な思考法の一つは、デザイン思考（Liedtka, 2011）である。デザイン思考とは、ユーザー視点で発想し、プロトタイプをユーザー視点で評価することにより、ビジネスやサービスの発想を行っていく方法論である。発想の源泉の一つはユーザー視点での課題であるため、この思考法が必要になる。デザイン思考で多用されるワークショップで必要となるファシリテーションスキルもこの中に含まれる。

　もう一つは、データ分析能力である。過去の経緯と現在の状況を表すデータを分析することで、現状の課題を捉えることや実装したサービスの効果を評価することができる。また、未来の外挿的な課題については、過去のトレンドから予測可能な場合もある。

　さらに、前章で述べた交渉のスキル、およびステークホルダーをよい交渉者にしたてるスキルが必要である。特に後者をここでは仮に「メタネゴシエーション力」と呼ぶ。

　複数のステークホルダーが関わるのは、複数企業がかかわるエコシステムのような場合もあれば、一企業内での経営改革、業務改革の場合もある。いずれの場合においても、バリューオーガナイザーは、デザイン思考、データ分析スキル、メタネゴシエーション力をもって共創を促進する。

　本章の残りの部分では、バリューオーガナイザーの方法論と実践例を紹介する。まず、5.2では新サービス創出のための価値共創プロセスと方法論を述べる。方法論とは、これまでに述べた「スキル」のある部分を体系化し、多くの人に使えることを目指したものである。5.2.1でプロセスと方法論の一般論を述べ、先行的な事

例にみる思想の変遷を紹介する。5.2.2では方法論を述べるが、そこでは社会課題を解決する社会イノベーション事業の創生方法論と、企業内の改革を例とした方法論を紹介する。5.3で、これらの方法論を活用した事例を紹介する。

（平井千秋）

5.2 新サービス創出のための価値共創プロセスと方法論

5.2.1 エンドユーザー価値と事業価値

前節で、サービス価値を提供し、磨いていくためには、エンドユーザー価値、サービスの事業性、技術的実現性の3つをスパイラルアップしていくことと述べた。これを行うためには、バリューオーガナイザーは、求められている価値を理解し、具象化して、顧客とサービス提供者と共有する必要がある。ここで、サービス価値とは何であろうか。エンドユーザー価値は不変のものではない。同じサービスでも利用する人、利用するタイミングによってその価値は異なる。喫茶店に対してユーザーが求める価値は、その店が出すコーヒーの風味の場合もあれば、店員の接客態度の良さの場合もある。中には、夕暮れ時の店内の色合いから得られる癒しという場合もあるだろう。このように、エンドユーザーが、サービス提供者が想定する価値と同じ価値を感じているとは限らないため、サービス提供者がよかれと思って提供方法を変えた結果、エンドユーザー価値が低下するということもあり得る。

一方で、サービス提供者にとっても、事業価値がなければ、そのサービスを維持することの意味が薄れる。ここで事業価値とは、一般の企業の場合は収益性、公的機関の場合は、その事業の安定性などで判断することが多い。サービス提供者にとって事業価値がなく、サービスを維持できなくなれば、結果的にエンドユーザーもサービスを享受できなくなる。つまり、サービス価値とは、エンドユーザー価値と事業価値の両者を含んでおり、これらのバランスが取れていれば、サービス提供者は顧客価値を実現するサービス（提供価値）を、事業価値を確保できる限り提供し、顧客は自分にとっての価値（顧客価値）があるサービスに対価を支払うという関係が持続する。これらの価値のバランスを、長期的に見据えることが、持続性の高いサービスを設計する際に重要となる。

顧客価値と提供価値との間に離齬が生じないようにするためには、ユーザーが求

める価値をよく理解する必要がある。その一つの方法として、設計科学アプローチが取られるようになった。これは、「あるものの探求」を目指してきた認識科学との対比で「あるべきものの探求」を目指すアプローチである（赤津・平井・長岡, 2013）。事実命題からスタートする認識科学に対して、設計科学では、これが価値であるという価値命題を仮説として設定することから始める。そして、実際に設計したサービスがその価値命題を達成しているかどうかを検証する。価値命題が達成されなければ、価値命題もしくはサービス設計の修正を繰り返す。その価値を顧客と共に創ることが「価値共創」という概念である。価値共創のプロセスを図5.1 に示す。

このプロセスは顧客とサービス提供者間でのやり取りが主だが、その双方のやり取りにおいて、顧客価値と提供価値のバランスを取る方向に動かすのがバリューオーガナイザーの役割となる。価値共創プロセスは、次の5つから成っている。

【Process 1】場・関係づくり

顧客とサービス提供者間の関係を構築するプロセスである。ここでは、両者が円滑なコミュニケーションを図るための物理的な場所や適切な参加者などの「場」づくりが重要となる。このプロセスでは、サービス提供者は顧客の価値観を理解し、顧客はサービス提供者のケイパビリティを理解することで、確実にソリューションを創って行くパートナーとして相互の信頼関係を構築する。

【Process2】思いの共有

ここでは、顧客が置かれている状況と抱えている課題（AsIs）を共に探り、今後、

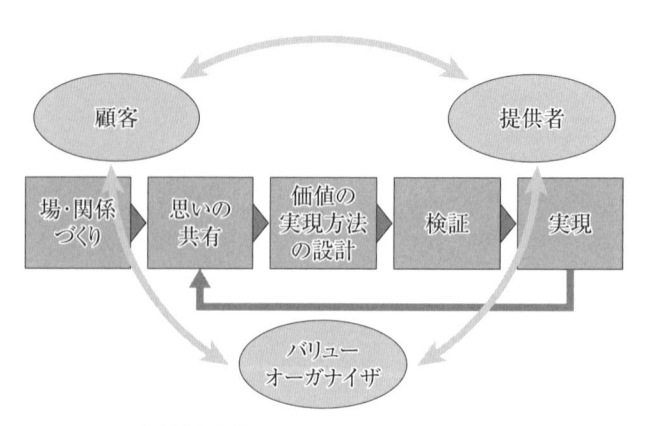

図 5.1　価値共創プロセスとステークホルダーの位置付け

何をしたいのか、どうありたいのかといった、求めているエンドユーザー価値や将来像（ToBe）を、ビジョンとして共有する。表出している問題に捉われ、解くべき課題に顧客自身が気づいていないこともあるため、それを表出するための手法を活用することも有効である。

【Process3】価値の実現方法の設計

Process2 で探り当てた課題を解決し、対象とするエンドユーザー価値を実現する方法を設計する。ここでは、Process1 で理解した顧客の価値観と照らし合わせ、実現性や持続性も考慮して採るべき手段を見出していく。合わせて、実現性や有用性を検証する方法もここで設計する。

【Process4】検証

Process3 で設計した実現方法により、実現性と有用性を検証する。ここでは、顧客にとっての経済価値とサービス提供者にとっての事業性を確認することも重要である。これは、顧客の投資対効果とサービス提供者の収益性を確認するという意味もあるが、上述のように、これらの事業性が成立しなければ、サービスを継続的に提供することができなくなり、結果的にユーザーにとって望ましくない状況になるためである。

【Process5】実現

Process4 で想定していたサービス価値の技術的実現性と事業性を検証できれば、それを実装し、サービスを提供する。サービス提供後にも、環境は変化していくため、顧客価値と提供価値が合致しているかを継続的に確認し、サービスをブラッシュアップしていく。

バリューオーガナイザーは、これらの流れを俯瞰し、顧客とサービス提供者両者へ価値をもたらすサービスを形成する方向に導く。ただし、エンドユーザー価値は、時間の経過につれて変化していく。これは、ソリューションを導入することで顧客が目的を達成し、提供サービスの価値が薄れる場合もあれば、新しい技術の進展や競合サービスの登場などにより提供サービスが陳腐化する場合もあるからである。

バリューオーガナイザーは、顧客価値の変化を察知し、その変化に対応できる状態へ発展できるようにすることも求められる。

5.2.2　サービス創出のための視点の変遷

　サービス創出に関わる研究は、マーケティング分野、経営工学など複数の分野に軸を置くテーマが多数進められている。高い品質の製品を効率的に生産することに重点を置いていたモノの大量生産の時代から、サービスへの注目が高まってきたこれまでの代表的なトレンドとして、コトづくり、顧客起点、顧客との価値共創といった視点の変化が見られる。

(1) モノづくりからコトづくりへ

　サービスに関する研究は古くから引き継がれているが、ユーザーの価値観の変化により、テーマが変遷してきた。1980 年代までは消費者の価値観が画一的で明瞭であったため、消費者の価値を満たすモノ（製品）を安価で効率的に提供できるようにするための生産方式が数多く研究されてきた。この時代は、モノの交換価値を高めることに注目したグッズ・ドミナント・ロジック（Goods Dominant Logic）という概念でも説明できる。

　しかし、モノの普及が一巡すると、価値観は多様化してきた。その結果、モノそのものの価値ではなく、モノが生み出すコト（体験）に目線が移って行った。2004 年には、マーケティング分野で、米国の Vargo と Lusch がサービス・ドミナント・ロジック（Service Dominant Logic）を提唱した（Vargo, Lusch, 2004）。これは、モノとサービスを包括的に捉え、ユーザーがそのモノとサービスを使用する段階の使用価値に注目してモノとサービスの設計を行うという概念である。

　一方で、欧州では、製品とサービスを組合せ、製品のライフサイクル全体で価値を生み出す「製品サービスシステム（Product/Service System: PSS）」の概念に基づく研究が進められてきた。PSS は、モノの製造・廃棄の繰り返しによって引き起こされる地球資源や環境汚染問題の解決策を見出すことに端を発している。モノの所有権を移転することで、そのモノを所有する多数のユーザーが自由にモノの寿命を決めるのではなく、リースやレンタル、シェアリング等により、モノとサービスを組み合わせた価値を提供することで、環境負荷を低減するエコシステムを形成するという考え方である。欧州では 1994 年から、OECD が拡大生産者責任（Extended Producer Responsibility: EPR）の検討に着手している背景からも、ユーザー、サービス提供者だけでなく社会（環境）の三者へ便益をもたらすものとして注目されている。

(2) 顧客起点

　顧客やユーザーのニーズを知り、そのニーズを満たす製品を提供する、というアプローチは製造業、サービス業ともに従来から繰り返されているが、顧客起点とは、市場アンケートなどを元に市場のメジャーなニーズを分類する方法と比べ、ユーザーを直接かつ徹底的に調査し、そのニーズや問題意識を探るという考え方である。この流れの中で2004年頃から注目されているのが「デザイン思考」である。デザイン思考は、米国デザインコンサルティングファーム IDEO 社の CEO である T. Brown が提唱した。「人間中心」という考え方をベースに、ユーザーを徹底的に観察し、そこから求められるものをプロトタイプの形で作り、その価値を実証しながら、短期間で改善を繰り返すことで、顧客価値を実現するモノやサービスを作り出していく（Brown, T., 2014）。ユーザーにとって提供される価値を確認しながら進められるので、受け入れられやすくなる。

　ユーザーに提供価値を分かりやすくする方法としては、可視化や定量化の取組みも活発である。コトラーは「純顧客価値」を「総顧客価値」の「総顧客コスト」の差としたが（Kotler, P., 2014）、これらの価値は主観的なものも多分に含まれることから、定量化の標準的な手法はまだない。このような中で、米国ゼネラル・エレクトリック社（GE）は、"Power of 1%" というメッセージと共に、同社の全顧客が資産のパフォーマンスをたった1%でも改善すると顧客は年間利益を200億ドル増やせる、と試算し、発表した（GE, 2013）。IT を活用し、現場の状況をリアルタイムに収集し、タイムリーに適切なアクションにつなげることで実現できるとしており、航空や電力、ヘルスケアの分野で実績を挙げている。顧客にとっての価値を分かりやすい指標などで定量化することは、顧客の理解を得られやすくなる。

(3) 顧客との価値共創

　Vargo と Lusch は、製品そのものではなく、それがもたらす効用を示す使用価値（Value in use）を重要視し、「価値提供」から「価値共創」が不可欠となるとした。同じく、C. K. プラハラードと B. ラマスワミもサービス提供者側が解釈した価値を提供する「価値提供」という概念に異論を唱え、「価値は企業と消費者がさまざまな接点で共創する経験の中から生まれる」として「価値共創」を提唱した（C.K. プラハラード・B. ラマスワミ, 2004）。従来の市場アンケートと比べ、近年では、IT の進展により、SNS（Social Network Service）のように顧客と直接コミュニケーションが取れる手段が普及し、グローバルレベルで情報を受発信できるようになっている。これからの時代は、移ろいやすい顧客価値の変化をリアルタイムに捉え、

それに応えるサービスを創り、提供価値の真の意味を伝えながら、両者のバランスをとって価値を共創できる企業が生き残っていく。

バリューオーガナイザーは顧客とサービス提供者の両者間のやり取りだけでなく、他のステークホルダーも含めたサプライチェーンや、社会での位置づけも俯瞰し、そこで繰り広げられるビジネスエコシステムがうまく機能するように関係者を動かしていく。この活動を支援する道具も、IT の発展やそのノウハウを蓄積・再利用していくことで進化していくことが見込まれる。

（長岡晴子）

5.3 バリューオーガナイザーの道具としてのシミュレータ： NEXPERIENCE

前節で、持続性を持ったビジネスエコシステムを構築することの重要性について述べたが、このような時代では、誰と共創して新しいそのビジネスエコシステムを構築するかが生き残りの鍵となる。

日立は、2015 年度から顧客企業との接点拡大を目的に、組織体制を一新し、顧客のそばで課題を共有し、解決する顧客共創の取組みを強化した。その取組みの一つが、顧客協創のための手法や IT ツール、空間を整備した NEXPERIENCE である。NEXPERIENCE は、顧客、事業企画者（サービス提供者）を対象に、第三者の視点で、顧客が抱える思いや課題を明らかにし、それを解決する方法として事業企画者が提供できるソリューションを設計できるようにする。さらに、顧客にとっての価値・効用をさまざまな視点（KPI：Key Performance Indicator）で定量的に評価できるようにすることで、顧客と共に、納得性の高いソリューションに仕上げて行くことを支援する。

サービスを実現するには多くのコストや時間がかかる場合がある。例えば、鉄道やエネルギー設備など社会インフラに関わるサービスは大型投資と長期的な開発を伴う。机上あるいは最小限の実証実験によりサービスアイデアのユーザー価値や事業性を検証することができれば、リスク低減に有効である。

NEXPERIENCE/Cyber-Proof of Concept（Cyber-PoC）（石川，2015）では、計算機上にサービス、ユーザー、事業収支のモデルを構築し、動かしてみることができ

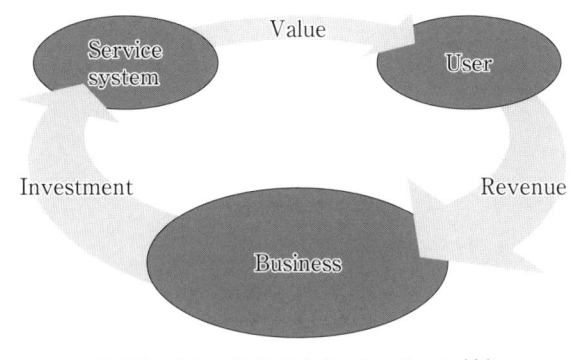

図 5.2　Cyber-PoC のシミュレーション対象

る。サービスの条件（例えば鉄道サービスであれば線路の位置）を画面上で変更しながら、ユーザーへの便益の大きさ、サービスを実現するためのコストの大きさ、サービスで得られる収入の見込みを確認することができる。

（1）　機能的特徴

　Cyber-PoC シミュレータは、サービス分野毎に開発されているが、いずれも次の特徴を共通的に備えている。

（a）サービスのオプションとパラメータをインタラクティブに設定できる

（b）サービスが実行されている様子をビジュアルに伝える

（c）ユーザー価値や事業価値に関わる KPI を算出し表示する

　この機能を実現するために、サービスシステムの機能シミュレーション、ユーザーの行動シミュレーション、事業の収支シミュレーションを行い、これらを連動させてサービスシミュレーションを行う（図 5.2）。この図に示すように、事業は投資によりサービスシステムを構築し、ユーザーに便益を提供する。便益によりサービスの利用が増し、事業は投資を回収する。得た資金はサービスシステムの更新のために使われる。Cyber-PoC がシミュレーションするのは、このようなサービスの全体サイクルである。

　Cyber-PoC はサービスシステムの事前検証だけを目的に作られたものではない。サービスの企画から実現までの様々なフェーズで活用することができる。例えばビジョン共有フェーズでは、地方政府やサービス運用会社にシミュレーションを提示し、新サービスがもたらす価値をビジュアルに伝えることができる。

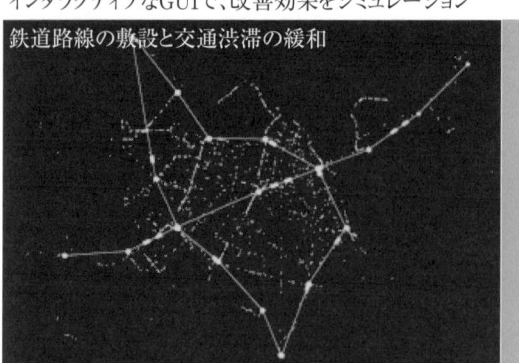

インタラクティブなGUIで、改善効果をシミュレーション

鉄道路線の敷設と交通渋滞の緩和

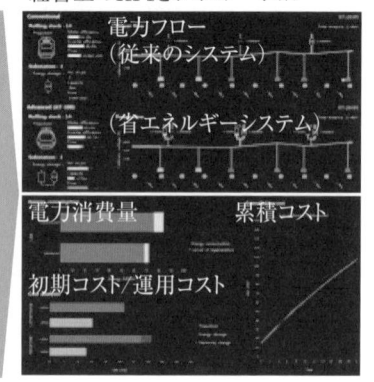

経営上のKPIをシミュレーション

電力フロー
（従来のシステム）

（省エネルギーシステム）

電力消費量　　　累積コスト

初期コスト/運用コスト

図5.3　鉄道・交通ソリューション向け NEXPERIENCE/Cyber-Proof of Concept

(2)　シミュレータの事例

鉄道・交通ソリューション向けのシミュレータを説明する（図5.3）。

(a) サービスのオプションとパラメータをインタラクティブに設定できる

鉄道路線は、GUI によりインタラクティブに敷設できる。マウスで画面に線を引くと路線となる。駅、ダイヤ、変電所はある仮定の下に自動生成される。例えば駅はおよそ2キロメートル間隔で生成される。変電所は生成されたダイヤをまかなうのに必要な電力がまず計算され、それを供給するに足る変電所が生成される。これら自動で生成されたものを設定し直すことで現実的な設計ができるようにしている。

(b) サービスが実行されている様子をビジュアルに伝える

ユーザーモデルはこの場合、この地域に住む人をエージェントでモデル化したものである。エージェントには「それまで車を使っていた人がある条件下では鉄道を利用するようになる」という意思決定モデルが組み込まれている。鉄道を施設することにより車から鉄道への乗換が起こり、渋滞が緩和する様子がシミュレーションされ、地図上に表現される（図5.3の左側）。

(c) ユーザーや事業的な価値に関わる KPI を算出し表示する

鉄道によりどの程度の人が車ではなく鉄道を利用するかが KPI として表示される。また、事業の KPI として、初期コスト、運用コストを表示する（図5.3の右側）。

（平井千秋）

5.4 バリューオーガナイザーのためのサービス指向要求開発方法論：MUSE

5.4.1 サービス指向要求開発方法論

　サービス指向要求開発方法論 MUSE（Methodological Universe for Services Environment）は、筆者らが開発したツール群であり、IT 化構想策定段階で活用している（西岡・山村, 2010）。IT 化構想策定段階は、まず現状を分析し、企業活動の目的価値であるあるべき姿を明らかにした上で、その実現を支えるシステムやその運用を始めとする機能価値に展開する重要な段階である。図 5.4 に IT 化構想策定プロセスを示す。バリューオーガナイザーは、MUSE を用いて企業内の関係者を巻き込み IT 化構想を策定し、その実現を支援することに加え、運用開始後も企業の IT 化に伴走し、IT 化自体をスパイラルアップし、IT 化のライフサイクルを持続させる役割を持つ。

　なお、MUSE は、企業活動におけるサービス価値向上を目指し（サービス指向）、IT 化に対する要求事項を明らかにする（要求開発）ことを目的とした方法論であるため、「サービス指向要求開発方法論」と称している。

5.4.2. MUSE の構成

　MUSE には、以下のツールがある。

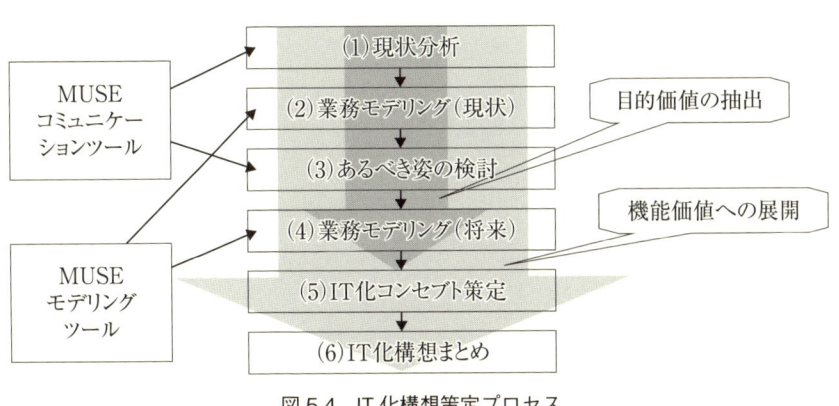

図 5.4　IT 化構想策定プロセス

①コミュニケーションツール

　ブレーンストーミングツールであり、匿名による討議の進め方に特徴がある
②モデリングツール

　業務をモデル化し、全体像を描くモデリングツールであり、シンボル表記に特徴
　がある

（1）　MUSE　コミュニケーションツール

　短期集中型で衆知を集め、課題を整理・体系化するには、KJ 法に代表されるブ
レーストーミングが有効である（川喜田，1967）。MUSE コミュニケーションツー
ルは、KJ 法における討議方法と結果の見せ方を改良したブレーンストーミング手
法である。以下に MUSE コミュニケーションツール活用の手順を紹介する。③④
が討議方法の改善点であり、⑥が討議結果の見せ方の工夫である。

①参加者は車座になって座る（意見のまとまりがよい 7 〜 8 名が適当）
②討議テーマに沿ってカード（付箋紙）に各自の意見を記入する。
　　意見はカード 1 枚に 1 件とする
③全員のカードを集め、全てのカードを混ぜ、各人に均等に再配布する
④討議を進める座長を選出し、座長の仕切りによりカード出しを行う
　・まず、座長が手持ちのカードの一枚を読み上げ、MUSE 用紙（模造紙大のマ
　　ス目付き用紙）に貼付する
　・そのカードと同様な考え方が記載されたカードを持つ人がカードを読上げる
　・座長は提示されたカードが座長の出したカードと同類の考え方と判断すれば、
　　座長のカードの下に貼付し、違うと判断した場合は差し戻す。
　・発言者は、他者の記入した意見を咀嚼し、自分の意見として発表すること、
　　また、座長に選んだカードが座長のカードと同等な意味を持つと判断した理
　　由を座長に進言し、採否を促すことが特徴である
　・同類のカードが出尽くしたら、例えば右回りに座長を交代する
　・各人が順に座長を務め、カードがなくなれば終了する（図 5.5）
⑤同類のカードの島に、参加者が討議の上、タイトルを付ける
　・この際、より意味合いが近い島へカードを配置変えする、あるいは複数の関
　　連する島について上位のタイトルを付けるなど、カードの体系化を行う
⑥タイトルどうしの関係をツリー構造の連関図に表わす（図 5.6）

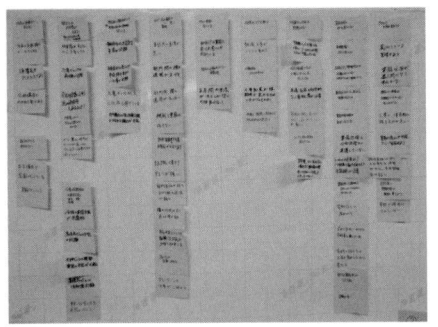

図5.5　MUSE カード出しタイトル付けの例

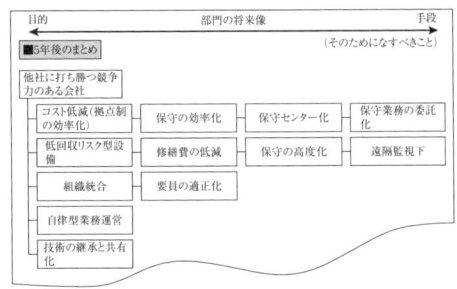

図5.6　MUSE 連関図例

　MUSE コミュニケーションツールによる討議には、以下の特徴がある。

(a) 民主的

　匿名で他者の考えを代弁することにより、客観的に発表できるとともに、発表者の声の大きさ、職位、経験などに引きずられず、実質的な議論ができる

(b) ゲーム性

　座長はカードを同類とみなすかどうかの裁量を持つため、発表者は提案したカードが採用されるよう何かと座長の説得を試みるなど、楽しく議論が進められる

(c) 短期・集中型

　カードの枚数とその内容により、テーマ領域の関心度の高さと重要性が把握できるとともに、連関図としてツリー構造に表すことにより、課題の地図と因果が把握でき、短時間で大勢が判明する

(d) ブレークスルー

　代弁や討議を通じ、他者の意見に触発され、討議レベル、意識レベルが上がり、新しい考えや気づきが生まれ、ブレークスルーに繋がる

(2)　MUSE モデリングツール

　参加者の考えをまとめていくには、文字で説明するよりも、図に表す方が一目瞭然である。しかし、複雑に絡む業務をどうモデル化（単純化、汎化）するかは、人の受け取り方によって異なり、全体像をバランスよく描くには絵心も必要であるなど、この作業が職人芸といわれる所以である。

　MUSE のモデリングツールでは、データに着目し、そのデータを扱う行為者

（Agent）と行為（Action）を明らかにし、業務をモデル化する。それらをシンボル表記し、実在物と合わせて図上に配置し、業務の全体像を業務モデリング図として可視化するが、バリューオーガナイザーが中心となり、IT化構想の討議参加者の代表者数名との協働で、1〜2日で全体像を作成できる。

　以下に、現状分析における業務モデリング図（現状）の作成手順を示す。

①業務で使う情報（画面、帳票、マニュアルなど）からデータの固まり（各種台帳、売上、仕入等）を抽出する

②上記①で抽出したデータの固まりを、誰がいつ使うのかという観点から、行為者とその行為を抽出する。行為者には、「計画策定者」、「発注者」といった抽象化した名称を付与する

③業務に関係する実在物、例えば、お客さま、建屋、設備、取引先、納品物、銀行など、を抽出する

④データの固まり、行為者、実在物をポストイットに書き出す。ここで、データの固まり、行為者はシンボル化する

⑤業務の流れに従い、MUSE用紙上、左上から右下方向に、データの固まり、行為者、実在物を業務間の関係を考慮しながら配置する

⑥業務を実施する組織をテープで囲い、組織名を入れる

　この手順で重要なことは、仮説を立てながら進めることである。業務の不連続を始めとする欠落部分は想像で補いながら、最終のお客さまに提供する商品やサービスにいたる業務の相互関係と流れを想定し、全体像を作り上げていくことが肝要である。業務の流れは、後のウォークスルーによって検証する。図5.7に業務モデリング図（現状）の例を示す。出来上がった業務モデリング図（現状）を俯瞰し、IT化構想の討議参加者と協働で、各行為者とその行為、行為とデータの係わり、行為者の相互関係を確認し、業務の流れを検証する「ウォークスルー」を実施する。このウォークスルーでは、仮説の検証を行い、業務のムリ・ムダ・ムラの発見を始めとする業務改善事項を抽出する。

　また、業務モデリング図（将来）は、業務モデリング図（現状）を踏まえ、以下の視点から将来像実現に繋がるよう業務を最適配置することにより作成する。

①あるべき姿（目的価値）

②制約の撤廃（現行のやり方、仕組み、組織、体制、しがらみ、慣習等）

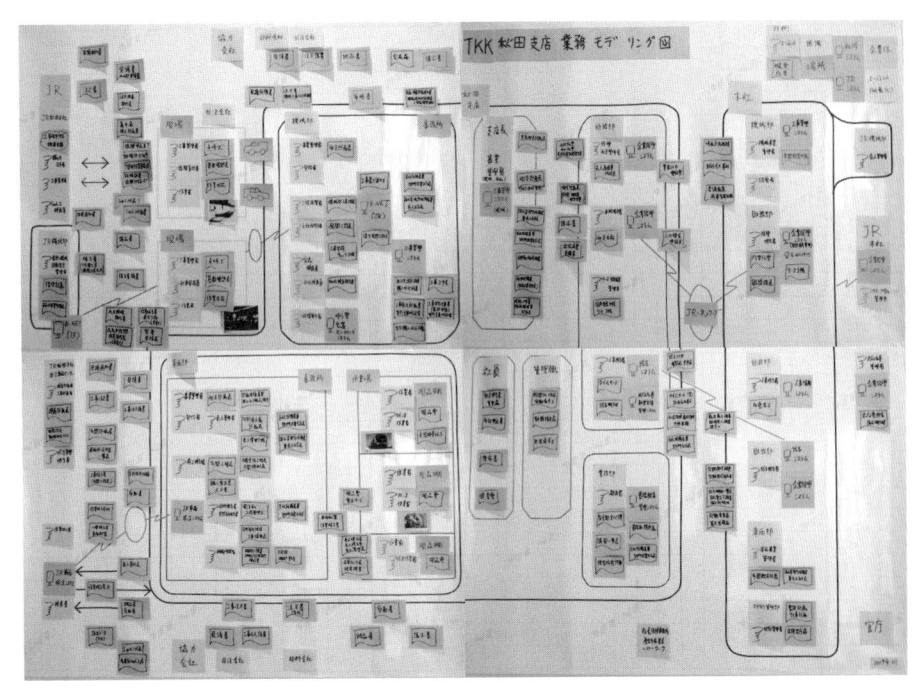

図 5.7　MUSE 業務モデリング図（現状）例

③評価軸（目標とする指標）

この MUSE モデリングツールによるモデル化、可視化には、以下の特徴がある。

(a) 全体の俯瞰
　　業務をモデル化し図に表すことにより、業務の全体像が把握でき、ウォーク
　スルーを通じて業務の流れと相互の関係性が検証でき、参加者の共通認識とな
　る
(b) 業務改善事項の発見
　　業務の重複、業際、組織間の連携不足などのムリ・ムダ・ムラの発見や、業
　務の軽重、濃淡、緩急の把握など、直感的かつ的確に業務を分析でき、机上で
　業務改善が実施できる
(c) 短期・集中型
　　短期間、少人数で業務の全体像が描ける
(d) 汎化

手順の確立とシンボル化により、誰でも同じような視覚化ができる
(e) ブレークスルー
複数人で同じ図を見てウォークスルーすることにより、各人の認識レベルが統一され、議論の深化やブレークスルーが誘発される

5.4.3　バリューオーガナイザーとして利用する際の留意点

バリューオーガナイザーとしてこれらのツールを利用して IT 化構想策定を行う場合、下記の点に留意することにより、よりよい成果が期待できる。バリューオーガナイザーがメタネゴシーション力を発揮するところである。

(a) 当事者意識の醸成

バリューオーガナイザーの役目は、当事者を課題に向かって自ら進めていくという意識を持つように、作業を通じて醸成していくことである。例えば、場面に応じて参加者を主役にすることで主体性を引き出したり、他者の意見を自分の意見として発言する経験から「自利」から「利他」に目を転じさせ、第三者の視点を持たせたり、また、全体から見ることによって視座を上げ、企業の視点から考えるよう仕向けるなどである。

(b) 作業の進め方

短期集中型とはいえ、作業が半日、一日に及ぶと集中が続かなくなる。バリューオーガナイザーは、活動を「ダレ」ないよう、参加者の表情、行動に注目し、間合いと日程の調整を行っていく必要がある

最後に、KIKI モデル（Kosaka et al., 2012）との関係について言及する。IT 化構想策定プロセスは、KIKI モデルにおけるサービス共創の方法論としても有効であること、ならびにサービス価値のスパイラルアッププロセスの必要性について報告している（Nishioka and Kosaka, 2014）。今後、サービス共創の観点からも MUSE の活用が広がることを期待している。

（西岡由紀子）

5.5 共創が変革をもたらしたIT化事例

5.5.1 ユーティリティ企業の設備部門におけるIT化

　本事例は、ユーティリティ企業の設備部門におけるIT化とその後の展開である。設備部門の業務は、設備管理、運用、制御に分けられるが、ここで紹介する事例は、部門業務全体のIT化を指向したものであり、IT化構想策定のプロセスを通じてIT化の方向性を決め、最初に設備管理に関するシステムを開発したのに続き、運用、制御に関するシステムに拡大していった。

　しかし、これらのシステム開発は、業務内部の壁、設備部門内における業務間の壁、他部門との壁が立ちふさがり、一筋縄ではいかなかった。一つひとつ、壁を丹念に崩して業務に変革をもたらしてきた。

　本節では、バリューオーガナイザーとしての「設計事務所」が「サービス指向要求開発方法論MUSE」を用いて共創を促し、業務変革を実践してきたかを紹介する。この事例では、2000年からIT化構想策定を行い、2002年に設備管理システムの開発に着手し、2003年8月に運用を開始した。その後、運用系システムを新規開発し、制御系システムを更新するなど、順次機能拡張を行っている（図5.8）。

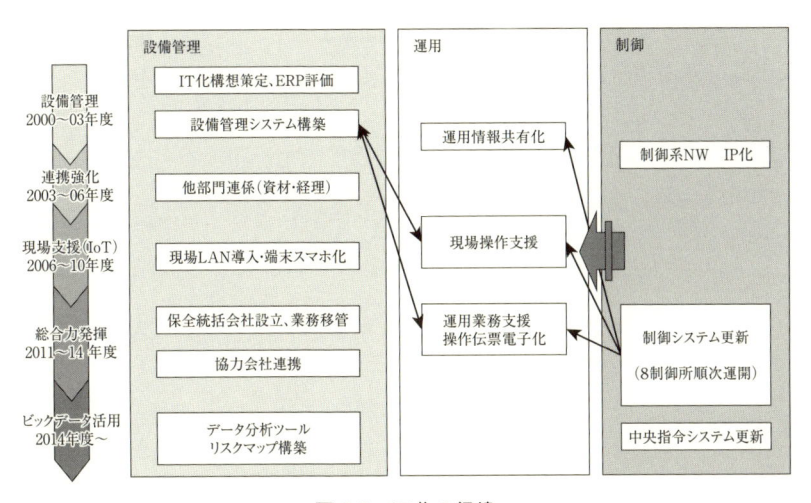

図5.8　IT化の経緯

5.5.2 設計事務所の役割

　筆者は、設計事務所としてIT化構想策定段階から参画し、現在に至っている。以下に、バリューオーガナイザーとしての設計事務所の役割を、IT化構想策定段階、システム開発段階、システム運用段階に分けて紹介する（西岡, 2010）。

(1) IT化構想策定段階

　前節で示した「IT化構想策定プロセス」に従い、作業を進めた。まず設計事務所が設備部門と協働で現状分析を行い、業務運営の問題点を抽出した。その上で、経営環境を踏まえた設備部門の方向性、あるべき姿を討議し、ITを活用した部門の将来像を描き、IT化コンセプトを打出し、IT化構想としてまとめた。

　現状分析、あるべき姿の検討にあたっては、前出のMUSEコミュニケーションツールを用い、経営層、管理職、現場を交え、それぞれの立場から自部門の現在と未来を語り、業務の目的、業務の変革、IT化の方向性、効果等について繰返し討議した（延べ200名、50回超の作業会を実施）。

　当時設備部門では、需要の伸びが鈍化し、設備が高経年化する中、「建設から保全に業務の軸足を移す」ことが求められていた。この討議を通じて、IT化の目的

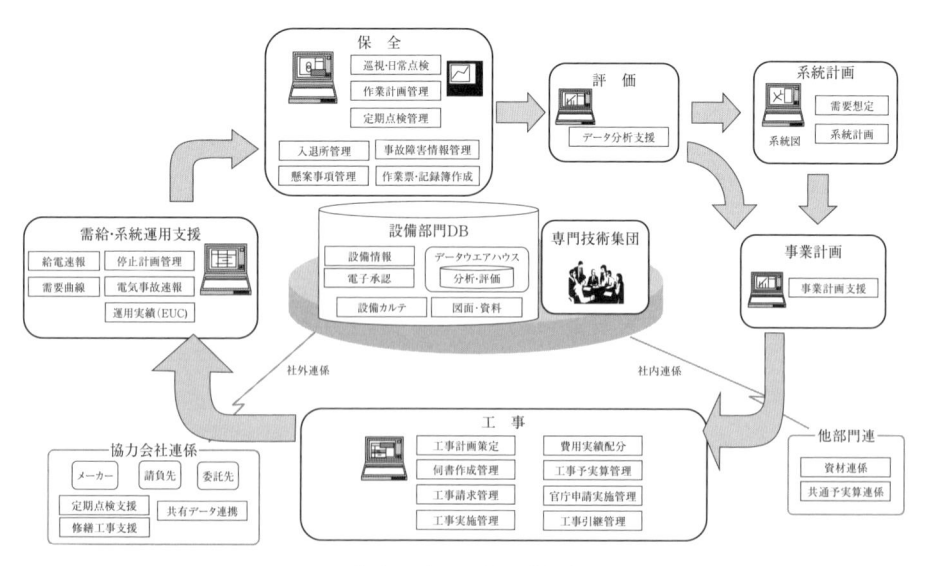

図5.9　業務モデリング図（将来）概要版

は、保全中心の業務運営の仕組みと羅針盤を提供することであり、PDCA サイクルによる業務の改善・改革を行っていくことである、という認識が経営層から現場まで共有された。部門として意識統合したことは、IT 化を推進する上で大きな力となったことはいうまでもない。

　また、MUSE モデリングツールを用いて、業務モデリング図（現状／将来）を作成した。設計事務所と設備部門で業務モデリング図を俯瞰し、ウォークスルーを行い、業務のムリ・ムダ・ムラを発見し、改善を図るなど、部分ではなく全体の視点からあるべき姿の共創が進んだ。当時設計事務所が提示した業務モデリング図（将来）概要版を図 5.9 に示す。本図は、保全を中心に据えた PDCA サイクルによる業務運営の姿を示している。

　さらに、上記の共創を介して、以下の IT 化コンセプトを設定した。

　①オープンなシステム
　②分析・評価のためのデータ活用
　③応答性（3 秒ルール）
　④使いやすいインターフェース
　⑤適正なコスト
　⑥メンテナンスの容易性

(2) システム開発段階

　システム開発段階では、大規模システムであったため、複数の開発会社が参画した。体制は、開発の取りまとめ会社（システムインテグレター）を置かず、ユーザーと開発会社が直接思いを伝えられるようジョイント・ベンチャー方式を採用し、共

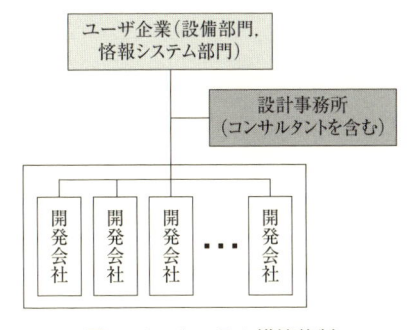

図 5.10　システム構築体制

創を明確にした。設計事務所は、両者間の「通訳」として IT 化コンセプトの浸透、全体の調整・管理を担当した（図 5.10）。

　このような体制としたのは、ユーザーと開発会社はサービスの受益者と提供者の関係にあり、目的とする領域が異なるためである。すなわち、ユーザーの目的は「IT サービスを利用して経営課題を解決すること」にあり、開発会社の目的は「ユーザーの提示する仕様どおり、計画どおりにシステムを開発すること」にある。経営課題の解決はユーザーの問題であり、開発会社の責任範囲外とするのが常であった（西岡・小池, 2006）。

　そのギャップを解消すべく、ユーザーと開発会社が互いの領域に踏み込んで知恵を出し合い、IT 化を実現することとした。そこでは、ユーザーの IT 担当と開発会社の SE からなるチームを編成し、IT 担当は、SE に対して業務を伝え、SE は IT でできることを IT 担当に示し、IT を活用した業務改革のイメージを擦り合せた。

　設計事務所は通訳や調整役として参画するほか、統一された思想（IT 化コンセプト）の下でシステムを開発すべく、システム設計・開発の基本事項を「ガイドライン」として制定し、開発会社、開発担当による考え方の偏差を最小限にする仕組みを整備した。

　これらの結果、IT 化コンセプトに沿った全体として整合の採れたシステムが、1 年半という短期間で構築できた。

(3) システム運用段階

　IT 化の効果により経営課題を解決するためには、運用開始後のシステム利用促進、定着に向けたフォローが必須である。設計事務所として、設備部門と協力して常時システムの利用状況を把握し、ヘルプデスクや教育・研修の充実、機能の改修・改善やインフラ増強など、適宜対策を講じ、PDCA サイクルの実現を始めとする経営課題の解決に取り組み、一定の成果を上げてきた。

　その後、東日本大震災を経てサービス価値が変化し（安全・安心、省エネへのシフト）、社内環境の変化（設備保全統括会社の設立）、業務ニーズの変化（信頼性維持とコスト低減の両立）への対応が不可欠なことを踏まえ、十数年にわたる蓄積データを見える化し、設備と業務の実態を評価して改善につなぐ「保全支援ツール（データ分析ツール）」の構築を設計事務所から提案し、実現した。IT 化のスパイラルアップの実施である。

　このツールにより、設備保全の PDCA における Check 業務が変わり、「機能と性能に異常のないことを確認する」設備保全から、「使い続けても大丈夫だと言え

る健全性を保証する」設備保全に転換しつつある。

5.5.3　設計事務所の支援効果

設計事務所の支援効果は以下の 3 点に要約できる。

① IT 化の目的を明文化し、ユーザーで共有し、部門の合意として IT 化の実現
に臨んだこと
②ユーザー、開発会社というサービス授受の関係の中で、双方が目的を共有し、
受益者の目的価値を実現するための機能を受益者、提供者が協働で考え、開発
したこと、また、開発会社の IT サービス提供によって充足された機能を集約
することにより、目的価値を実現できたこと
③関係者が常に目的価値を意識して対応したこと。特にシステム運用段階では
サービス価値の変化を察知し、設計事務所が適切な提案を行い、ユーザーと協
働して対策を講じたこと
設計事務所の立場からすると、方法論 MUSE を通じて構築した共創の場と当事
者意識、ならびに業務の全体感は、IT 化構想構築から開発、運用段階、その後の
IT 化のライフサイクル維持に至るまで、全ての活動の拠り所となっている。

5.5.4　業務変革の概要

今回の IT 化は、全てが順調に進んだ訳ではない。その障害の最たるものが業務
内部の壁、業務間の壁、他部門との壁であった。

①業務内部の壁
取り扱う設備が違えば管理方法も台帳も異なるのが当然であり、設備管理を構
成する計画、工事、保全等の業務も別物と考えられており、システム統一など考
えたこともない、というのが当時の認識であった。
②自部門業務間の壁
設備管理と運用・制御という部門内の両輪である業務では、別々のシステムを
構築し、それぞれの業務の担当者のみが使っていた。特に、制御系システムでは、
信頼性、安全面からネットワークを分離し、他システムと切り離し「不可侵」
のシステムとして運用していた。

③他部門との壁

　カネの流れを管理しようとすると、資材・経理部門システムとの連係が必要であるが、データの流通など考えていない。また、設備建設、修繕には工事会社、メーカーとの協業が必要であるが、ここでもシステムやデータを共有するなどの考えは持っていなかった。

　このような壁は、IT 化構想策定段階から姿、形を変えて現われ、システム実現の大きな足かせになっていた。設計事務所は、MUSE によって共創の場と当事者意識を醸成し、これらの壁を超越する動きを誘発してきた。

①業務内部の壁

　設備部門の業務目的は設備のライフサイクルを維持・管理し、設備を健全な状態で運用に供することである。その業務運営は、設備保全の実態を把握、評価し、必要に応じて設備の修繕、更新を行うことであり、そのために計画を立て、予算化し、実施伺いを行い、工事請求（発注依頼）し、工事を実施、検収し、運用開始するという流れであり、業務の枠組みは設備の種類によらず同じである。

　そこで、設備の種類によって異なる機能は個別開発し、共通機能との組み合わせで使えるよう、全体をひとつのシステムとして開発するようにした。

　実際には、システムの主要機能を開発し、IT 化構想策定段階の参加者に事前に意見をもらい改修を加えた上で、周囲のシステム利用者への感化をお願いした。その後も教育や研修を頻繁に行なって IT 化の目的を利用者と管理者に刷り込み、機能と操作の習熟を促し、機能改善要求には迅速に対応するなど、多方面からシステムの利用と円滑な運用を促進し、現場に受け入れられるような取組みを行い、壁を崩してきた。

②自部門業務間の壁

　制御系システムではデータ連係は許されない、との先入観があったが、相互流通ではなく、制御系からの一方通行でも業務効率化につながるという逆転の発想で対処した。実際には、中間サーバを設置し、セキュリティの担保された一方通行のデータ取り込み方式を開発することにより壁を越えることができた。

　従来の現場作業においては、作業ステップ毎に現場と管理箇所、管理箇所と制御担当箇所との間で電話連絡による安全確認が必要だったが、この機能の実現により、現場、管理箇所、制御担当箇所の3箇所が同時に作業実施状況を確認できるようになり、電話連絡が不要になるとともに、待ち時間が大幅に短縮できた。

また、現場では、作業対象設備や作業結果の確認にICタグを活用することによって、安全を担保した確実な作業が行えるようになり、ヒューマンエラー防止に役立っている。

③他部門との壁

　カネ、モノの管理は経理、資材部門の領域であるが、全社レベルでの業務連係の必要性は認識しておらず、設備管理部門から執拗に説いて壁を崩してきた。

　業務の連続性、即時性が必要となるモノの管理（工事請求、検収）では、資材システムとオンライン連係し、即時性の必要ないカネの管理（予実算管理など）についてはバッチ処理での連係を行って設備管理業務の一連の流れが完成した。

　また、IT化コンセプトに従い、誰でも使えるオープンなシステムとして構築しているため、分社化した設備保全統括会社が必要とする機能はそのまま利用でき、密接な協業を図っている。それ以外の工事会社、メーカーとはファイル共有を行っているが、今後の連係強化を検討している。

　以上のとおり、歴史の中で培われ慣習によりできあがった「壁」は一朝一夕には崩せないが、関係者の強い意志と粘り強い交渉によって崩れ、業務を変えられることを示した。すなわち、MUSEを介して、参加者の共創によりIT化の目的を明確にして意志統一を図ったこと、ユーザーと開発会社が一体となり壁を排除したシステムを作ったこと、実際にシステムを使って壁のない業務を実践してみせたこと、これらは自部門の自信となり文化ともなって、以降の様々な壁の突破につながった。今後も共創（衆知を集め勇気を持って取り組む）によって、立ちはだかる壁を乗り越えられると確信している。

5.5.5　おわりに

　最近、同業のユーティリティ企業の設備部門から依頼を受け、上述したIT化経緯や業務変革について説明とデモを行う機会を得た。改めてIT化の全容を見渡すと、それぞれのシステムは自律し、分散して動きながらも協調できており、設計思想が統一されていることに感動さえ覚えた。同業他社からの評価は、「設備自体はかなり古いのに、システムは進んでいる。設備管理と運用、制御、どの業務でもシステムが充実しており、ストレスフリーで使え、操作も簡単で、作業者に優しい。十数年分のデータを瞬時にグラフと一覧表にできる。安全対策もすごい。近未来に

タイムスリップした感じがした」というものであった。これ以上の賛辞はない。

これからも変革をもたらす共創の拡散に努めていきたい。

（西岡由紀子）

5.6　セキュア IoT 環境が可能とする共創型省エネ新サービス

5.6.1　バリューオーガナイザーとしての省エネサービスプロバイダー

本事例は、電力多消費型製造業の工場におけるトランス単品の省エネのサービス化から、工場全体の省エネ利益創出の共創型新サービスへのスパイラルアップをめざすものである。本節では、工場の省エネ実現にあたり、バリューオーガナイザーとしてのサービス提供者が、顧客との省エネ価値共創の場を構築するサービスのスパイラルプロセスを紹介する。具体的には、従来のトランス売買モデルをサービスモデル化した実績に、新たにセキュアな IoT 技術導入提案を通じ工場全体の最適配電計画という将来像の構築をサポートした事例である。

5.6.2　トランス省エネサービスでユーザーに提案した新しい価値

歴史ある企業の工場にあるトランスは、日本の高度成長期に導入されたものが多くすでに 40 年以上を経過している。特に、高電圧から低電圧に変圧する、いわゆる二次トランスは、最新のトップランナートランスやアモルファストランスに更新することにより、大きな省エネが得られることが知られている。一方、トランスというユーティリティー機器の特徴から、新たな価値を生む投資対象とみなされず、経営者はできるだけ長期使用を設備部門に強いる傾向があり、場合によっては壊れてから設備更新するという極端な事例もある。

特に、アモルファストランスは省エネ性能に優れているが、相対的に価格が高い為、投資という売買モデルでの意思決定では、短期的費用対効果比較から、その導入が見送られるケースがある。30 年から 50 年という使用期間を考慮すると、アモルファストランスによる省エネ効果総額は非常に大きく、低炭素社会実現にも貢献するものである。そこで、トモソウ・ジャパン株式会社は、アモルファストランスメーカーと共にこの省エネを確かな価値として見える化する特許を取得した。これ

は、イニシャルコスト不要で、オフバランス会計でトランスを更新し、省エネ効果の実績（見える化）をレポートする、サービスモデルをユーザーに提案するものである。これを、「LFiGHT（エルファイト）」サービスという（LFiGHT はトモソウ・ジャパン株式会社の登録商標）。モーター・インバータ・ドライブの省エネサービス「HDRIVE」（HDRIVE は株式会社日立製作所の登録商標）のトランスバージョンであり、生産装備サービスの一つである（薮谷, 2010）。

(1) トランス省エネ見える化サービス「LFiGHT」の概要

LFiGHT サービスの概要を図 5.10 に示す。

ユーザーは毎月のサービス使用料を支払うことにより、トランス機器利用サービスと省エネ見える化レポートサービスを享受することが可能となる。省エネ見える化レポートは、毎月の電力使用実績から計算される予定省エネ量と実績量の比較も示している。予定と実績の中長期トレンドを注視することから電力監視機能も兼ねており、総じてユーザーは LFiGHT サービスを通じて新たな価値を得る。特許による省エネの見える化は、導入されたアモルファストランスの電流値、電力値を 10 分に 1 回測定、その実績値より既設トランス使用時の省エネ前電力を演算し、その差額を省エネ効果として把握する。

単純に予定に対して省エネ実績を読み取ることにより、省エネ見える化の価値は保証されるが、トランス以外の省エネ施策を探るために、1 か月重ね合わせトレンドグラフ、および 3 日間連続トレンドグラフのサービスを付加している。重ね合わせトレンドグラフは、1 日に 144 回の測定値を 1 か月分重ね合わせたもので、マク

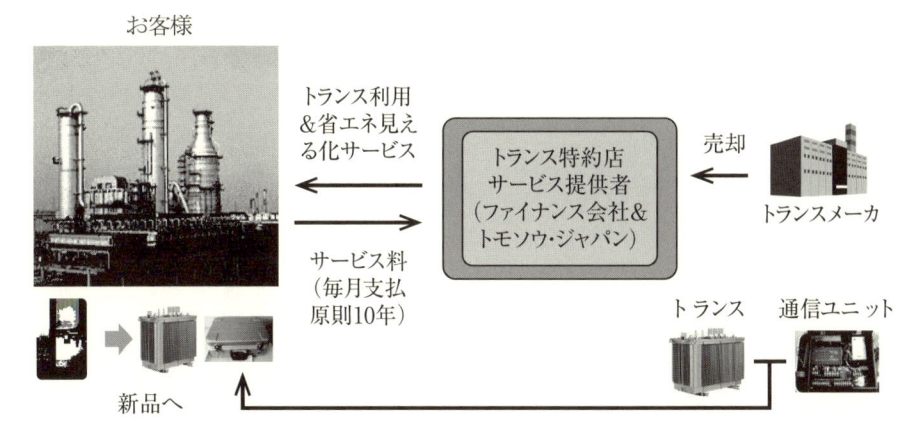

図 5.10　LFiGHT サービスの概要

ロトレンドを表示する。特に最大ピーク時前後の分析がその他省エネ施策への入り口となる。3日間連続トレンドグラフは、より操業状態と電力使用状態比較を認識しやすくしたものである。

(2) LFiGHT サービスの実態と新たな課題

今回の事例を工場全体の配電ルート（電気の使用道路網とでも表現可能）との関係から図 5.11 に示す。

製造工程は 20 強有り、1 工程には 1 ～ 4 配電室が存在し、各配電室には 1 ～ 6 台のトランスが存在する。ゆえにトランス総数は 300 台を超えることになる。かつ各トランスの二次側（低圧側）にはファンやポンプ、クレーンなどの大小各種モータ負荷から、熱処理炉、照明、コンセントに至る負荷まで、さまざまな回路（たとえて末端道路）が存在する。今回導入された LFiGHT サービスは、4 つの配電室を持つ工程の 1 配電室の 3 台のトランスに適用されたものである。

確かに 3 台のトランスの省エネと省エネ見える化を確実に実現できるサービスではあるが、ユーザーのエネルギー管理部門が最終的に目指す省エネ利益創出目標の一つにしか過ぎない。実際、ユーザーもこの 3 台の省エネ見える化サービス開始の早い段階で、工程全体の省エネ施策を見出すにはデータ不足との認識に至る。もちろん、ユーザーも全体の省エネ施策をもたらすサービスではないことを認識はしていたが、サービスを実際に受けてみて初めて、新たな、しかも大きな課題を再認識することになった。サービスのスパイラルアップが求められたのである。そこで、

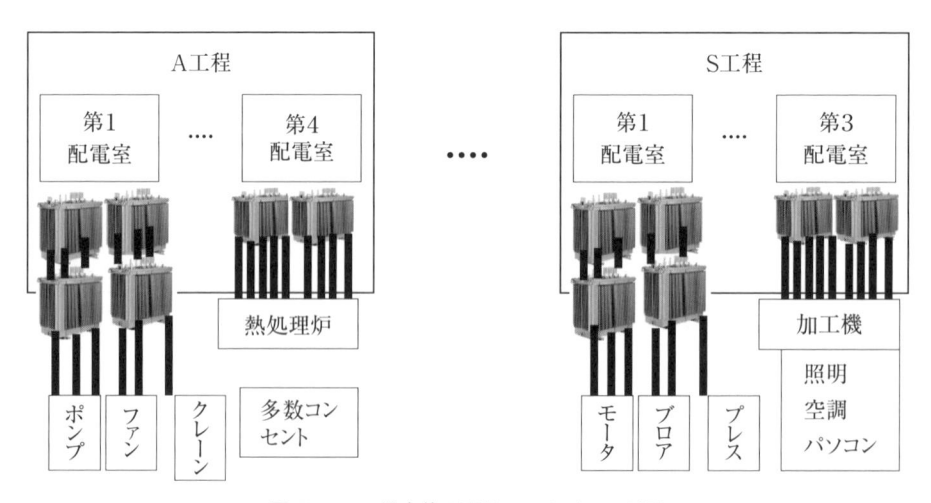

図 5.11　工場全体の配電ルートイメージ図

バリューオーガナイザーである省エネサービス提供者は、ユーザーのエネルギー管理部門と新たな価値共創に向けた議論を重ね、ユーザーが求める真の最終目標（将来像）を共に見出すことになる。

5.6.3 ユーザーが目指す新たな価値

ユーザーのエネルギー管理部門との議論の結果、ユーザーが目指す最終目標は、工場全体の最適配電計画による省エネ利益創出であることが明確に定義された。トランス単品の省エネは今後も継続し続けるとし、工場全体の最適配電計画を構築することになった。このために、工場全体丸ごと電力見える化を実施すると共に、ユーザーのエネルギー管理部門だけではなく、各工程の生産管理部署およびサービスプロ提供者の三者が電力見える化データを共有する。そして、最適配電計画がもたらす省エネ利益創出の具体策の摘出、目標設定、実行、のいわゆる PDCA サイクルを共創する提案を行った。これを実現するうえで、以下のような新たな情報技術が必要となった。

（1）ユーザーとの価値共創を妨げる壁

工場全体の最適配電計画を構築する為に必要なサービスインフラは、工場丸ごと電力見える化技術とユーザーとサービス提供者の情報共有システム技術となる。前者は、LFiGHT の省エネ見える化技術を応用すれば容易にトランス二次側にある多数の負荷の電力データを取得できる。一方、後者の情報共有システム技術に関しては、ネットワークセキュリティーの問題と構内 LAN システム構築に関わる費用の問題が大きな障壁となった。従来の技術に代わる新しいシステム技術が必要となったわけである。

（2）ユーザーとの価値共創を実現する為に必要な新たな技術

データ共有をセキュアな環境でかつ安価に実現する新たなシステム技術を紹介したい。トランスメーカが開発した大手キャリアが運用する携帯無線通信クラウドを活用した IoT システムである。携帯電話と同様、インターネット環境とは分離されていることから、よりセキュアな環境でのデータ通信が可能で、ユーザーの各部署間はもとよりサービスプロイバイダーとの情報共有も月々の廉価な通信料で可能となる。

5.6.4 セキュア IoT 環境構築による共創型省エネ新サービス

セキュアな IoT 技術を、工場丸ごと電力見える化と関係者の情報共有、そして省エネ利益創出を目指すプロセスとしていかに使えるシステムとして構築するかをリードするのもバリューオーガナイザーの大きな役割となる。

(1) 新サービスとシステム構成
ユーザーヒアリングと IoT 通信サービス提供者との打合せを繰り返した結果、

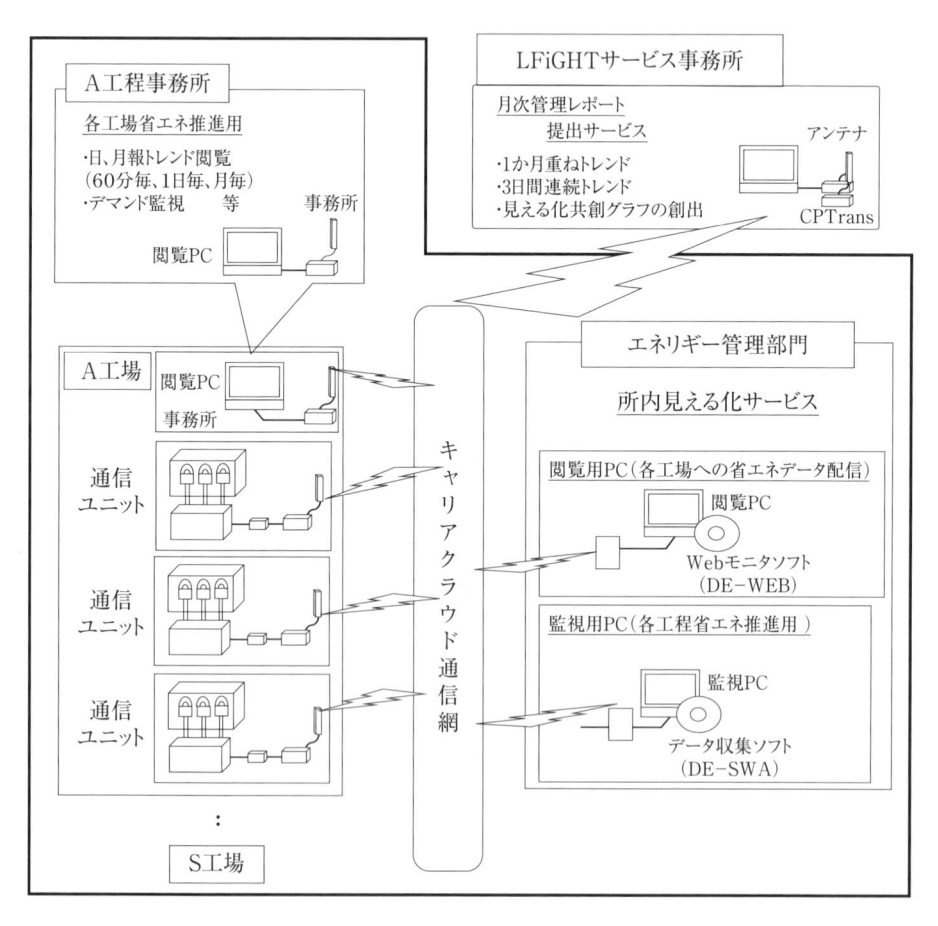

図5.12　セキュアIoT工場丸ごと電力見える化システム構成

図 5.12 に示すシステム構成となった。

この新サービスとシステム構成には、2 つの特徴がある。

①システムコストのサービス化

工場丸ごと電力見える化システムには多数の測定機器、データを通信データへ変換する変換機、さらに無線対応であることから送受信アンテナなど、通信費とは異なるイニシャルコストが発生する。このイニシャルコストを従来の売買モデルでユーザーに負担を強いると、100％効果保証のない限りユーザーの意思決定は滞る可能性が出てくる。利益とリスクの共有の観点からサービス提供者がこのイニシャルコストを LFiGHT と同様に見える化レポートとセットにしサービス化することが大きな特徴となる。

②データの送受信とデータの閲覧を同時に実施

単純に電力消費データをエネルギー管理部門およびサービス提供者に送付するだけではなく、複数の工程生産管理部署も自身の工程にある各配電室を通じた多数の負荷挙動をリアルタイムに見られることがもう一つの大きな特徴になる。もちろん必要があれば、各生産管理部署はトレンドのプリントアウトも可能である。

工場全体の最適配電計画の主役は言うまでもなく、多数の負荷を持つ各工程の生産管理部署である。バリューオーガナイザーが毎月提出する見える化レポートが、この複数の生産管理部署にとってより有用なものになり得るかが新サービスの価値を決めるといっても過言ではない。また、バリューオーガナイザーの役割は、各生産管理部署とエネルギー管理部門との調整サポート、さらにユーザーのトップマネージメントの意思決定サポートまで多岐に亘る。まさにメタネゴシエーション力が問われることになる。

(2) 新サービスとユーザー価値共創プロセス

新サービスは、省エネ利益効果が 100％保証されていないことは前述した。いかに省エネサービス化されたとはいえ、効果が確定していない中でユーザーが新サービスを選択するかは、サービス提供者のリスク共有の大きさを示した具体的なプライシング次第となる。サービス提供者もリスクのみの共有ではビジネス性が低減するので、利益とリスクの共有の観点より、成果報酬部分の創設、目標の魅力ある定量化と実現可能性向上など、WIN － WIN 関係となる契約内容を含むプライシング設定が欠かせない。いうまでもなく、このプライシングもユーザーとの共創プロセスを通じて実現する。

5.6.5 おわりに

　この新サービスにおける省エネ利益確保のための具体策の中に、新たな設備の導入に対する投資などイニシャルコストを要する場合、これを新たなサービス化の検討対象と捉え、ユーザーと共に検討し新サービスの創出につながれば、結果として価値共創のスパイラルアップとなる。更なる省エネ価値創造の為に、スパイラルプロセスによるスパイラルアップを通じて、新サービスの提案を目指したい。その為には、バリューオーガナイザーとしてのデザイン思考、メタネゴシエーション力などのスキルを磨き続ける必要がある。同時に、価値共創のスパイラルプロセスと結果としてのサービス価値のスパイラルアップを通して、ユーザーとの信頼関係の更なる深耕に努めたい。

（薮谷隆）

6 新たな分野へのサービス概念の応用と価値共創モデル

本章では、サービス概念を、おもてなし、高齢者の活性化、アクティブラーニング、福祉サービスなどの新たな分野へ応用し、そこでの価値共創モデルを構築する研究事例を紹介する。

6.1 熊本県黒川温泉におけるおもてなしの価値共創モデル

6.1.1 はじめに

わが国特有の接遇文化、サービスである「おもてなし」が、国内外でも注目され、特に観光産業において、おもてなしを活かした成功事例[1]も散見されている。わが国での優れたおもてなし経営を推進する取り組みとして、あらゆる業種業態から地域・顧客密着型経営を行っている企業を選定する経済産業省の「おもてなし経営企業」[2]やサービス生産性協議会の中小企業を対象に優れたサービスを提供する企業を選ぶ「ハイ・サービス日本300選」[3]などの取り組みが進められている。おもてなしはマニュアルなど形式知化が難しい暗黙知で構成されており、その知と技をどのように人から人へ伝え、組織でマネジメント（経営）するかが課題となる。特に観光産業では、大規模ホテル・チェーンに比べ、資本の乏しく、老舗ゆえに施設が老朽化した昔ながらの温泉旅館にとって「おもてなし」は、地方の旅館ビジネスを活性化させるサービスとして、その経営資源になる可能性がある。

先行研究では、SECIモデル（野中・竹内, 1996）を適用し、おもてなしのマネジメントを分析した事例研究（小泉, 2013）がある。しかしながら、SECIモデルは暗黙知と形式知の交互作用が特長で、暗黙知である「おもてなし」についての説明が

困難である。おもてなしの知と技の個々人での継承とその組織的管理について説明できる、新しいモデルが求められる。そこで、本節では、おもてなしに定評のある黒川温泉において、インタビューと現地調査を通じて得た情報を分析し、優れたおもてなしをマネジメントするための知見を得る。その調査結果の考察を踏まえ、顧客との相互作用により、優れたおもてなしを創出する価値共創のモデルを新たに提示する。

6.1.2　熊本県黒川温泉の事例

　黒川温泉は、熊本県阿蘇郡南小国町にあり、交通はバスや車のみとアクセスに恵まれていない。黒川温泉は、24軒のひなびた和風旅館が建ち並ぶ温泉街で、「街全体が一つの宿、通りは廊下、旅館は客室」が、そのコンセプトである。観光旅館組合主導で歓楽的要素や派手な看板を廃して統一的な町並みにしたことにより、落ち着いた自然の雰囲気を醸し出している。黒川温泉の歴史は古く、江戸時代には、旅人や参勤交代の大名が入浴したとされ、明治・大正・昭和初期には、湯治場として知られるようになった。1964年に「やまなみハイウェイ」が開通することにより、車でのアクセスが向上し、一時的に観光客が増加したが、休日以外の客足が伸び悩んでいた。1970年代には、経営者の世代交代が起こり、若手経営者を中心に「黒川温泉観光旅館協同組合」主導で、露天風呂と田舎情緒を活かした、温泉街一体での再興策が打ち出された。1986年には、温泉が日帰りで3つまで楽しめる「入湯手形」の発売を開始し、客足が増えた。近年では、アジア諸国や欧米からの来湯者も多い、わが国でも有数の人気温泉地となり、2006年には地域ブランドとして商標登録され、2009年版『ミシュラン（Michelin）』で2つ星を獲得するまでになった（山村, 2015など）。

　この黒川温泉では、おもてなしに定評の旅館が多く、似たような中小規模で、同じ様なサービスを提供している。それにも関わらず、常に満室の旅館と空室の多い旅館があり、集客に差があるように見える[4]。この差は何によって生じるのか、「いかに優れたおもてなしを創出し、マネジメントするか」という課題に対し具体的な解を見出すため、サービスや知識科学の観点から成功要因を導出し、おもてなしに優れた旅館のマネジメントと人材育成について解明すべく、インタビューと現地調査を行った。

6.1.3　黒川温泉のおもてなしマネジメント

　黒川温泉の優れたおもてなしのマネジメントについて解明すべく、①おもてなしを提供する従業員の育成をどのように行っているか、②優れた旅館はどのようなおもてなし経営の工夫をしているか、③旅館を経営する上でおもてなしをどのように考えているか、などのリサーチクエスチョンを設定し、それらの課題を中心に半構造化インタビュー[5] を行った。以下は、その要点である。

(1) 従業員へのおもてなしの伝承

　「旅館のおもてなしはマニュアルっぽくなってはいけない」と、女将は主張し、自宅に知り合いが訪れた時のように、やさしく接する昔ながらのおもてなしを大事にしている。女将は、「マニュアルは『……ねばならない』で、よいサービスを生み出さない」とも述べている[6]。従業員が、顧客の気持ちを先に察することにより、思いがけないおもてなしとなり、顧客も感動する。一方で、顧客が気をつかうような過度な接客ではなく、さりげないおもてなしを心がけている。そのために顧客との会話から、顧客が何をすれば喜ぶかを察する話術を磨くのも接客する従業員には求められる。

　従業員採用について、某旅館では、年配・経験者を避け、なるべく旅館勤め経験のない人を採用し、細かな接客をするために一から教えている。年配・経験者だと、これまでの経験が邪魔して、その旅館独自のおもてなしが身につかないためである。おもてなしの教育は、人から人、すなわち、先輩から新人へ「してみせて、させてみる」といったOJT（On the Job Training）が基本となる。時には、携帯電話のビデオ機能を使い、女将が先輩の手本の動画を見せることにより、優れたおもてなしの方法を共有している。旅館の多くは、接客仕事の最低限の基本は定めているが、それ以上のおもてなしについては、各従業員の得意に任せている。従業員の仕事ぶりは、女将が一緒に仕事をすることで、管理・監督されている。

　旅館の接客仕事の難しいところは、顧客のペースで対応していると、仕事が絶え間なくなってしまうので、顧客とうまく立ち回ることも重要となる。接客仕事の上手な従業員は、顧客と会話をしながら、配膳や作業を進め、客数が多い大部屋で配膳をする際には、一人の従業員が記念写真をとりつつ、別の従業員が配膳を行っている。また、夕食時に顧客との話が長くなりそうな時は、例えば、夕食をデザートで切り替える、お酒をすすめる、布団をひくなど、場の雰囲気や状況を次の動作に

よって変えている。こうした接客には正解がなく、常に考えながら、優れた実践事例は従業員間で知識を共有し、議論を重ね、よりよいおもてなしを見つけようと日々努めながら仕事をしている。

(2) 優れたおもてなしを提供する旅館の実態

　大手インターネット旅行代理店のホームページに掲載されている口コミや顧客満足度が良好な旅館はどのような経営をしているかについて聞いたところ、「まじめに経営をやっている」との旅館経営者S氏の回答であった。顧客満足度を高めるには、荷物運び、料理、気づかいなどの一連のおもてなしが、顧客の期待を少し上回る必要がある。そのため、様々なおもてなしの質を高める取り組みが旅館それぞれで行われている。例えば、ある旅館では、元キャビンアテンダントのコンサルタントと契約し、そのコンサルタントから従業員は直接、おもてなしについて学ぶ。逆に、旅館を代表する従業員を外部の研修会に参加させ、学んだことを旅館内で他の従業員に展開している。また、最初に顧客と接するフロント係は、予約時の電話対応やチェックイン時の接客から、気難しい顧客などが分かるといい、どんな顧客か、あるいは、顧客の子供の名前などの顧客情報を、フロント係と客室係とで共有している。

　多くの旅館では、客室で顧客が記載するアンケートを、おもてなしの向上や改善に活かしている。アンケートには、顧客が感じたコメントを書ける自由記入欄が設けられている。そこによいおもてなしや接客の内容が記載され、担当の従業員へ伝えられる。記入される（ほめられる）従業員はいつも同じ人が多く、そのベストプラクティスが、その日掲載された大手旅行会社のインターネットの口コミとともに、朝会で他の従業員にも共有される。一連のおもてなしは、顧客が良い思いをして満足して帰ってもらうためにあるが、一方の従業員にとって、顧客がもたらすフィードバックはやりがいにもなる。顧客が従業員の働く動機を高めるとともに、従業員に気づきを与え、教育と同じ仕組みが機能している。

　組合には、旅館の女将が集まり情報の交換や共有の場である「女将の会」がある。「女将の会」では、顧客にどういう風に喜んでもらえるか、先述のような各旅館の様々なおもてなしの実践事例について情報共有を行い、優れた事例は自分の旅館でも展開している。また、顧客への観光案内のため、黒川温泉近辺の観光スポットへ行って、意見や情報交換も行っている[7]。このように黒川温泉の旅館では、女将が中心におもてなしの事例や知識、情報の共有が組合の場で行われている。

(3) 旅館経営におけるビジネスとおもてなし

　黒川温泉観光旅館共同組合のホームページ[8]には、各旅館の満室・空室情報が掲載されている。組合ホームページ上の満室・空室は、各旅館で管理（操作）されており、それは集客の実状に関わらず、旅行会社（代理店）との提携によっても大いに左右される。例えば、半年先まで満室が続いている某旅館では、大手インターネット旅行代理店3社と提携しており、それら旅行会社分のために常に満室にしている[9]。なお、黒川温泉の多くの旅館の経営目的は、売上・利益増や事業拡大よりも、先祖代々の宿を受け継ぎ継続させることであり、そうした旅館経営者は、おもてなしの質を落としてまで、無理に満室を目指し、集客することはない。

　旅館経営は、旅行代理店との提携関係や経営者の考え方もあり、売上・利益や満室・空室だけで、経営のパフォーマンスを計ることが必ずしも適切でない場合がある。ホテルなどでは、売上・利益の拡大や経営の効率化を追求し満室を目指す経営が一般的であり、そのためにホスピタリティをいかに活用するか、という「ホスピタリティ・マネジメント」が体系化されている（徳江, 2012、服部, 2008 など）。一方で、こうしたホテルと「よい経営」に対する考え方が異なる旅館は、先祖代々の事業の継承が経営の目的であり、必ずしも規模や売上の拡大を望まないこともある。黒川温泉の旅館では、おもてなしを究める、ただ素直に顧客に喜んで欲しい、という気持ちや思いから生じる経営者のこだわりや顧客志向の理念が女将によってサービスとして具現化され、様々なおもてなしが実践されている。そうした温泉旅館のおもてなしのマネジメントには、商人（ビジネス）というより職人（クラフト）気質の方が近い。

　手の込んだ優れたおもてなしには人手がかかるが、旅館の仕事は長時間で厳しく、娯楽のない観光地には、質量とも十分な人材の確保が難しい。そのため、過度に集客すると、おもてなしの質が落ちることが危惧される。各旅館が、むやみに商業的な成功を追い求めず、黒川温泉の旅館全体が統一したコンセプトを決めて、そのコンセプトの中で、それぞれのおもてなしを愚直に追及、努力し続けた結果、顧客の共感を得て、黒川温泉とともにそれぞれの旅館が身の丈にあった成長を遂げてきたと一考できる。

6.1.4　黒川温泉の成功要因と価値共創モデル

　黒川温泉の旅館が、優れたおもてなしを実践している背景として、各旅館および組合の内と外でおもてなしの知識や情報の共有が行われていることが成功要因とし

表 6.1　黒川温泉における旅館および組合内外での協調活動

	旅館	組合
内	・フロント係と接客係の情報共有 ・女将による接客係の教育と管理 ・接客係同士の優れたおもてなしの共有 ・「おもてなし検定」の勉強会 ・客室アンケートのフィードバック	・「女将の会」での情報共有 ・旅館経営者同士の情報共有 ・旅館経営者間の組合役員の分担 ・温泉全体の各種イベントの企画と実施 ・従業員表彰
外	・代表者の外部研修への派遣 ・コンサルや講師の招聘 ・「おもてなし検定」の受験 ・ネット上での口コミの分析と共有	・観光地や旅館 ・ホテルの視察 ・代表者の外部研修への派遣 ・コンサルや講師の招聘 ・経営者の学会 ・大会への参加 ・組合ホームページの運営

　てあげられる。組合の中で各旅館は同じ地域の同業者で競合するライバル関係にあるが、黒川温泉をよくしようという考えに共感した協調関係にもある。こうした競合関係の中での協調活動は、表 6.1 のように旅館や組合の内外にも見られる。

　例えば、旅館の内では、女将の管理のもと、同じ旅館内の客室係が、より優れたおもてなしを提供できるよう、時には切磋琢磨しつつ、フロント係や客室係同士が精一杯のおもてなしを顧客に提供できるよう協力して仕事を進めている。旅館の外では、外部の研修に旅館の代表者が参加したり、おもてなしや接客のコンサルタントを招いている。また、大手ネット旅行代理店からの助言や口コミ情報を得て、改善に活かし、標準的なおもてなしの知識や技術を修得するために「おもてなし検定」受験の勉強会を行っている。組合の内では、旅館経営者が各組合役員を担当し、黒川温泉全体がよくなるよう運営管理が行われている。さらに、各旅館の女将が集まる「女将の会」では、現場レベルのおもてなしについて事例や情報の共有と議論が行われている。これらの活動は、公式・非公式に限らず、活発になされている。組合外では、他の地域の温泉旅館やホテルの視察、外部の研修への受講、そして、学会や大会への参加など、おもてなしの成功事例について絶えず学習を行っている。これらの活動は、独立しておらず、旅館の現場と経営を熟知した女将という play-ing manager が中心となり、黒川温泉の同じ地域内の旅館が競合する中で、組合を通じた協調活動による知識共有を主としたおもてなし経営がすすめられている。

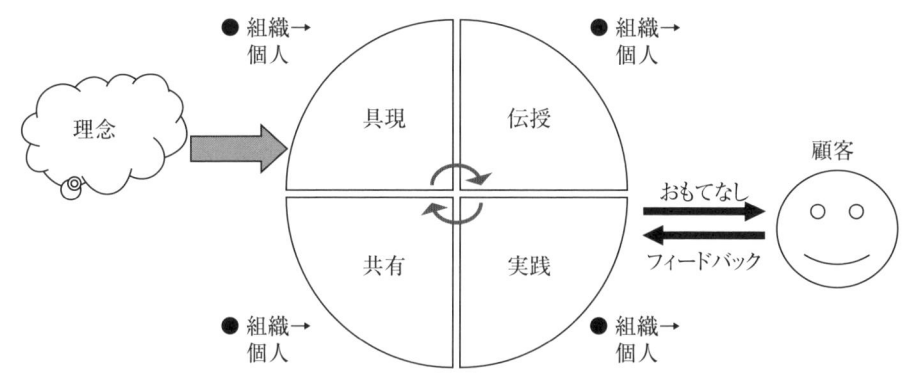

図6.1　おもてなしを創出する価値共創モデル

　こうした成功要因の関係をモデル・概念化すると、図6.1の「おもてなしを創出する価値共創モデル」が導き出される。まず、多くの旅館の創業者や経営者には「お客様に喜ばれるおもてなしをしたい」といった顧客志向の理念があり、それがその旅館（組織）の理念となる。その旅館（組織）の理念を、女将が具体的なサービスの「型」、すなわち「おもてなし」というサービスとして具現化する。女将によって具現化されたおもてなしは、女将自身により、旅館（組織）内の各従業員に伝授される。旅館内の従業員に伝授されたおもてなしは、個々の従業員によって顧客へ実践される。おもてなしを受けた顧客は、そのおもてなしについて従業員へフィードバックを行う。顧客のフィードバックは、従業員へ直に言われることもあれば、アンケートや女将、精算時のフロントなど第三者を通じて間接的に伝えられることもある。また、従業員は、おもてなしのフィードバックを顧客の暗示的な仕草や言動、反応によって感じとることもある。おもてなしに対する顧客からのフィードバックは、旅館内の他の従業員や女将、時に経営者にも共有される。その共有の場で、現在のおもてなしをどう改善すべきか、旅館（組織）内で議論がなされる。特に黒川温泉の事例では、他の旅館とも組合の場を通じて情報や知識が共有されている。その議論を踏まえ、女将はおもてなしを改善し、そのおもてなしを旅館内の各従業員に伝えるといった、より優れたおもてなしを従業員や顧客とともに再び創造するサイクルが連綿と続けられる。

　このように女将が顧客志向の理念をサービスとして具現化したおもてなしを従業員に伝授し、顧客のフィードバックを得ることにより、さらに優れたおもてなしが創出される実態を説明する価値共創のサイクルモデルが提示される。こうした文脈でおもてなしを再考すると、それは「顧客のよりよい経験のために、主客との交互

関係によって共に創造される、当意即妙な高付加価値サービス」と言えよう。

6.1.5. まとめ

　本節では、優れたおもてなしを創出するマネジメントについて、黒川温泉でのインタビューと現地調査を通じた事例研究を行った。その結果、優れたおもてなしを提供するために、それぞれの旅館が、女将を中心に、同じ地域・業種で競合する他の旅館と組織的に実践事例や情報の共有と展開を図りながら、黒川温泉全体の発展のために協調する仕組みが機能していた。こうした黒川温泉の成功要因を考察し、顧客とともに女将と従業員が、より優れたおもてなしの価値を共創する「おもてなしを創出する価値共創モデル」を提示した。

　おもてなしはマニュアル化など形式知化が難しい暗黙知であり、形式知と暗黙知の交互作用により新しい知識を創造する SECI モデル（野中・竹内, 1996）などによる説明は難しい。そこで、本節では、黒川温泉の事例研究を通じて、おもてなしの価値共創モデルを提示したことが成果である。一方で、本研究は黒川温泉の1事例のみを対象に調査と分析を行った。本研究の成果として提示したモデルが、他の優れた事例にも適合し、一般化可能かについては検討すべき課題である。そのためにも、他の事例によるモデルの検証や改善について、今後の研究課題としたい。

注
（1）例えば、東北学院大学経営学部おもてなし研究チーム編（2012）では、日本のホテルや旅館の事例がいくつか紹介されている。
（2）経済産業省ホームページ（http://www.meti.go.jp/policy/servicepolicy/omote-nashi-keiei/）
（3）サービス生産性協議会ホームページ
（http://www.service-js.jp/modules/contents/?ACTION=content&content_id=31）
（4）黒川温泉観光旅館協同組合ホームページには、各旅館の予約状況が一覧できる（http://www.kurokawaonsen.or.jp/）。
（5）インタビューは、黒川温泉観光旅館協同組合にて 2015 年 12 月 7 日に組合の企画・外渉担当理事で旅館経営者 S 氏と女将 2 人へ行った。
（6）旅館によっては、仕事の流れを映像化し、共有している。
（7）一例では、石川県和倉温泉「加賀屋」への視察を行っている。
（8）黒川温泉観光旅館共同組合ホームページ（http://www.kurokawaonsen.or.jp/

kushitsu/net.php）

(9) S氏によると、組合加盟の旅館の7割が、上記3社と組合のホームページによる
ネットでの集客である。最新の集客状況が、画面上に表示されていると満室になりや
すい。また、旅館によっては特定の季節によっても集客状況が異なるといった要因も
ある。

謝辞

　本研究の事例調査にあたり、お忙しい時期に詳細な説明と資料を提供してください
ました黒川温泉観光旅館協同組合の方々に、ご協力頂き深く感謝申し上げます。1日
も早い熊本地震からの復興を心よりお祈りします。また、助成金をご支援いただきま
した公益財団法人九州経済調査協会には重ね重ね感謝申し上げます。

（森下俊一郎）

6.2　高齢者の音楽支援サービスにおける価値共創

6.2.1　はじめに

　日本では、65歳以上の高齢者人口の割合で、女性が初めて全体の30％を超えた
（総務省統計局, 2016）。男女全体でも総人口に占める65歳以上の割合は27.3％とな
っており、高齢社会の在り方が問われている。多くの高齢者が、健康に生きがいを
持って暮らすために、社会参加活動や学習活動を通じた自己実現と生きがいの充足
（文部科学省, 2012）を行い、学習からの学びを社会貢献・社会還元として循環し、
リタイア後の生きがいとする必要性（文部科学省, 2012）があげられている。社会参
加活動の形態は、ボランティア団体や地域に根付く昔ながらの自治会などの組織に
おける活動が中心であり、高齢者の「居場所」と「出番」のための新しい「活躍の
場」を作ることが重要である（内閣府, 2012）。今後の高齢社会では、高齢者同士で
の助け合いや互助（厚生労働省, 2013）が不可欠となり、高齢者に向けた新しいサー
ビスイノベーションが求められている。

(1)　高齢者と音楽
　高齢者と音楽の関わりには、

1）自分自身が生涯教育としての学習や文化芸術として音楽活動を行う
2）聴衆として、クラシック音楽のコンサート・CD を楽しむ
3）医療的アプローチとしての音楽療法を行う

　この３つが挙げられる。音楽は幸福感の維持に必要であり、孤独の軽減や健康促進にも役立つ（Hays, 2005）（Hays・Minichiello, 2005）。また、高齢者には「なじみの歌」が非常に有効であり、補完代替医療としても音楽を活かせる（高橋 , 2004）。音楽の持つ大きな力をもっと有効に活用し、高齢者の健康増進や介護予防に役立てることもできる（市江 , 2006）。

　高齢者が自ら音楽活動を行うケースでは、若年期・現役時代から習得していた能力を定年後に再び活用しようとする技術志向型や、音楽コミュニティー活動の中に知識と楽しみを見出す場合がある。聴衆として音楽を楽しむケースを考えると、クラシック音楽のコンサート会場には高齢者が多く集まっている。そして、特養ホームでも高齢者向けの音楽コンサートは多く企画されている。最近では、健康な高齢者に対しても、介護予防として参加することができる音楽療法プログラムを行うようになった。

(2)　高齢者の音楽活動とサービス視点

　音楽をサービスとして提供する場合は、演奏会場や屋外のように、多くの人が集まる場を利用する。音楽の特徴は、一度に多くの人にサービス提供を行うことができることである（藤井・小坂 , 2016a）。演奏会では、提供者と利用者が同じサービスの場に存在し、双方向に価値が提供される。高齢者は音楽活動を行う事により、生存充実感・変化と成長・自己実現・意味と価値などの「生きがいを求める欲求」（神谷 , 2004）を満たすことができるが、音楽を他者へサービスとして提供することも「反響への欲求」“はりあい”となる。高齢者のグループ活動により音楽を提供する場合、対象の聴衆の多くは同世代である。音楽を通した同世代の交流には、同じ時代を共有できるとともに、同世代の活躍を見て力をもらうこともある。

　多くの知と経験を持つ高齢者が生きがいを持って社会活動へ参加する場を用意し、彼らの「出番・活躍」を促すことは、その活動が社会貢献となるだけでなく、超高齢社会を持続・活性化していく上で重要な課題である。本節では、高齢者が社会活動に参加し、学んだ成果を社会還元するプロセスとしての互助活動を「サービス価値の共創」という視点で捉え、音楽の特性を活用した２つの事例を通して、音楽活動が高齢者の生きがい創出につながる価値共創モデルを検討する。

6.2.2 アマチュアオーケストラ「J 管弦楽団」の活動事例

　J 管弦楽団は 1978 年に発足し、日本人になじみのあるウイーン音楽のみを演奏するアマチュアオーケストラである。1979 年の第 1 回コンサート開催以来、年 1 回の定期演奏会を無料で実施している。定期演奏会の会場は公立ホールを使い、広報活動は会場のある自治体へのチラシが主であるが、毎年同じ会場で演奏会を行うことによりリピーターも増えており、開場前から長い列ができる。

　2014 年 5 月時点の団員は 40 名（うち女性は 12 名）で、60 代以上が 33 名、80 歳以上の男女も含まれており、コンサートマスターの男性 2 名は 70 代、常任指揮者は 78 歳と、アマチュアオーケストラの中でも高齢者の割合が非常に高い団体である。メンバーは、大学オーケストラ OB などのグループ、企業定年後の参加（音楽経験は有るがブランクあり）が多い。運営は会員の会費（月会費 2,000 円）を充て、活動場所は、東京都内で音の出せる賃貸ビル 1 室を使い、月に 2 回日曜日の午後、プロオーケストラの出身である常任指揮者が指導も兼ね、全員で練習を 4 時間行う。その後は「1 練習につき 1 反省会」という方針のもと、近隣の決まった飲食店に移動、楽器の置ける貸し切りの広い 1 室において懇親会を毎回行う。ここでは、その日の練習の反省も含めた音楽談義が主な内容であり、練習の場ではできない個人的な音楽指導も含め、プロである指揮者との音楽知識の共有も行えることが団員の楽しみとなっている。

　2014 年 5 月に文化センターで行われた定期演奏会は、観客数約 720 名と史上最高を動員。1 時間以上前に並ぶ人も多く、開場時には既に 100 名を超える長い列となった。来場者の大半は一見して 60 代後半以上であり、やや男性が多めだった。この年から聴衆との一体感を目指したロビーコンサートを実施、開演前の 30 分間を使って 70 代のメンバー 4 名による弦楽四重奏を行った。

(1) アンケート調査

　2014 年 6 月、定期演奏会後の J 管弦楽団団員に対しアンケート調査を実施した。サンプル数は 22 名（男性 50 代 2 名、60 代 7 名、70 代 5 名の計 14 名、女性 20 代 1 名、30 代 2 名、40 代 1 名、50 代 2 名、60 代 1 名、80 代 1 名の計 8 名）である。
これまでに習得した楽器と習得年数・時期の質問においては、86% が 20 代までの間に何らかの楽器を習得していた。若年期から能力活用の備えをしていたことがわかる。

J管弦楽団に所属した時期の質問では、最長で34年の継続者が2名所属しており、そのうち1名は70代であった。年数が少なくてもJ管弦楽団の前には別のオーケストラに所属していた団員もおり、楽器習得だけではなく、若年期から社会活動を継続して行っている団員が多いことがわかった。

　オーケストラ活動の中での「重要度」を、①音楽の技術向上、②団員・指揮者とのコミュニケーション、③団員・指揮者との一体感、④聴衆との一体感、の4項目で、優先度が高い順に並べるようにたずねた。それによると、団員の活動における重要度は、音楽技術の向上が57%と最も高く、次いでコミュニケーションと一体感がそれぞれ19%となっていた。「創り上げた組織の機能からの満足感」は、地域住民自主組織活動の活動参加継続の要因ともなる（成木・飯田, 2003）。団員が社会活動を行う際のモチベーション形成では、グループ内の良好な環境も重要な要素ではあるが、アンケートの結果からは、個人とグループの技術向上が最も重要な要素であることがわかった。

　定期演奏会の満足度について質問したところ、演奏会の成功・盛り上がりや聴衆の反応に比べ、個人またはグループの技術に「不満」という意見が27%となっていた。音楽活動では、1年間練習を重ねてきた集大成の結果が、演奏会本番のたった1度で聴衆へ提供されてしまう。個人の活動に最も重要とされている音楽技術を、演奏会という他者への提供の場でアウトプットする際に、十分に満足のいく形で提供できることが個人の満足につながり、組織としての満足にも結びつくことがわかった。

(2) インタビュー

　団員2名・団長・指揮者に対し、インタビューを行った。主な意見を示す。

［弦楽器I氏］「男性は女性に比べコミュニケーションが不器用。会社つながり以外の趣味に参加していくことで、老後元気でいる働きかけが持てる。」「シュトラウスの曲はなじみやすい、興味のない曲ではコンサートに行きづらい。」

［管楽器T氏］「聴衆の嬉しそうな雰囲気を感じると緊張が消える。」「プロよりもアマチュアの方が楽しいという人は多い。」

［団長M氏］「演奏会当日では最大で60人にもなる人間関係に最も気を配る。」「聴衆、またはオケの参加者としての誘いかけを常に行っている。」

［指揮者S氏］「コミュニケーションが全て。」「プロと違いメンバーの音楽技量はバラバラだが、長期間に及ぶ練習過程が窮屈ではなく楽しくあるべき。」

(3) J管弦楽団の支援サービス

　アマチュアオーケストラでは、若年期から既に音楽演奏の技術を習得している人が多い。このことは、リタイア後の長い高齢期を地域社会で過ごす時に、社会活動の場へスムーズに参加できる能力を「備え」として準備していることを意味する。活動は年1回の演奏会により、1度に多くの聴衆に向けて無料で提供される。CDとは異なる生の演奏提供（松本ら，2013）は、高齢者が大半を占める演奏会において聴衆の満足感にも大きく影響する。高齢者自らが生きがいを持って持続した活動を行い、その成果を社会貢献として多くの高齢者の楽しみにつなげているアマチュアオーケストラJ管弦楽団の活動は、高齢期の互助・支援サービスの在り方として、優れた事例である。

6.2.3　歌声サロンの活動事例

　東京のS地区にある福祉会館は、民間委託の運営を行っている。歌声サロンの成り立ちは、S地区でも会員の多い老人会をまとめる世話役（91歳）が、「高齢者で集まって健康のために皆で懐かしい歌を歌いたい」という趣旨がきっかけである。そして、ピアノのある活動場所を福祉会館に借りる交渉を行ったところ、時期が地域包括ケアの立ち上げ時と重なったため、1つの老人会だけに限らずS地区含む区内の高齢者に向けた「音楽サロン」としての活動を提案されたことによる。指導と伴奏は、世話役の知人であるピアノ教師（79歳）が行い、高齢者になじみのある曲を歌いやすい音程に変えて用意することになった。地区の高齢者に向けた広報は、福祉会館の管理者が入口にポスターを掲示し、近隣の病院などへのチラシを配布し、会館のホームページに掲載した。参加は区内在住の高齢者に限ることにした。ただし、申し込み・登録などは不要とし、毎回、自由参加のスタイルとした。

　2014年の6月を第1回目として、毎月1回、活動時間は2時間というサロン活動を開始した。開始時には発起人が所属する老人会メンバーが主体となり声掛けを行った。区内在住の60歳以上は誰でも参加ができるように告知しているため、老人会に所属していない単独または知人との参加も多く見られた。月1回の参加者は25名から30名（うち男性は4-5名）程度であった。このような集まりからスタートしたサロンは、参加者が互いに見知らぬ同士のこともあり、終了後皆でどこかに集まることもない。さらに、S地区は昔ながらの地域に密着した活動も少ない。

　開始半年の活動の後、この歌声サロンは、S地区の特養ホームに出張コンサートを行うことを提案された。グループとしての団結も発表も難しいと思われる自由参

加形態で開始したサロンにおいて、コンサートに人が集まるのか心配されたが、当日の参加者は17名、聴衆15名に対しての開催であった。コンサート終了後には、聴衆2名がお礼と感想を述べに控室を訪れた。その際、参加者と聴衆が意見を交換し、同世代ならではの共感も確認された。

(1) インタビュー

コンサート当日、参加者と聴衆から集まった主な声を示す。

［参加者女性A］「顔が赤くなっていた。いつもと違い血のめぐりが良くなったのか、楽しかった。」「観客の反応がとても楽しそうで良かった。」

［参加者男性B］「人の前で歌ったのは中学以来、少し緊張した。」

［参加者女性C］「会場に来る前、娘に『老人が老人に一体何ができるというのか?』と答められた。こんなに皆さんが喜んでくれたということを、帰宅して娘に堂々と伝える。」

［聴衆女性D］「本当に懐かしくて嬉しくて涙が出た。」「これを聴けたから、また頑張って長生きができる。」

［聴衆男性E］「色々な人がコンサートに来るが、知らない曲ばかり、今日は懐かしく知っている歌ばかりで本当に楽しかった。ありがとう。」

［世話役］「全く外出をしない人も、うまく連れ出せれば以後参加するようになる。」「人との関わりも勉強になる。」「1人でも多くの人に懐かしい曲を楽しんでもらいたい。」

［指導者］「クラシック音楽のコンサートでは、涙を流して喜んでくれるということはない。嬉しかった。」「参加者の元気な様子を見ると、自分も色々な集まりにできるだけ参加したいと思う。」

(2) 歌声サロンの音楽サービス

このコンサートをきっかけにしてサロン内で親しく言葉を交わす参加者が増え、サロン内のまとまりができた。また、これまでスタッフ任せだった椅子や楽譜などの配布・片付けを率先して行う参加者も増えた。S地区の事例は、若年期から音楽技術を備えとしているオーケストラ活動とは異なり、高齢者になってから音楽を楽しむ活動に参加したというケースである。唱歌や童謡は、懐かしい音楽を思い出し、親しむ目的で高齢者に提供されることが多いが、これを同世代が歌うことにより、高齢の聴衆はより大きな喜びを感じる。この事例は、活動を企画した世話役と指導者が共に後期高齢者である上、区内の広い範囲からいつでも自由参加の形式をとっ

ており、まとまったグループとしての持続活性化が難しいと思われた。しかし、同じ地域の同世代高齢者に練習成果を披露したことで聴衆と時代の共有ができ、グループ内が団結し、互助・社会貢献の意識に繋がったケースである。

6.2.4 音楽コミュニティー活動の価値共創

（1）サービスとしての音楽

　音楽は奏者・環境・技術などの要素により毎回の演奏が全て異なり、全く同じものを再現することはできない。音楽を提供する側は楽しい活動の中にも多少の緊張感を伴う。それだけに演奏が終わった後の達成感は大きな生きがいとなる。音楽活動をサービスとして提供する者は、練習過程を経て獲得した技術と共に聴衆からの反響も得られる。

　サービスは、会社と顧客といった従来の関係ではなく「actor to actor（A2A）」という Actor を中心とする見方が必要であり、Actor 自身が持つ価値のあるリソース－知識と技術－にこそ、サービス視点がある（Lusch and Vargo, 2014）。

　J 管弦楽団は毎年必ず行う演奏会で固定ファンも増えており、定期演奏会では毎回 600 名から 700 名超という多くの聴衆へ音楽の提供をしている。高齢者が音楽を通して同世代にサービスを行うケースでは規模の大きいものである。自らの能力の活用を高齢期に発揮し、団員同士で学び合い、教え合いながら自己実現をはかり、居住地域を越えた地縁も築きながら学習成果を社会還元している。このような大規模な演奏会を開催し成功していても、なお自らの技術を不満に感じ、もっと良い演奏の提供をしたいと、日々の練習と持続的な活動を行っている。

　S 地区の歌声サロンは音楽技術に対する備えはないが、誰でも手軽に参加でき、高齢期に楽しむコミュニティー活動として全国の広い地域に対応できる。発表の場への参加で同世代の聴衆に音楽を提供する経験をしたことにより、自分たちの活動が聴衆にもたらす可能性に気づいた。また、活動を通して行事の少なかった地域での地縁も築けた。

（2）音楽と価値共創

　J 管弦楽団の活動は、1 年に 1 度の定期演奏会の成功を目指して練習に励み、自らのモチベーションとスキルの向上が生きがいの源である。オーケストラ練習・自主練習の他に、自分のパートである楽器のレッスンを、再び受けに通う団員もいる。技術の向上も活動の重要な目的であるが、演奏会では日本人に親しみのあるワルツ

やラデッキー行進曲などを毎回選曲し、演出に駅員の帽子や仮面などの小物・銃や警笛の音なども取り入れて、より聴衆の楽しめるものへ工夫を凝らしている。コンサートへ初めて足を運ぶ高齢者にも、クラシック音楽を窮屈なものと認識させず、楽しめる新たな趣味となるきっかけを提供している。聴衆は楽しい演奏に大いに満足し、大きな拍手やブラボーの掛け声を送り、その評価を得た団員と共に、指揮者・演奏会の成功に向け尽力した団長も大きな価値を得る。

　J管弦楽団では指揮者が毎回の指導も兼ねており、自ら1練習1反省会という方針を掲げ、反省会という名の懇親会の場で団員との親睦を深めている。また、大きな組織・大規模な演奏会に関わる多くの人がスムーズに活動するためには、指揮者と団員との橋渡しを行いながら、環境の場を良好に保つ「メディエーター」としての団長のきめ細かい配慮も重要となる。団員は個人とグループの音楽スキルをリーダーの指揮者に支えられ、さらにスキル向上を目指す。そして活動を行う場の環境をメディエーターの団長に支えられ、持続した活動継続のモチベーションを持つ。

　S地区歌声サロンの音楽活動は、同世代に最もなじみの深い曲を参加者と指導者が模索し、自らも楽しめるようにプログラムを作ったコンサートを高齢者へ提供する。コンサートでは聴衆の懐かしい記憶を思い出させ感動に導く。自らも大きな充実感を得て次のコンサートを目指すことで、活動参加に目標ができる。参加者は1か月に1回の活動を楽しみにして、自らの予定を調整しつつ参加を継続する。この活動の持続と活性化には、同じ高齢者の立場で選曲や音程に配慮する指導者と、毎回参加者の意見を集めて指導者と常に話し合いの場を持つ世話役の貢献が大きい。

　音楽活動を通して得られた個人のスキルは、個人の価値になるとともに、仲間との切磋琢磨でスキルを向上することはグループ全体の価値にもつながる。高齢者が集まり活動する場においては、リーダーとともに参加者の立場で環境整備に尽力するメディエーターの役割が重要である。参加者のスキルはリーダーが支え、場の環境を整え、参加者のモチベーションに働きかけ、彼らの活動を支えるのは、メディエーターの存在である。この2者の存在があることで、個人とグループのモチベーションとスキルが循環する。そして活動の持続と活性化を行うためには、学びの集大成として成果をアウトプットできる「演奏会」という目標をおくことが重要なポイントとなっている。演奏会の場で聴衆に音楽を提供することで、達成感と共に聴衆からの反響を得る。これが活動を続ける上で参加者・リーダー・メディエーターの大きなはりあいとなっている。

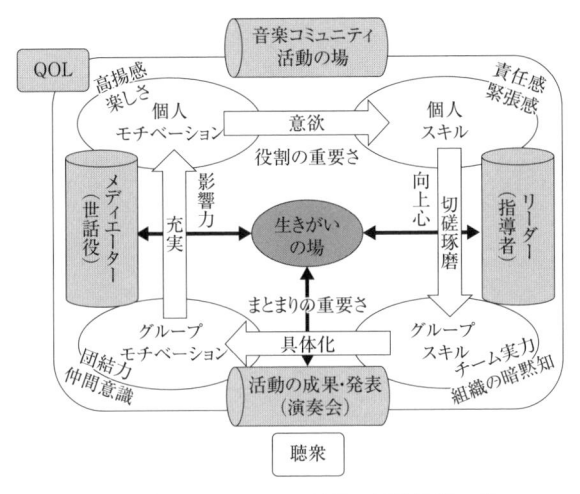

図6.2　音楽コミュニティ活動の価値共創モデル

(3) 価値共創モデル

　高齢者が音楽コミュニティー活動を行う中で、モチベーションとスキルが価値共創に結びつき、個人の生きがいとなる仕組みに必要な要素は、次の3項目である。

1) 活動の場において個人・グループのモチベーションとスキルがスパイラルアップして再び個人のモチベーションに寄与することで個人の生きがいを創出し、QOL（Quality of Life）の向上へ結びつく。

2) 活動の場で、参加者はリーダー・メディエーターと価値共創を行い、リーダー・メディエーターも参加者からのフィードバックを自分のモチベーションとして、価値共創とする。

3) 1年に1度の成果発表でもある演奏会の場では、聴衆とも大きな価値共創を行う。

　この価値共創の仕組みを表したものが、図6.2の価値共創モデルである。

6.2.5　まとめ

　音楽をサービスとして提供する機会としては、プロが行うものと、アマチュアオーケストラ活動をはじめとした互助活動や趣味活動の中から提供されるものがある。プロの音楽活動は、技術そのものが評価され、サービス提供には報酬が伴うため、主に個人が自主的に自分自身を管理し、日々鍛錬して、技術の安定と向上をめ

ざす。これに対して、アマチュアの活動は、自らの楽しみのために始めるものであり、技術の向上は活動を続ける意欲につながる。音楽を高齢者へ提供する時、サービスの本質に迫るものは、よりアマチュアの活動に多く含まれると考える（藤井・小坂, 2016a）。アマチュアの音楽活動では「上手く演奏できた」時の達成感は大きい。聴衆はアマチュアの演奏に対し、多少のミスなどには寛容である。しかし、提供側は「より良い演奏を届けたい」と、練習を積み、聴衆は「昨年より素晴らしかった。」と賞賛を贈る。

　ここでは、若年期から音楽を学び、高齢期の社会活動への備えとなっているアマチュアオーケストラ活動と、音楽を手軽に楽しむコミュニティーサロンの音楽活動の2事例を挙げた。高齢者同士を対象とする音楽サービスでは、提供者と聴衆双方が良い刺激を受けて大きな価値共創が行われることが特徴である。共に互いの健康を願い、思いやって「また1年、健康で頑張ろう。」という活力となっていた。さらに、活動の場やサービス提供の場には、リーダーの指導に参加側立場から連携するメディエーターの存在が、価値共創モデルを上手く回すための重要なポイントとなっていた。

　高齢者のコミュニティー活動を互助として支える人材（指導者・まとめ役や世話役）は、現在、主にボランティア活動によるものが多く、大きな課題である（藤井・小坂, 2016b）。ここで取り上げた2事例は、指導者とメディエーター4人のうち、3人が後期高齢者である。今後のさらなる超高齢社会においては、高齢者が主体となって支援サービスに取り組むケースも多くなると考えられる。価値共創のある社会活動を行うために、地域に眠る知識と経験に富む人材に「出番・活躍の場」を創出することがサービスイノベーションに繋がると考える。

（藤井美樹）

6.3　サービスの視点で考えるアクティブラーニング

6.3.1　はじめに

　Lusch and Vargo（2016）は、その著書サービス・ドミナント・ロジックのなかで「本来、価値とは共創されるものなのだ」と前提を示し、サービスとは「他者あるいは自身のベネフィットのためにコンピタンスを適用すること」と定義した。ま

た、人間のコンピタンス（ナレッジとスキル）をオペラント資源の代表的な例として紹介している。そして、このオペラント資源（ナレッジとスキル）は価値創造プロセスで利用されると説明している。

　このサービス・ドミナント・ロジックの考え方に基づくと、教師は学生が自ら考え、行動することができるように、自身の知識やスキルを使って支援することで、学生との価値共創の場を創出できると考えられる。さらに、授業中に学生同士が、各々が持つオペラント資源（ナレッジやスキル）を使って学友（Perr）の学びを支援することが出来れば、学修者の主体的、能動的な学修環境を創り出すことが出来るのではないか？　ここでは、大学の教育現場を取り巻く現状と課題を挙げ、その課題を解決する手法のひとつとして取り組んできたサービス視点のアクティブラーニングアプローチの実践を紹介する。その有効性の検証結果と新たに見えてきた課題、その課題を解決するための試みの経過について報告する。

　近年、少子・高齢化、長引く深刻な財政危機、世界規模の社会構造・産業構造変化、厳しさを増す就職、入学志願者減少などの社会的課題を背景として、大学教育が転換期を向かえた（細川, 2012）。また、今世紀は知識基盤社会といわれ、知的な労働者として大学教育修了者の社会貢献が大いに期待されている。大学に対しては、イノベーションを推し進める研究機関としての機能、あるいはイノベーションを創出する人材育成の重要な担い手としての期待も高い。また、高等教育の質的保障に対する関心が世界的に高まり、大学はより高い質の教育を提供することを社会から求められている（川口, 2011）。つまり、大学は、変化の激しいこれからの社会に対応して活躍していけるだけの能力を持った多くの社会人を送り出す立場にある。このために、知識を基盤とした社会人基礎力や21世紀スキルなどの能力をもった人材を育成することを最重要事項として求められている。

　日本の教育をふりかえってみると、第2次大戦後、経験主義に基づく教育や本質主義教育に重点を置く教育など、様々な改革を進めてきた歴史がある。それらの改革の都度命名された、「詰め込み教育」や「ゆとり教育」などがその特徴を表している。

　アメリカの研究者であり、実践者であるジョンソン兄弟は、従来の大学教育のパラダイム（構造）についてジョン・ロックの考え方を引用し「訓練されていない学生は何も書いていない白紙のようなもので、学生はそこに教授が何かを書き込んでくれるのを待っている。学生の心は教授がもっている知識を注ぎ入れる空っぽの器のようなものである」と指摘している（Johnson, 2007）。たとえば知識をモノとして考え、このジョンソンの指摘を言い換えると、教授は知識（モノ）を生産し、学生

が提供された知識（モノ）を消費する関係にあると言える。このような関係は、グッズ・ドミナント・ロジックの世界観に支えられている。

　また、大学教育について杉江らは、「少数の教師が指導文化や学生の学びの実態に隠れる課題に既に気づいているが、自らの経験を拠り所とした分かりやすい講義を試みる対応に留まっているのが現状である。さらに、教師が教え導く従来の指導パラダイムが根付き、構造転換は簡単には成功しない。」と分析した。そして、「学生たちも従来の教育で受け身の学修を強いられ、それに慣れてしまった。今後は、学生が学びの価値を正しく捉え、学ぶことの喜びを感じ、自分の成長を実感し、次の目標を設定できる授業の仕掛けづくりが必要である」と主張した（杉江ら，2004）。グッズ・ドミナント・ロジックの世界観では、企業が主導アクターと位置づけられるように、従来の大学教育パラダイムにおいては教師が主導アクター（提供者）であり、他のアクターとして学生（受容者）が存在している。長い歴史の中で面々と継続され、当たり前のように常態化したグッズ・ドミナント・ロジックの世界観に立脚する教育的構造を、教師と学生が価値を共創するサービス・ドミナント・ロジックの世界観に転換していくことは一筋縄ではいかない。

　中央教育審議会は予測困難な成熟社会においては、生涯にわたって学び続ける力や主体的に考える力の育成が重要であるとし、大学教育の質的転換の推進の重要性を説いている。学生が受動的学修者としての立場で関わる限り、生涯にわたって学び続ける力や主体的に考える力の育成はできないと指摘する。そのために、知識の一方的伝達・注入を中心にした従来の授業から、教師と学生、学生同士が意思疎通を図りながら、互いに影響を与え、主体的に学びに関わる能動的学修、すなわちアクティブラーニングへの変換が必要であると述べている（中教審，2012）。一般的にはディスカッション、ディベートなどの双方向の授業、インターンシップや実習などの教室外学修プログラムがアクティブラーニングと言われるが、その教育方法や指導方法は非常に多く存在し、体系的に整理されているとは言えない。また、アクティブラーニングの効果や有効性が検証された実例はまだそれほど多くはない。

6.3.2　実践事例紹介

　2006 年から大学で、「協同学習をベースにした体験学習によって学生の主体的な学習態度を促すことができるのではないか」という仮説のもと、授業を実践してきた。2009 年からの 3 年間実施した授業の有効性を 4 つの観点、①満足度、②学習意欲、③協同、④能力、から分析した。その結果、①については、学修者全員に価

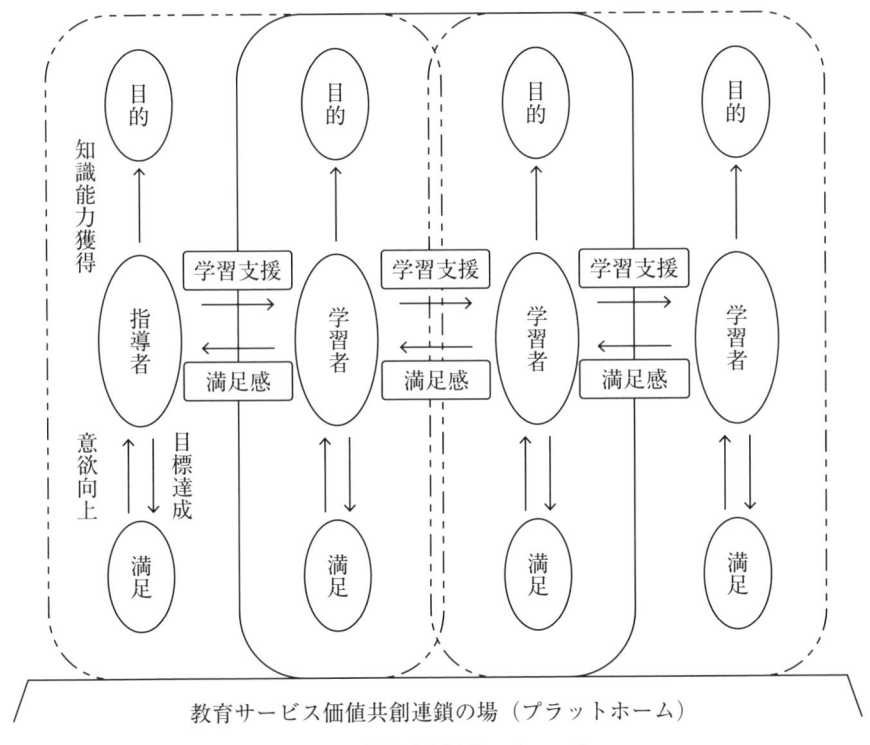

図6.3　価値共創連鎖のイメージ

値共創による満足度の向上が見られる。②については、支援者に支えられて目標を達成するため参画者の学習意欲が高まる。③については、協同で取り組む課題が設定された教育サービスの場が、相互支援関係を促し、学修者間の価値共創を創出する効果がある。④については、一般的な社会人に求められる基礎的な能力を身につけられるということが分かった。その検証結果から教師と学修者、学修者同士が創る価値が連鎖するイメージをまとめた。(図6.3)

　しかし、単一プログラム・集中授業での調査であったので、他の授業、他の大学の授業、社会人研修など、別の事例において更に検証を積み重ねることが課題となった。その後、この課題を解決するために、協同学習と体験学習を基にした授業を本務校の通常授業(全15回)、非常勤校の集中授業など担当する複数科目で実施した。開講科目によって学生が読む教科書は変わるが、基本的な授業の構成についてはどの授業もほぼ同じになるように設計した。

　実施した授業の骨子を紹介する。まず、授業期間全体の流れは、通常授業、集中

授業に関わらず、前半が知識習得中心，後半を知識応用中心に大きく分けている。次に、各回の授業の内容は3つのフェーズで構成している。教科書を読んでノートにまとめてくる（予習）、授業中に教師からの重要事項の簡単な解説を聞き、3〜4名のグループに分かれて予習を用いて学修内容を話し合う（討論）、学修目標の定着を図るレポートを作成する（復習）である。いわゆる科目の専門書を利用した「反転学習」という一般的な流れになっている。

　授業中のデザインでは、1）教科書の予習箇所の要約と自己のもつ知識と経験との関連づけを重要視した。関連づけがしやすいように予習ノート作成の考え方や表記の方法（枠組み）をあらかじめ提示した（安永, 2006）。予習の質が向上し、安定するまでフィードバックを続け、学修の深耕を支援した。2）授業中のグループ討論では、進行を学生に委ねることはせず、協同学習の話し合いの方法に則り、教師が時間管理や指示を出しながら円滑に話し合えるように運営した（安永, 2012）。3）習得知識の応用実践では、体験学習の理論を参考にして、学生が演習や実践活動（アクティビティ）を通して、教師の言葉がけ（介入）に支援されながら自らの気づきを明確にすることに重点を置いた。特に教師はファシリテーター（促進者）の立場で関わり、学生達が体験から実践的な知識を創出できる環境づくりに注力した（Kolb, 1973）。

　また、学修目標と態度目標（学修面以外で習得を目指す能力）を設定しシラバスに明記した。具体的には、学修目標で、

　　①履修した科目で学ぶ基礎知識をテーマ（内容）ごとに予習できるようになる。

　　②予習内容を用いた討論を通して知見を深めることができるようになる。

　　③予習と授業で手に入れた知見を発展させ、論理的に説明できるようになる。

　　④授業で身につけた基礎知識を使い、演習や活動プロジェクトを通し、基礎知識の理解を深め、実践力を培うことができるようになる。

　　⑤授業をふりかえり、修得した知識と実践知について説明し、自己評価できるようになるとした。

態度目標は、

　　①チームワーク、リーダーシップ

　　②コミュニケーションスキル

　　③論理的思考を授業で身につける代表的な能力

とした。シラバスによって、学生が授業を履修することで手に入れられる学びや能力を履修時点で意識できるように工夫した。加えて初回の授業で学生たちに最終授業終了時に達成していたい目標をカードに具体的に書かせ可視化させた。つまり、

獲得した知識・技能・態度等を活用して、学生が自分や他の学生の目標の到達度を毎回の授業で互いに意識できるように設計した。

　調査では、①授業満足度評価、②協同学習体験の効果について調査した。授業満足度評価では山地らの尺度（山地・川越，2012）、協同学習体験の評価では、長濱らの協同作業尺度の協同効用因子と個人志向因子、互恵懸念因子の研究を参考にした（長濱・安永ら，2009）。 アンケート調査は、事前調査を第1回授業開始前に実施、事後調査を最終授業終了時に実施、いずれもその場で回収した。また、15回授業終了時に自由記述で授業の感想を尋ねた。

　t 検定を行った結果、2009 年からの初期研究同様、調査したどの授業でも授業満足度や協同学習体験の評価が肯定的に変化する傾向を確認することができた。これらのことから学生の主体的学修の促進に対して、提供した協同学習と体験学習を組み込んだ授業の有効性はある程度確認できたと考えている。

6.3.3　新たに見えてきた課題

　大学での教育実践を報告することを続けている動機としては、協同学習と体験学習を組み込んだアクティブラーニングアプローチの授業の教育的効果を実証することだけではない。従来からの伝統的な教授法がまだまだ主流である大学の教育現場において、学修者の主体的な学びを促す授業を追求し普及させることにある。

　改めて言うまでもないが、実施してきたアクティブラーニングアプローチの授業が学生の学修に効果があるか否かは、設計段階での授業デザインや教師の授業運営力に負うところが多いと言える。今回の議論では、アクティブラーニングを「サービス」であると考える立場をとっている。したがって、この教育的試みは、無形性（形がない）、異質性・変動性（品質が常に一定ではない）、同時性（生産と消費が同時に起こる）消滅性（在庫や保存ができない）というサービスの特徴を包含している。このことから複数の教師がたとえ同じ設計で授業を行ったとしても、その都度々々で品質や内容が変化することになることが想定される。本稿を読み、紹介した授業の内容やアプローチを省略したりせずそのまま実施したとしても、残念ながら全く同じ成果を生む授業が再現できるとは考えにくい。

　紹介した事例では学生が教科書の予習で、自分の知識や体験と学修課題を関連づけ、思考することによって暗黙的な知識を形成する。それをノートに明文化することを通して形式的な知識に変換する。授業中、予習で創り出された形式的な知識を討論の場で討論グループやクラスの学友と共有し連結する。予習と授業中の気づき

は、授業後の復習で思考を伴いながらまとめられ、再び明文化される。その過程で新たな暗黙的な知識に変換される。つまり、15回の授業で知識創造サイクル（SECI）が繰り返され、知識創造が重層化されていると考えられる（野中・竹内, 1996）。

　学生同士の討論を軸にして構成された授業であるので、討論の場で話し合われる予習内容が学修目標に適っていることと、討論の場が活性化することが必須条件になる。しかし、話し合う学生一人ひとりの知識や体験の質も量も異なる。また、事前に教科書を読み、その内容を理解してくる予習の程度にも差が生じる。ここで最も注目すべき点は、学生の討論に対するスキルの差が大きい場合、討論の場で知識創造が円滑に行われないケースが多く発生することだ。自分が話すことが大切だと考え、自分の主張を雄弁に語る学生が多く、他者の考えを引き出すことが疎かになる場面では、関わる学生の知識創造が円滑に行われない現象が特に顕著に表れる。

　今後の研究アプローチに示唆を与える考え方に、Schein が提唱する「支援学」（Schein, 2009）や「謙虚な問いかけ」（Schein, 2014）がある。プロセス・コンサルティング志向で相手を尊重する謙虚な問いかけによって互恵的な支援関係を築くという考え方である。この謙虚な問いかけによって相手の知識創造サイクル（SECI）の各領域の変換がスムーズに進むように支援することができる可能性があると考えた。つまり、学生たち自身が、支援学の理論や謙虚に問いかける技術を学び、試行し、習得することで、討論がより活性化し、互いの知識創造（SECI）が円滑に進むように、学生同士が支援し合うことができるという新たな仮説を立てるに至った。

　冒頭で論及したように、サービス視点でアクティブラーニングを考えることで、学友（Perr）あるいは学修者自身の知識創造・価値共創のためにオペラント資源であるナレッジとスキルを支援行為として使い、互いの知識創造プロセスが円滑に駆動するように促すことができ、学修者の肯定的な相互協力関係を涵養できると考えている。（図6.4）

　教育実践研究では、倫理的にも、教育道義的にも最適な、あるいは不適切なデザインに基づく授業で履修学生を比較するような研究は許されるものではない。また、実験室実験とは異なり調査要因を厳しく統制、管理することもできない。したがって実証に至る道のりは遠く困難であるが、今後もサービス視点のアクティブラーニングを設計、実践して引き続きその有効性や効果の検証に取り組んでいきたい。

（根上明）

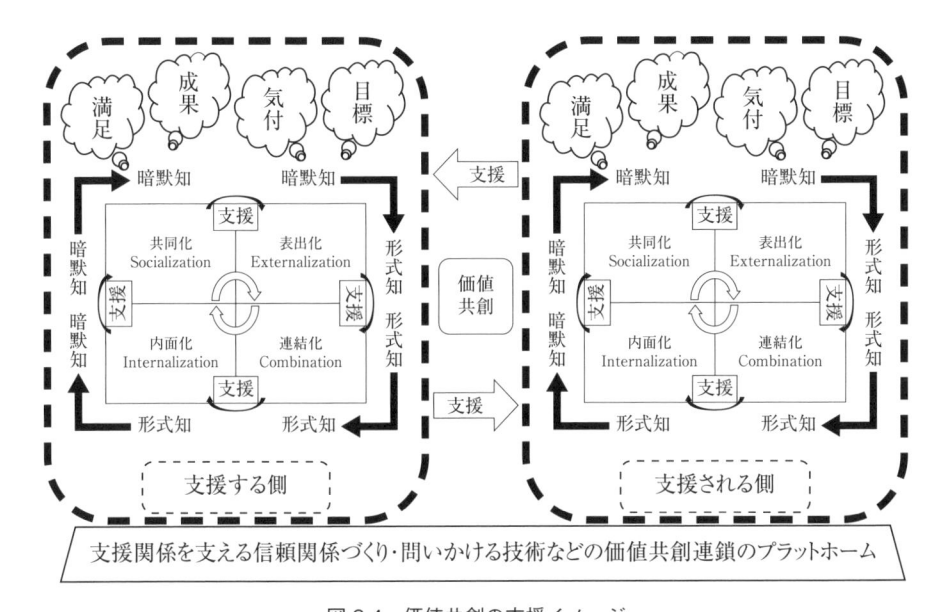

図6.4　価値共創の支援イメージ

（野中郁次郎，竹内弘隆『知識創造企業』より一部修正挿入）

6.4　ケアサービスにおける価値・知識共創モデル

6.4.1　ケアサービスとは

　ここでは、老人や障がい者に対する介護など、人が人をケアするサービスの価値と知識の共創を取り上げる。メイヤロフ（1987）は「一人の人格をケアするとは、最も深い意味で、その人が成長すること、自己実現することを助けることである」としており、ケアサービスとは、人と人とが長期にわたり全人格的な信頼関係を構築しながら、利用者が「よりよく生きること（ウェルビーインング：well-being）」を支援するサービスである。

　メイヤロフはまた、「他の人々をケアすることを通して、他の人々に役立つことによって、ケアする人は自身の生の意味を生きているのである。それは支配したり、説明したり、評価しているからではなく、ケアし、かつケアされているからなのである。」とも語り、ケアすることがケアを提供する側もよりよく生きることにつな

がるという互恵性を有していることを示唆している。つまり、ケアサービスとは、利用者に対する価値創造ばかりではなく、サービスを提供する側の価値も同時に創造されていることに重要な意味があるサービスだと言える。

6.4.2　ラルシュかなの家の事例

　Muramotoら（2016）は、知的障がい者に対する福祉サービス事業者「社会福祉法人ラルシュかなの家（以下、かなの家という）」の研究において、職員自らもケアサービスを提供する過程で「人間的成長・自己実現」「自分の居場所」「社会とのつながり」という、ウェルビーイングにつながる価値を享受していることを見出している。

　例えば、「自分の居場所」ということについて、かなの家の職員の一人は以下のように述べている。

> 「なかまの人（利用者のこと）は競争する力がないから、彼らにとって幸せっていうのは仕事の成功ではなくて、誰かと仲良くしているということなんです。僕が彼らと一緒にいていいなと思うのは、別に成功していなくてもありのままで好きだよ、って言ってもらえるということなんで。ほんとは僕らもそれを求めている。なかまの人はそれをストレートに出してくるから、そういう意味で彼らといるとなんとなくあったかい気持ち幸せな気持ちになれるし、ほんとはそうすればいいんだよというのを教えてくれる。」

　上記の発言からは、「自分の居場所」という価値が利用者と職員との関わりの中で共創されている様子もうかがえる。また、このような職員側への価値創造は、どのサービス事業者でも起きているのではないことも同じ職員のインタビューの中で示されている（村本, 2015）。

> 「与える側だけでいる、助けられる側だけでなくて、そうじゃないところにラルシュの特殊なところがある気がしていて、僕はその互恵関係はすごい好きだな。まだ理由はわからない。なんでそれがいいのかはわからない。でも前の職場（他のサービス事業者）に行って、やっぱりかなの家に帰って来たいなと思いました。」

ではなぜ、かなの家でこのような職員側への価値の共創が起きているのであろうか。その理由は、かなの家が持つ基本理念にあると考えられる。かなの家の基本理念では、知的障がいを持つ人と障がいを持たない人が相互関係のうちに成長し、知的障がいを持つ人の賜物を認め、世の中に伝えていくことが謳われている。「賜物」とは、「その人が生来持っている得意なこと」という意味である。知的障害を持つ人の賜物は、迎える、祝う、ゆるすの3つだとかなの家では考えている（カトリック生活，2016）。すなわち、知的障がいを持つ人は、人を迎え入れ、その人の存在を祝福し、過ちを許し、人とすぐ友達になれるという得意なことがあり、その価値を認め、そこから学ぶことで障がいを持たない人も成長できる、という信念をかなの家の基本理念は標榜しているのである。

　この考えは、50年前にフランスで誕生したラルシュ・インターナショナル（以下ラルシュという）というNGOの考えに基づいている。ラルシュは、知的障がいを持つ人に価値を見出すという、当時としては革新的な考え方に基礎を置くコミュニティーを立ち上げ、現在では世界35カ国に展開している。かなの家は、ラルシュに加盟している日本で唯一の団体である。

　次に、知識創造についてはどうであろうか。野中ら（2010）は、知識を「個人の信念やスキルを真実に向かって正当化する、ダイナミックで社会的なプロセス」と定義している。この定義に従えば、かなの家における知識創造とは、かなの家の基本理念を日々の生活の中で実践し、実践の中から利用者と職員のウェルビーイングという価値が創造されることで、この基本理念が真実であることを正当化する社会的なプロセスであるととらえることができる。そして、このプロセスには利用者と職員が共に参加しており、知識は共創されているのである。かなの家のある職員はこのことについて以下のように表現している。

　　　「アシスタント（職員のこと）にとっては、なかまの人を見ることによって自分が人間的に成長できる場所。なかまの人には賜物があるよ、なんて言われなければきっとわからなかった。僕が最初に施設に勤めた時は、そんなことはぜんぜん考えていなかった。与えるだけ。与えればよかった。できないところを補ってあげる。ラルシュで『賜物があるよ』と言われて、え？賜物ってなんだろう、と見ていくことで自分がずいぶん勉強できる。」

　ここで、かなの家の事例を、知識と価値のダイナミックな共創の視点からモデル

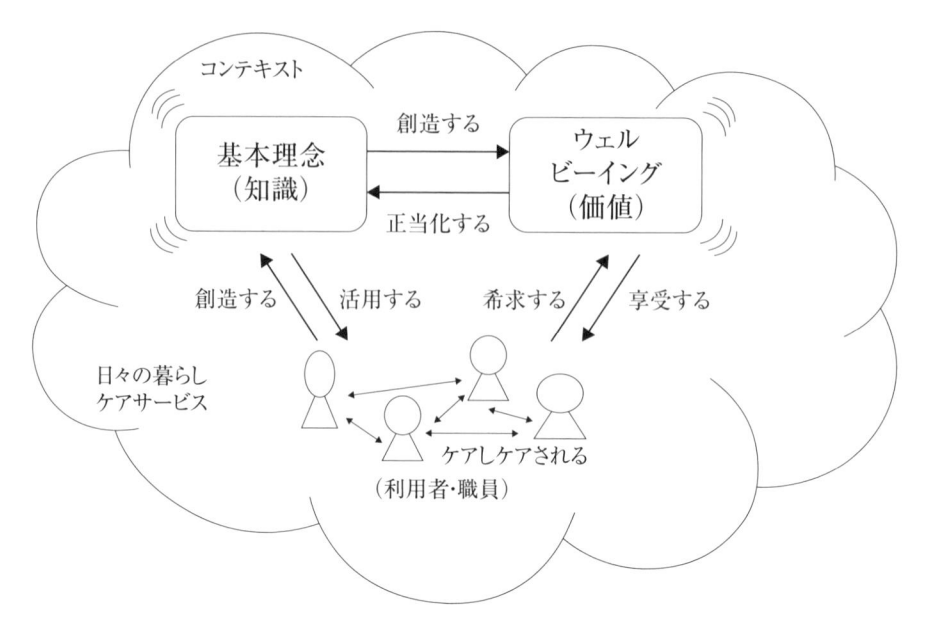

図6.5　ケアサービスにおける価値・知識共創モデル

化すると、図6.5のようになる。

　まず、ケアサービスにおける価値とはウェルビーイングであり、ウェルビーイングを希求することはウェルビカミング（well-becoming）という。ウェルビーイングは、利用者、職員のどちらもが希求し、享受するものである。また、両者のウェルビーイングは、ケアしケアされるという相互の関わりの中で創造される。つまり、互恵的な価値共創が行われている。

　次に、知識について見てみる。この場合の知識は、かなの家の基本理念であり、ラルシュの提唱する革新的な信念である「知的障がいを持つ人の賜物から学ぶ」ということである。この考えがなければ、かなの家で互恵的な価値共創が生まれることもなく、他のサービス事業者にはない価値を創出することもできなかったであろう。

　この基本理念自体は、ラルシュの創立者ジャン・バニエが考え出したものであるが、それを現代の日本社会というコンテキストにおいて、日々の生活やサービス事業の中で実践し、価値を創出することでこの信念を正当化しているのは、かなの家の職員と利用者である。利用者もまた、ただサービスを利用する、すなわちケアされるだけではなく、自らの「賜物」を発揮することにより、価値と知識創造プロセ

スに積極的に参加している。その様子は、年に一度のかなの家祭りで利用者と職員が一緒になってイベントを盛り上げる様子に端的に現れている（ラルシュかなの家, 2015）。

6.4.3　知識と価値のダイナミック共創モデルの一般化

　かなの家の事例で見るように、価値と知識は表裏一体の関係にあると言える。すなわち、知識は価値を実現するものであり、「価値を実現した」という事実は知識を正当化する。そして、価値と知識は常に変化するコンテキストの中で相互に呼応しながら創造されていると考えられる。このようなダイナミックな知識と価値の関係を整理したのが図 6.6 である。

　図 6.6 において、知識と価値をつなぐ二つの矢印は、知識は価値を創造し（知識は価値を創造するために活用され）、知識によって価値が創造できたという事実がその知識を正当化する、ということを示している。ここで注目すべき点は、知識も価値も人間の主観によるものであり、また個人や社会のコンテキストの中で常に変化する点である。そして、知識と価値のどちらかが変化すれば、他方も追随する必要

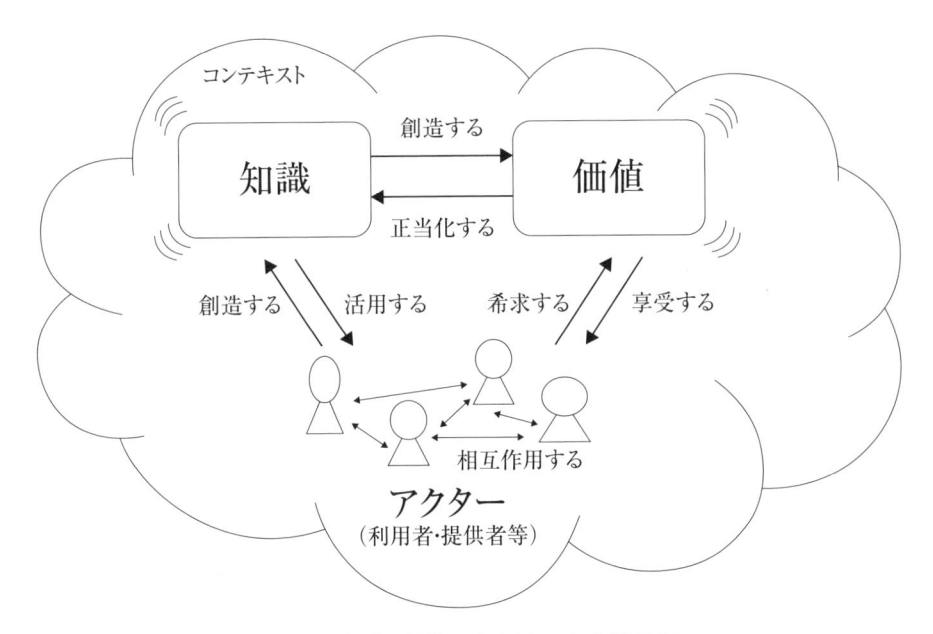

図 6.6　知識と価値のダイナミック共創モデル

がある。

　次に、アクターと知識・価値の関係を見てみよう。アクターとは、サービス価値創造に関与する参加者をすべて包含した呼び方である。顧客もサービス提供者もアクターである。「アクターが価値を希求する」というのは、顧客だけでなく、提供者もまた価値を希求するということである。「アクターが価値を享受する」というのは、価値により何らかの便益がアクターにもたらされ、アクターのニーズが満たされることである。「お客様の喜びは私たちの喜び」という、よくある企業理念は、顧客が価値を享受することを自分の価値としてその企業が希求していることを表している。

　また、「アクターが知識を創造する」というのは、知識を創造するのはサービス提供者だけではなく、利用者もまた知識創造していることを示唆している。また、「アクターが知識を活用する」というのは、利用者もまたオペラント資源としての知識を適用してサービス価値創造に参加することを示唆している。

　以上、図 6.6 に示す知識と価値のダイナミック共創モデルは、知識と価値は表裏一体・付かず離れずの関係で、どちらもコンテキストの中でダイナミックに変化すること、知識と価値の共創はアクターが相互に関係しながら知識と価値に働きかけることで行われることを示している。

　以上見てきたように、サービスの価値と知識は表裏一体となって創造されること、どちらもアクター間の相互作用により共創されること、そして、価値も知識もコンテキストの中で常に変化していることを理解することがサービス価値創造を考える上で重要である。また、サービスを提供する企業や組織においては、価値と知識の変化をいち早くとらえ、迅速に対応できる能力を構築すること、そして、顧客との共創関係をデザインすることが持続的なサービス価値創造を実現する上で欠かせないこともわかる。

（村本徹也）

7 新しい情報技術の応用研究

7.1 クラウド環境と IoT がもたらす教育サービス基盤

7.1.1 新しい情報技術と教育サービス

　サービスサイエンスの分野が研究者と実践者の協働により進展する中で、その対象範囲はビジネスから行政、教育といったように様々に拡大してきている。また、ICT（Information and Communication Technology）として現れてくる新たな技術要素が、そのサービスの具現化においても大きく関わっている。例えば、基盤技術としての技術キーワードである SOA（Service Oriented Architecture）、IaaS（Infrastructure as a Service）、PaaS（Platform as a Service）、SaaS（Software as a Service）、あるいはクラウドコンピューティングといったことは、サービス基盤を構築するときの拡張性や保守性を格段に向上させてきている（Demirkan, 2012）。そこで、このような実装基盤を活かして、知識科学（知識科学研究科, 2008）やスキルサイエンス（古川, 2009）といった側面からのサービスを設計し、評価・検証していくことで、今後のスマート社会を構成する多様なサービスの方向を示唆することにつながると考えられる。

　本節では、教育サービスに焦点をあてて、これまでの e-Learning システムや技能訓練支援システムにどのような要素を組み入れることで、利害関係者にとって新たなサービスとして再構築され、その結果として価値が創出されるかについて述べる。

7.1.2 従来の教育サービス

　ICT を活用した教育サービスは e-Learning システムとして発展してきており、

マルチメディアコンテンツの整備や昨今のネットワーク環境を活用したオンライン指導といった形態に加えて、携帯情報端末やPC端末を柔軟に活用することで、「どこにいても学びたいときに学べるような学習環境」となってきている。特に、英単語学習などに代表される選択式テストによる学習は、学習サーバ側の自動採点プログラムにより運用側の手間をかけずに実行可能となってきている。一方で、このような選択式テストによる学習は、知識習得でしかなく、本来は習得した知識を活用することができるようになるのが、最終的な学習の目的である。例えば、学んだ英単語を英文読解の中で活用できることが、本来の単語学習の目的である。しかし、選択式テストで正しく回答できたものが、学習者の活用できる知識として定着しているかを判定するための学習コンテンツの整備やその判定については、いまだ人手を介しての側面が多い。

　一方、産業分野などでの機器の操作や保守といった各種マニュアルが整備された上での技能訓練支援は、模擬訓練環境での実施が中心であり、VR（Virtual Reality）やAR（Augmented Reality）といった技術を主として援用してなされてきた。実作業を伴う分野としては、生産工場内での組み立て作業、プラントやビル内での設備保守作業、手術や検査あるいは注射といった医療看護作業など多岐にわたっているが、医療看護作業においては、組み立てや保守といったものとは異なる「対ヒト」という性質上、状況が多種多様であり、その結果として事故には至らなかったもののインシデント（ヒヤリハット）と呼ばれる医療行為が発生している。このことを背景に、医療看護現場でのインシデント予防（日本医療機構, 2016）が重視される中で、医療看護作業に関するe-Learningシステムとして、さまざまな取り組みが始まっている（Oladosu, 2013）（Colibaba, 2015）。しかし、実作業を伴うものに関しては、仮にマルチメディア教材による学習コンテンツの提示はあっても、学習者自身の作業評価を行うのは、指導者が作業現場に寄り添うか、作業を記録した映像データ等から行うほかはなかった。加えて、熟練者の行動や判断をいかに学習者に伝えるかという「技術伝承」の問題がずっと指摘されてきた（中野, 2008）。

7.1.3　新たな教育サービスとその価値

　上述の従来の教育サービスとしての課題は、身体性を伴わない学習対象における学習コンテンツの整備や学習結果の評価に人手を多く要する点、身体性を伴う学習対象では学習者の実作業の評価や熟練者の技術の伝承といった点の課題があることが浮き彫りとなっている。そこで、これらを解決するための一つのアプローチとし

て、「クラウド環境」と「IoT（Internet of Things）」を技術キーワードとしたサービスの設計について述べる。

7.1.4　クラウド環境での e-Learning サービス（秋吉, 2014）

　最近の e-Learning においては、「学習者適応」をいかに実現するかが鍵となっており、このことをもとに学習者の理解度に応じた学習課題の難易度のコントロールを実現し、繰り返し学習や学習時間の増加といったことにつなげようとしている。

(1) 教育クラウドサービスの概要

　図 7.1 は、英語学習を対象に携帯情報端末と PC 端末を活用した教育クラウドサービスの概要を示している。携帯情報端末の特徴である「どこにいてもネットワークリソースを利用できる」という点を活かした「知識習得学習」、加えて PC 端末を利用することで大画面かつマルチメディアリソースをもとに多様なコンテン

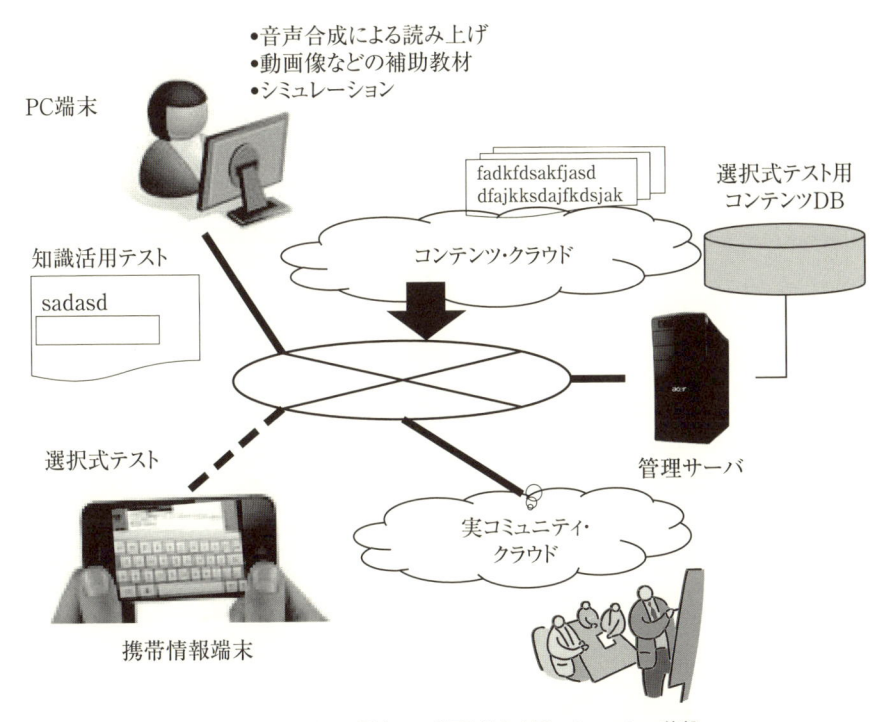

図 7.1　クラウド環境での学習者適応型 e-Learning 基盤

ツを構成する」という点での「知識活用学習」を、学習者の理解度に応じて提供する。図 7.1 に示すように、コンテンツ配信サーバは、本サービスを提供する運用者が予め整備した「コンテンツ DB」と「コンテンツ・クラウド」と呼ぶインターネット上に散在するコンテンツを利用する。また、「実コミュニテイ・クラウド」とは、学習者とは別に本サービス環境への参加を行う人々であり、「クラウド・ソーシング」と呼ばれる観点からの「リソース」の組み入れである。このように、運用者が整備した「リソース」とともに、ネットワーク基盤を通して "on the fly" で活用する「リソース」を用いて教育サービスを構築する。

(2) 携帯情報端末における学習

　携帯情報端末を用いた e-Learning は、その画面サイズの制約もあって、主として調べ学習や一問一答式学習に対するコンテンツが開発されてきている（古川, 2012）。また、メールなどの配信手段を用いてプッシュ型と呼ばれる形態により学習者への働きかけを行う環境が提案されている。携帯情報端末を用いたプッシュ型による学習環境では、携帯情報端末の画面サイズや入力手段を考慮すると、「一問一答式学習」というコンテンツが主として整備される。そこで、「一問一答式学習」というコンテンツを前提に、プッシュ型による学習者への働きかけがある中で、以下が課題となる。

(a) 問題配信間隔の制御：「どこにいても学べる」環境の利点は、学習者の「隙間時間」の活用である。従って、「問題配信」を一定間隔で行ってしまうと、学習者の状況によっては配信された学習コンテンツが溜まってしまい、それらに回答するということが目的化してしまう可能性がある。そのことを回避するには、「問題配信間隔」を学習者の状況に合わせて制御できなければならない。

(b) 回答への動機付け：「一問一答式学習」のような形式は、「配信－回答－採点結果配信」というサイクルを繰り返すことになり、期間が長くなれば単調な学習となり、学習意欲が低下することも起こりうる。「ゲーミフィケーション」の観点から「人が何かにはまる」ということをビジネスや教育に応用しようとする動きがあり（井上, 2012）、「ポイント性、順位の可視化、レベルシステムの採用」といった点を援用して、「回答への動機付け」を図っていく必要がある。

(c) 配信コンテンツの選出：学習者にとって、配信コンテンツが「難しい」あるいは「易しい」といった偏りがあってはならないことに加えて、学習を繰り返すサイクルの中で「レベルアップ」を促す問題であることが望ましい。" 項目反応理論（豊田, 2002）" をもとに学習者の能力と問題の難易度を推定し、配信コ

ンテンツの選出を図っていく必要がある。

(3) PC 端末における学習

　PC 端末上での e-Leaning では、選択式テストで習得した知識が活用できるもの
を提供することで、その定着を図ろうとする。例えば、英単語を習得した場合には、
「その英単語群を含む英文を和訳できるかどうか」、逆に「その英単語群を使って和
文英訳ができるかどうか」といったコンテンツとなるであろう。一方、学習者ごと
に、予めあらゆるこのような学習コンテンツを整備することは不可能であり、"on
the fly" で生成することが現実的である。その際には、PC 端末ならではの音声に
よる入出力手段、大きな画面上での図表や画像を含むコンテンツといったことを利
用したリッチな学習コンテンツが提供できる。ここで、"on the fly" で学習コンテ
ンツを生成する際に、そのための要素となる情報をデータベース化するよりは、イ
ンターネット上に散在するコンテンツを利用する方がより多様性を持たせることが
できる。一方で、インターネット上のコンテンツはデータ形式の統一が取られてい
るわけではないために、現時点ではテキスト、あるいはタグ付けされたコンテンツ
を対象に活用することを前提に、その際の課題を述べる。

(a) 情報信頼性の判定：習得知識を活用するテストとしては、その元となったコン
　　テンツの信頼性が十分に担保されなければならないために、その判定が必要と
　　なる。

(b) 難易度の判定：インターネット上に散在するコンテンツを組み合わせて学習コ
　　ンテンツを構成した場合に、その難易度は組み合わせ方に依存する。例えば、
　　「英単語学習」で習得した英単語を含む英文には、文法的に易しいものもあれ
　　ば、その逆もありえる。配信すべき学習コンテンツに対して、学習者の習得知
　　識や保有している周辺知識をもとに、学習者ごとの難易度を判定する必要があ
　　る。

(4) クラウド・ソーシングの活用

　PC 端末に配信される学習コンテンツは、"on the fly" で生成することから、予め
正解を準備することが困難となってくる。このような場合に、人間の能力を計算資
源として活用するものとして、「クラウド・ソーシング」が活発化している。提案
するサービス環境においても、「クラウド・ソーシング」をもとに、PC 端末に配
信された学習コンテンツへの学習者の回答結果を採点し、それを再び学習者へフ
ィードバックすることを行う。この際に、以下の運用課題がある。

(a) スパム・ワーカーや低品質ワーカーの判定（鹿島, 2012）：報酬を得ることだけを目的に出鱈目な成果物を提出するスパム・ワーカーや、成果物の品質がある一定水準に達していない低品質ワーカーを本サービスへ取り入れると、学習者へのフィードバックが適切に行われなくなり、結果的に学習への動機付けが低下してしまうために、判定は必要不可欠である。

(b) ワーカーによる成果物に含まれる癖の同定：一般のクラウド・ソーシングでは、ある問題を単発的に解決する場合を想定している。しかし、繰返しの学習が前提となっている本環境では、ワーカーによる成果物に含まれる癖（例えば、関連する注釈があるとか説明が皆無など）が顕著であると、それらを受け取った学習者が以前に受け取ったものとの違和感を感じることや、時には理解が進まないということが起こる。このようなワーカーの癖を同定することで、繰り返し学習が行われる環境で、できるだけ同一のワーカーあるいは比較的似ている癖を有しているワーカーと学習者とのマッチングを行う必要がある。

(5)　サービスとしての「価値共創」の視点

　このようなクラウド環境下での教育サービスにおいては、利害関係者である「サービスプロバイダ」、「サービス利用者」、「クラウド・ソーシングとしての参加者」といった3者によりサービスが構成されている。このようなサービスを継続的に提供する中で、サービスサイエンス分野で重視される「価値共創」がどのような形で埋め込まれるかを考察する。

　（2）で述べた"ゲーミフィケーション"においては、サービス提供側が設計した「ゲーム要素」に対して、複数の利用者による利用実績からの統計的評価が可能となる。また、評価アンケートを通して、どのような「ゲーム要素」が望まれるかのデータも収集され、この結果「ゲーム要素」としての機能の淘汰と新たな機能がサービス提供者により再設計されることとなり、最終的に利用者はよりよい「学習の動機付け」を得ることとなる。このような"ゲーミフィケーション"の面からのサービスの「価値」は、利用者とサービス提供者がともに関与して作り上げるといった"共創"が不可欠である。一方、（4）で述べた"クラウド・ソーシング"においては、ワーカーによる成果物であるテストを添削・採点したものに含まれる癖（例えば、関連する注釈があるとか説明が皆無など）が顕著である場合に、それらを受け取った利用者によるフィードバックをサービス提供側が受け取る仕組みを組み入れることで、クラウド・ソーシングとしてのワーカーの質の向上につなげることが考えられる。このような利用者とサービス提供側のサービスの質に関わる"共創"

の側面も機能としては組み入れる必要がある。

7.1.5 IoT を活用した e-Learning サービス (高坂, 2016)

　実作業を伴う技能訓練支援において作業評価を指導者によらずに行うには、作業データを取り込む仕組みとその分析方法が重要となる。作業データの取り込みは、従来のセンシング技術に加えて新たに台頭している IoT を活用したものが期待される。ジャイロセンサによる傾きの測定、圧力センサによる歪みの測定、測距センサによる物体間の距離の測定といったことは、これまでもいろいろと個別に開発され、スマートフォンやカメラなどに組み込まれていたが、これらに通信機能が付与されることで、複数のセンサデータを組み合わせて用いることが容易となってきている。また、生体情報の心拍や血流といったことに対して、腕に巻きつけて測定するリスト型のウェアラブルデバイスも各種開発され、Bluetooth 通信によりその測定データを PC などで収集することが可能となってきている。

(1) IoT を活用した e-Learning の概要

　図 7.2 は、実作業訓練を対象に IoT デバイスをもととしたセンシング基盤を用いて作業評価を行うための構成の概要を示している。実作業分析として、センシングデータに内在する特徴量を抽出する機械学習アルゴリズムをもとにデータをフラグメント化することで、映像や音声を組み入れたマルチメディアコンテンツのような模範となる作業手順と学習者の作業との間で差異分析を実行する。個人作業特性評価としては、模倣度、逸脱箇所、傾向把握が考えられる。

(2) 具体的な適用シナリオ

　7.1.2 で述べた医療看護作業を例に、センシング基盤がどのように用いられるかを説明する。

　医療看護分野における e-Learning では、知識習得以外のスキル習得に焦点をあてた研究がなされている (伊津美, 2014) (徳永, 2014)。このようなスキル習得では、作業マニュアルに従って「正しく模倣する」ことがまず必要であるが、これまでは「正しく模倣できているかどうか」の判断を行うのは指導者であり、e-Learning システムの機能として実現することがなかなか困難であった。例えば、注射針の挿入角度や挿入の際に加える力、あるいは注射位置を決定する際にどこを見ているか、さらに薬液を注入作業中の新人作業者の心理的状態といったことが、作業の良し悪

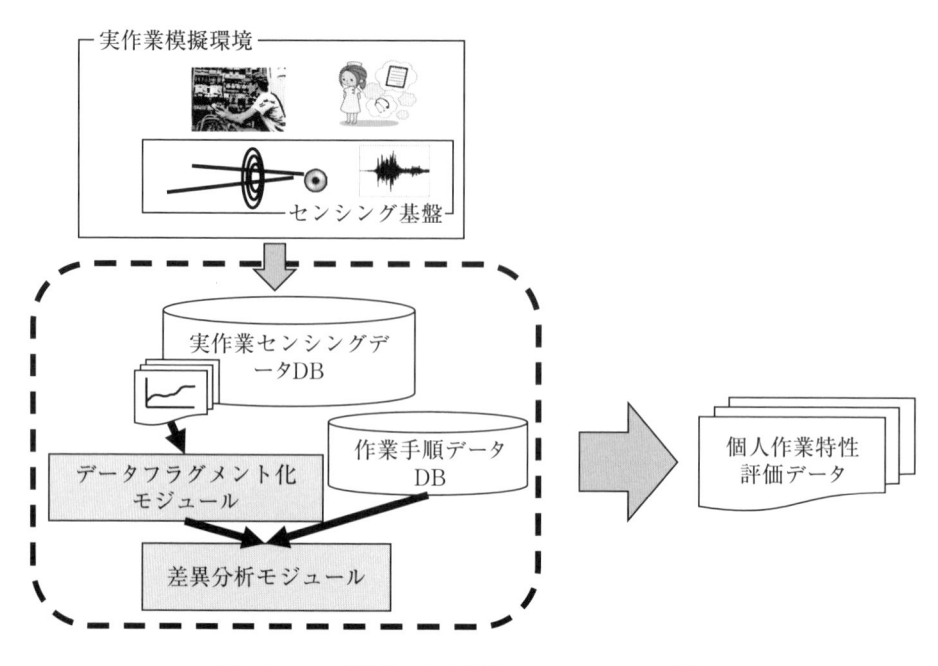

図 7.2　IoT を活用した実作業向けの e-Learning 基盤

しに関わっているにもかかわらず、これまでの e-Learning システムでは、このような観点から評価を行うためのデータ収集がなされてこなかった。記録画像データからの動作解析（武田, 2012）といった研究はなされているが、例に挙げた注射作業のような局所的な動作を解析するには、そのための撮影カメラの設定が必要となり、一般的なモーションキャプチャによる解析とは異なってくる。しかし、注射器にジャイロセンサや圧力センサが組み込まれ、加えて作業者が腕に心拍測定のリスト型ウェアラブルデバイスを身に付けることで、データ収集のための特別な環境構築をすることなく、作業者の動作や生理指標を収集することが容易に可能となる。また、視線検知として、最近では PC 側に赤外線発光による棒状の USB 装置を取り付けることで、特殊な装置を人の側が身に付けなくとも、PC ディスプレイ上の視線の移動や停留に関してかなりの精度で測定することができるようになってきている。PC ディスプレイではなく、実際の目の前にあるものにこのような視線検知デバイスを小型化したものを将来的に取り付けることができれば、作業者が注射器や腕のどこを見ているかといった視線データの収集が可能となる。

7.1.6 おわりに

　サービスサイエンスの分野は、そもそもサービスというある意味では「物理的には無形でありながら価値を生むもの」を対象にしている。そこには、「人、コミュニティ、組織」という視点と次々と現れてくる ICT をいかに活用するかという視点が重要であり、その一つとして「教育サービス」を対象にしたときの考えるべき点のいくつかを示した。

（秋吉政徳）

7.2　若年層におけるコミュニケーションサービス利用意識の変化

7.2.1 コミュニケーションサービスの変化

　近年、特に若年者間のコミュニケーションサービスの利用の変遷は目覚しく、続々と新たなサービスが提案されている。身近な事例を考えても、最近数年間の大学生への最も繋がり易い連絡手段として、携帯電話への通話、携帯電話への電子メール、mixi などのソーシャルネットワークサービス（SNS）、Twitter、LINE と変遷している。サービスの提供者も、このように変遷していく社会情勢やユーザーのニーズに応え、次々と提供するサービスの改善、新たな提案を行ってきている。その結果、本来提供していたサービスから異なる性質のものへと、提供者側の主軸が変化していく事例もある。このサービスの改善や新サービスの提供は、ユーザーに受容され、改善ととらえられることが望まれる。新たなサービスの提供が開始された場合、改善が受容されていなければ主要なコミュニケーションサービスとしての役割を新サービスへと移行していくことになる。例えば、2004 年という早い時期からにサービスを開始した SNS である mixi は、開始当初ユーザー登録を招待制とすることでユーザーの安心感を担保していた。その後、ユーザーの年齢制限などの緩和やスマートフォンへの対応を行いながら、2010 年頃まで実質的なユーザーを増やしていた。ところが、Facebook などの SNS が主流となっていくにつれて、コミュニケーションサービスとしての実ユーザー数を減らしてきている。一方で、サービス提供側は、SNS の機能は継続しながらも、スマートフォン向けのゲーム

アプリの提供が主力となってきている。

　ここでは、コミュニケーションサービスの受容から他サービスへの移行までをサイクルとしてとらえたモデル構築の第一歩として、1つのコミュニケーションサービスに注目し、時系列的なサービスの変遷を考慮しながら、ユーザー、特に若年層の利用意図の変化を分析する。

7.2.2　対象とするコミュニケーションサービス

　具体的なコミュニケーションサービスとして、ソーシャルネットワーキングサービスのひとつとしても取り上げられる LINE に注目する。LINE は主にスマートフォンやタブレット、パソコンで利用できるテキストチャットやインターネット電話の機能を有するソーシャルネットワーキングサービスである。2011 年にサービスを開始し、翌年には国内での利用者数は 2000 万人を超えている。LINE の主な機能として、複数人のグループ通話を含む音声通話やチャットが可能である。通話サービスはパケット通信を利用するインターネット通話であり、データ通信料に含まれ通話料は発生しない。また、サービスが普及し始めたころ、テキストチャットにおけるスタンプがしばしばメディアでも取り上げられ話題となった。2014 年には、クリエーターズスタンプとしてユーザーが作成・販売できるようになった。もう一つの話題になった機能として、メッセージの「既読」がある。これにより、メッセージを読んだユーザーは送り主に「既読」であることが通知されるため、返事をしなければいけないといった意識が生じたり、「既読スルー」といった言葉も生まれたりした。ユーザー数の増加に伴い、LINE によるコミュニケーションがいじめへつながる事件、アカウントの乗っ取り事件、その他犯罪に利用される事件が起こってきている。その他、天気や占い、マンガ、ゲームなど様々なサービスを提供してきている。

　LINE では、どのような方向性でそのサービスを変遷しているか、企業が新商品や新サービス、イベントの開催などの新たな活動報告を発表しているプレスリリースから読み取った。Web サイトに公開されている 2013 年 126 件、2014 年 145 件、2015 年 167 件、3 年間での合計 438 件を分析の対象とした。まず、大きな傾向をとらえるために、プレスリリースの報告内容の性質を「SNS」「SNS 以外のアプリ」「業績」「GAME」「その他」の 5 分類に分けたところ、年毎にプレスリリースの件数が増加しているが、主なサービスであるとしていた SNS に関する報告件数は減少している。その代わりに、その他のアプリに関する報告が増加している。

GAME に関しては、一定量報告されているが、割合として考えると減少傾向にあった。より詳細な変化を見てみると、2014 年後半から 2015 年前半にかけて SNS に関する報告減少している一方で他のアプリに関する報告が増え、2015 年後半になり再び SNS に関する報告が増えてきている。このことから、2014 年から 2015 年にかけて、他社との提携や新たなアプリの提供に力を入れてサービスを拡大する傾向があったが、2015 年後半になり本来のコミュニケーションサービスの充実やコミュニケーションサービスと他アプリとの連携にも力を入れ始めたことが推測される。

7.2.3　技術受容モデル

　時系列的な利用意図の変化を図るために、技術受容モデル（Technology Acceptance Model : TAM）（Davis, 1989）に基づく調査を行う。社会科学の分野で広く研究されている合理的行為理論（Theory of Reasoned Action :TRA）（Fishbein, 1975）は人間の行動を説明する一般モデルである。TRA によれば、人間の行動は意図によって予測され、意図は行動に対する態度と主観的規範によって決定されるとしている。この TRA を情報システムの利用行動に応用したものが Davis によって導入された TAM である。 TAM の概念構成に外部変数を追加したものを図 7.3 に示す。TAM はユーザー受容と使用行動を説明する最適の単純モデルとして幅広く受け入れられている。TAM では情報システムの利用者がもっとも考慮する要因が、「有用性（Perceived Usefulness）」と「使いやすさ（Perceived Ease of Use）」とし、これらの要因が追加された。「有用性」は個人が対象とするシステムの利用によって仕

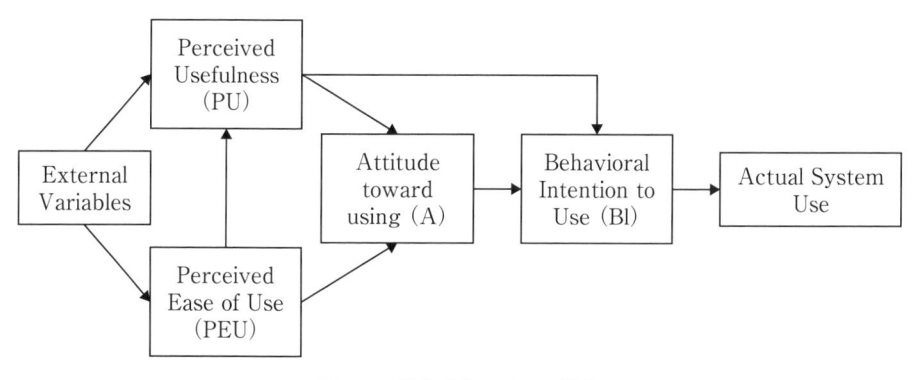

図 7.3　技術受容モデルの構成

事の効率を向上すると信じる程度であり、「使いやすさ」とは個人にとって対象とするシステムの使用が苦にならないと考える程度である。これらはシステムやユーザーの特性といった外部変数から影響を受ける。「使いやすさ」によって「有用性」と「利用への態度（Attitude toward using）」が高められるとしている。また、「利用への態度」は「有用性」と「使いやすさ」の両方から影響を受ける。システムに対する態度が好ましければ、「利用意図（Behavioral Intention to Use）」を高め、最終的に利用という具体的な行動「実際のシステムの利用（Actual System Use）」へとつながる。

　なお、TAMによる分析は、電子メールやインターネットの利用（近藤, 2009）を始め、WWW（Lederer, 2000）、e-Learning（Park, 2009）、オンラインゲーム（Hsu, 2004）、オンラインショッピングの受容モデル（Shih, 2004）（Liu, 2007）に関する研究、モバイルTVサービスに対する受容モデル（Jung, 2009）やSkypeOutの利用者モデル（Liao, 2009）など数多くの情報システムへと適用されている。これらの多くは基本的なTAMにそれぞれの対象特有の要素を追加した拡張版TAMを提案している。

7.2.4　TAMに基づくアンケート調査

（1）調査の概要

　基本的なTAMの要素に加え、外部要因として使用環境の快適性、娯楽性、情報の入手、テキストおよび音声によるコミュニケーションツールの機能、セキュリティ、また、LINEの特徴であるスタンプも外部要因と仮定しアンケート項目に加えた。時系列的な変化を考察するため、2013年、2014年、2015年、2016年の4回にわたり調査した。アンケートの回答者は2013年357名、2014年197名、2015年262名、2016年295名であり、主に大学生および高校生である。外部要因を提供しているサービスの状況に合わせるため、各年、質問内容に変更を加えている。ただし、2015年は2014年と同じ質問により調査した。なお、アンケートは「とてもそう思う」から「全くそう思わない」までの6件法で実施した。

　アンケート調査の結果の詳細は割愛するが、4年間を通して、多くのユーザーが使いやすく、主な連絡手段として使用していることがわかった。送受信速度やアプリの起動速度についても満足しており、主なコミュニケーションツールとしての役割を果たしている。一方で、付属的な機能であるタイムラインの利用や、公式アカウントといったものの利用に対し、消極的であることがわかった。

(2) 共分散構造分析結果

　TAM の基本的な要素のみについて、共分散構造分析結果を比較した。図 7.3 に示した TAM の構成に基づき、共分散構造分析を行った因果関係の推定値を表 7.1 に示す。TAM の基本要素を潜在変数とし、それぞれの要素に対して 2 または 3 個の質問のアンケート結果を観測変数とした。潜在変数に対して、2013 年版のアンケートから用いた観測変数は以下のとおりである。

(a) PEU（使いやすさ）
- LINE は使いやすい
- LINE はわかりやすい
- やりたい操作がすぐできる

(b) PU（有用性）
- LINE の利用は役に立っている
- LINE で得したことがある
- LINE は利用する価値がある

(c) A（利用への態度）
- LINE を使っていると楽しい
- より多くの人と LINE でコミュニケーションを取りたいと思う

(d) BI（利用意図）
- 今後も LINE を利用したいと思う
- LINE で連絡を取りたいと思う

　その他の年度については、質問を一部変更したため、ほぼ同等の質問を使用している。表 7.1 の結果は、各年のモデルとも GFI（Goodness of Fit Index）が 0.9 以上、RMSEA（Root Mean Square Error of Approximation）が 0.1 以下となった推定値である。

　2013 年の調査結果からは、通常の情報システムの利用の意思決定過程とは異なり、「使いやすいので有用であり、有用だと考えているので使いたくなり、使っている」という単純な過程であった。しかし、2014 年の調査からは一般的な情報システムと同様の結果となった。つまり、2013 年時点では、主に個人の嗜好により使用する娯楽的なツールであったのに対し、個人の嗜好にかかわらず、有用であるために使用しているとの因果関係が成立してきている。その傾向は、2015 年には強まった。しかしながら、2016 年には、「有用だから好みとは関係なく利用する」といった因果関係が薄くなり、「利用したいから利用する」、むしろ「有用である」との認識はあまり影響しない結果となった。

表7.1　技術受容モデルに対する因果関係の推定値

year	2013	2014	2015	2016
PEU → PU	0.766	0.860	0.832	0.517
PEU → A	-	0.758	0.702	0.899
PU → A	0.952	0.260	0.309	0.067
PU → BI	-	0.401	0.723	0.173
A → BI	1.038	0.465	0.299	0.815

(3) 利用意識の変化

　TAM の外部要因とした要素について、どの程度利用意図に影響を及ぼしているか因果分析を行った。本分析は、外部要因をほぼ同等としてアンケート調査を行った 2014 年からの 3 年間のアンケート結果を用いる。外部要因は LINE の特徴的な機能を踏まえ、「グループチャット」「タイムライン」「既読」「スタンプ」「公式アカウント」「有名人とのつながり」「友人からの影響」を考慮した。これらを潜在変数とし、TAM と同様の潜在変数「利用意図」への影響を仮定した共分散構造分析を行った。その結果、「利用意図」への因果関係が認められたのは「グループチャット」「友人からの影響」「スタンプ」「公式アカウント」の 4 要因であった。「タイムライン」機能や、「既読」表示については利用意図との因果関係が認められなかった。因果関係が推定される 4 要因について、「利用意図」への影響度の推定値の年次変化は以下の通りとなった。記載している数値は左から 2014 年、2015 年、2016 年の結果の推定値である。

　　　・グループチャット ： 0.041,　-0.081,　　0.884
　　　・友人からの影響　 ： 0.471,　0.614,　　0.393
　　　・スタンプ　　　　 ： 0.379,　0.320,　　なし
　　　・公式アカウント　 ： 0.063,　0.155,　　0.216

　2016 年には、明らかに前の 2 年間と傾向が異なっている。グループチャットは 2016 年になり急に影響が増したように見える。友人からの影響という意識は徐々に覚めている。スタンプについては、他のアプリでも同等の機能が実現されており、初期に比べ LINE としての特徴とは捉えられていないのかもしれない。公式アカウントについては、2014 年以降他のアプリや企業との連携サービスを強化してきたこともあり、徐々に浸透してきていることが推測される。

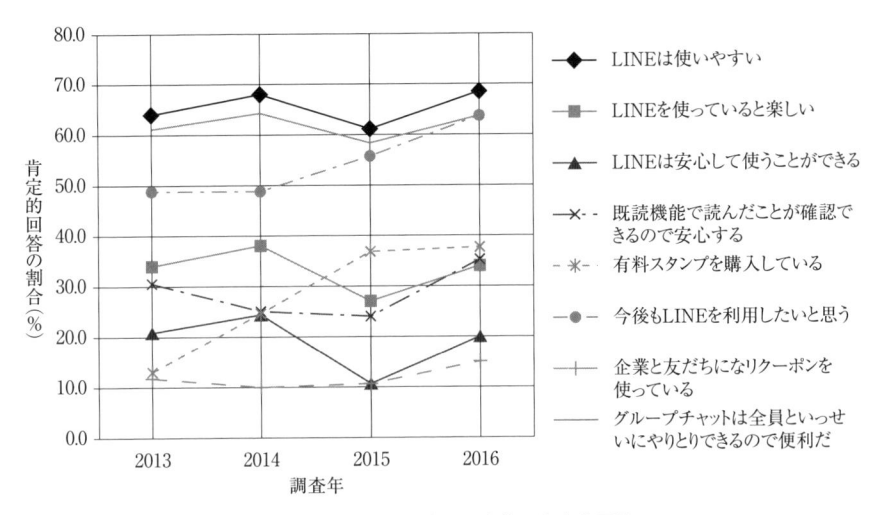

図7.4 アンケート結果の変化 (肯定的回答)

　次に、個別のアンケート結果の 4 年間の変化を見る。質問を抜粋し、図 7.4 に「とてもそう思う」「そう思う」といった肯定的な回答をした割合の変化を示す。4 年間を通して、「LINE は使いやすい」という意見が 60 ％以上と高い状態を維持している。「グループチャット」についても、上記の結果では、2014 年、2015 年と利用意図への影響が少ない項目であったが、アンケート結果としては、4 年間を通して非常に好印象を持たれている。

　「今後も LINE を利用したいと思う」「有料スタンプを購入している」は右肩上がりの結果となっている。スタンプに対して有料でも入手したいものであるとの意識が増えてきていると考えられる。しかしながら、有料スタンプの購入に対しては、スマートフォン上での支払いに対する意識のハードルが下がっていることを表している可能性もある。

　「既読」と「企業との連携」に関する回答の傾向が類似している。「既読」に関しては LINE の特徴ではあったが、この機能に対して様々な対応策があり、利用者自身が自分の好みで使用することができるので、特に影響として表れていない。「企業との連携」に関しては、サービス提供者側は力を入れている機能であると考えられるが、未だ肯定的な回答は少ない状況にある。しかしながら、徐々に肯定的意見を伸ばしてきている。

　実線で示した「LINE は使いやすい」「LINE を使っていると楽しい」「LINE は安心して使うことができる」「グループチャットは全員といっせいにやり取りでき

るので便利だ」は、同様の変化傾向を見せている。2015年には低下するものの、2016年になって復活してきている。これらの4つの質問は、「使いやすさ」「楽しさ」「安心」「便利」といったコミュニケーションサービスにとって重要な要素である。

(4) モデル構築のための考察

　上述の共分散構造分析結果および利用意識の変化の結果から、コミュニケーションサービスにおけるユーザーの意識の変化モデル構築のために考察する。まず、前節で示したアンケート結果の変化の中で重要な4つの要素の傾向に着目する。この傾向は、緩やかな変化ではあるが、ハイプ・サイクルと同様の傾向である。ハイプ・サイクルとは、ガートナー社が提唱している技術のライフサイクルモデルであり、技術は成熟度、採用度、期待度などから、黎明期、ピーク期、幻滅期、啓蒙活動期、安定期という5つフェーズを経るとしている。このサイクルを今回のLINEにあてはめて考えてみる。まず、2013年の結果は、黎明期もしくはピーク期の序盤と考えると、共分散構造分析の結果からも、未だコミュニケーションサービスとしての本来の機能が注目されているのではなく、「面白そう」「流行りそう」という意識が利用意図に影響を及ぼしている。2014年は、ピーク期に相当し、肯定的な意見が増え、友人間でLINEの利用が当たり前となってきた。2015年に幻滅期に入り、LINEを使用した犯罪やセキュリティ問題が取り上げられたこともあり、「安心」に対するアンケート結果でも否定的な回答が約6割となった。それと同時に、友人からの影響が最も強く、本人の「使いたい」という意図よりは、友人が使っているので仕方なくといった意識が働いているように見える。2016年は啓蒙活動期から安定期へと移ってきていると考えられる。セキュリティ対策による安心感、本来のコミュニケーションサービスの良さ、他アプリとの連携により便利なサービスとの認識が増え、共分散構造分析結果からも自ら進んで使用している結果になっている。また、スタンプといった娯楽的な機能ではなく、本来のコミュニケーションサービスの特徴である、グループへの連絡手段が利用意図へ大きく影響してきている。

7.2.5 まとめと今後の展望

　本節では、コミュニケーションサービスの受容から他サービスへの移行までをサイクルとしてとらえたモデル構築の第一歩として、アンケート結果の時系列的な変

化を分析した。アンケート調査からユーザーのサービスに対する意識の変化を確認することができた。「使いやすさ」「楽しさ」「安心」「便利」といった要素がハイプ・サイクルと同様の傾向が見られることから、利用者の意識の変化をとらえた。アンケート結果からは、2015 年に幻滅期を越え、2016 年現在、LINE は安定期に相当していると考えられる。ハイプ・サイクルとして考えるのであれば、サイクルの終着時期であり、他サービスへの移行へとつながる可能性がある。しかしながら、他サービスへの移行については今回の調査の範囲外である。サイクルとしてつながっていくかどうかは不明であるので、今後さらに調査をする必要がある。

（平松綾子）

7.3　Web から形成されるサービスに対する事前期待の可視化

7.3.1　はじめに

　サービスサイエンスとはサービスについて研究を行う様々な分野の領域横断的な学問である（Maglio et al., 2006, Maglio et al., 2010）。ここで扱うサービスには、IHIP という 4 つの代表的な特徴に表されるように、品質や生産性が一定でないという課題がある。一方で、サービスサイエンスにおいて、サービスの品質を考えるときに、サービスクオリティモデルというものがある（Parasuraman et al., 1985）。図 7.5 は、サービスクオリティモデルにおける顧客と提供者との間のギャップについて表したものである。このサービスクオリティモデルにおいて重要な概念である事前期待というものがある。事前期待とは顧客がサービスを受ける前に抱いている期待のことで，図 7.5 の Expected service にあたる。この事前期待は口コミや個人の需要、または過去の体験などから構成される。そして、顧客のサービスへの評価はこの事前期待と顧客が受けるサービスとの間のギャップ（図 7.5 の GAP5）に影響を受ける。顧客が受けるサービスが事前期待を満たせなければ、顧客の評価は低くなる。逆に、顧客が受けるサービスが事前期待を満たしていると、顧客はそのサービスに対して良い評価をつけ、顧客の繋ぎとめにも繋がる。また、GAP1~4 はGAP5 に影響を与える。

　このことから、適切なサービスを顧客に提供し、ギャップを埋めるために、事前期待を知ることは重要であると考えられる．この事前期待を知るためには、アン

ケートなど人手による調査が有用であるが、これには時間とコストと労力がかかる。一方で、EC（Electronic Commerce）サイトなどの Web サイトには事前期待を構成する、口コミやサービス・商品の情報が存在しており、顧客はサービスを受ける前にこれらの Web サイトを閲覧することによって、事前期待を抱くことが考えられる。

そこで本節では、Web テキストから事前期待の可視化を行うことを目的とする。可視化には対象とする Web サイトのキーワードをノードとし、それらの共起関係をエッジとした共起グラフを用いる。また、その共起グラフに対してクラスタリングを行い、そのクラスターに対してラベリングを行う。今回は、コーヒーを対象としたサービスについて述べる。このとき、顧客の事前期待項目としてコーヒーの銘柄・味などが可視化されると考えられる。そのため、ケーススタディでは、これらの味や銘柄に関する情報が可視化できているかどうかを確認する。

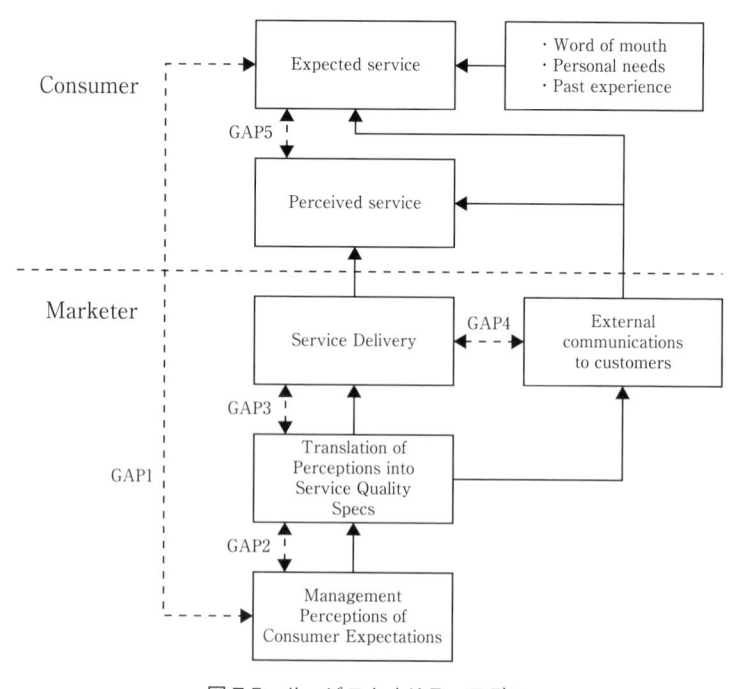

図7.5　サービスクオリティモデル

7.3.2 可視化プロセス

本節では提案する事前期待の可視化プロセスを説明する。対象とする Web サイトのテキストからキーワードを抽出し、キーワードをノード、それらの共起関係をエッジとした共起グラフを作成する。このとき、作成された共起グラフ上に顧客が事前期待を構成する要素となるものが表れていると考えられる。しかし、データ数が増大すると、事前期待を見つけ出すのは容易ではない。そこで、エッジが密な部分集合であるクラスターが、あるトピックを表していると仮定し、そのトピックを要約するようなラベルをクラスターに付与する。これにより事前期待の発見を容易に行うことができる共起グラフを作成する。以下、(1) ではキーワード抽出について、(2) では共起グラフの作成について説明する。(3) では、本章で用いたクラスタリング手法について述べる (4) では本章で参考にしたラベリング手法について述べ、(5) ではそのラベリング手法のクラスターへの適用方法について述べる。

(1) キーワード抽出

EC サイトなどの Web サイトから顧客が事前期待を得られるようなテキストを取得し、キーワード抽出を行う。キーワード抽出には、tfidf アルゴリズムを用い、その値が上位に含まれる語をキーワードとみなす。tfidf アルゴリズムは以下の式で表される。

$$tf_i = \frac{n_i}{\sum_k n_k} \tag{7.1}$$

$$idf_i = \log \frac{|D|}{\{d : d \ni t_i\}} \tag{7.2}$$

$$tf_i idf_i = tf_i * idf_i \tag{7.3}$$

ここで、n_i は単語 t_i の出現回数、はすべての単語の出現回数の和、$\sum_k n_k$ は全文書数、d は t_i を含む文書数である。

　抽出したキーワードをノードとし、そのノード間の共起度を、Jaccard 係数を用いて計算する。その値が閾値を越えたノード間にエッジを描画し、共起グラフを作成する。Jaccard 係数は、式（7.4）で表される。

$$Jaccard(A,B) = \frac{|A \cap B|}{|A \cup B|} = \frac{|A \cap B|}{|A| + |B| - |A \cap B|} \tag{7.4}$$

　|A|、|B| はキーワード A、B の出現する文書数、|A∩B| は A と B が同時に出現する文書数である。

（3）クラスタリング

　共起グラフから、エッジの密な部分集合であるクラスターが何らかのトピックを表していると考えられる。データ数が増大するとクラスターのトピックを要約することは容易ではない。そこで、クラスターへのラベリングを行う。そのために、クラスタリングを行い、クラスターを抽出する。クラスタリングには Newman 法を用いた（Newman, 2004）。Newman らはクラスタリングの精度を表す指標として、Modularity Q を定義した（Newman et al. 2004）。 この値が 1 に近い方程クラスタリングの精度が良いとされる。Modularity Q は、式（7.5）で表される。

$$Q = \sum_i (e_{ii} - a_i^2) \tag{7.5}$$

　e_{ii} は総エッジ数に対するクラスター i 内部のエッジ本数の割合、a_i は総エッジ数に対するクラスター i に繋がるエッジ数の割合を示している。

　そして、Newman 法では Modularity Q の増分である、ΔQ に着目し、ΔQ が最も高くなるようにクラスタリングを行う。ΔQ は式（7.6）で表される。以下に Newman 法の詳細な流れを述べる。

$$\Delta Q = 2(e_{ij} - a_i a_j) \tag{7.6}$$

　e_{ij} は総エッジ数に対するクラスター i からクラスター j へ繋がるエッジ数の割合

を表している。

1. すべてのクラスターを一つのノードから成るクラスターとする。
2. すべての 2 つのクラスターの組み合わせに対し ΔQ を計算する。
3. 最も ΔQ が高くなる組み合わせのクラスターを併合する。
4. 併合したクラスターとエッジが繋がる他のクラスターとの ΔQ を再計算する。
5. ΔQ の値が負になるまで 1 〜 4 を繰り返す。

(4) ラベル評価スコアの算出

　本節でのラベリング手法としては、Mei らの手法を参考にした（Mei et al., 2007）。これは、トピックモデルに対してトピックの意味を正確に理解できるラベルを生成する手法である。トピックモデルとは、文書が何らかの話題（トピック）を表していると仮定し、そのトピックの推定を行う統計モデルである。Mei らはラベルがトピックの意味を包括するために、ラベルとトピックモデルの意味的関連度を測る必要があると考えた。これを単語分布間のカルバック・ライブラー情報量（Kullback, 1951）の最小化と、ラベルとトピックモデルの間の相互情報量の最大化を伴う最適化問題であるとみなした。これはトピックを適切に表現する良いラベルは、トピックの単語とラベルの単語の情報量が小さい（意味的に距離が近い）はずだという考えに基づいている。以下に本章で参考にした、Mei らのラベルの評価方法について述べる。

a. 意味的関連スコア

トピックとラベルとの意味的関連度を、$Score\,(l,\theta)$ を用いて算出する。この $Score\,(l,\theta)$ は前述のように、D で表されるカルバック・ライブラー情報量を用いて式 (7.7) で表される。

$$
\begin{aligned}
Score(l,\theta) &= -D(\theta\|l) = -\sum_w p(w|\theta)\log\frac{p(w|\theta)}{p(w|l)} \\
&= -\sum_w p(w|\theta)\log\frac{p(w|C)}{p(w|l,C)} - \sum_w p(w|\theta)\log\frac{p(w|\theta)}{p(w|C)} - \sum_w p(w|\theta)\frac{p(w|l,C)}{p(w|l)} \\
&= \sum_w p(w|\theta)\log\frac{p(w,l|C)}{p(w|C)p(l|C)} - D(\theta\|C) - \sum_w p(w|\theta)\frac{p(w|l,C)}{p(w|l)} \\
&= \sum_w p(w|\theta)PMI(w,l\,|\,C) - D(\theta\|C) + Bias(l,C) \qquad (7.7)
\end{aligned}
$$

w はワード、l はラベル、θ はトピック、C はテキスト集合を表している。また、

PMI（Pointwise Mutual Information）は自己相互情報量である。$D(\theta||C)$ は θ を形成している文書とは別のテキスト集合 C を用いて候補ラベルを作成した場合、θ と C とのドメインが異なる可能性がある。したがって、これらの情報量を最小化する必要がある。*Bias(l,C)* は C を用いて生成されたラベルの評価を行う際のバイアスである。

b. ラベルの区別化

　トピックが複数存在する場合は、それぞれのトピックに異なるラベリングがなされていることが望ましい。そのため、ラベルが特定のトピックのみを要約するように、式（7.7）で算出された候補ラベルのスコアを、次の式（7.8）を用いて更新する。これにより、対象となるトピックには高い関連を持ち、その他のトピックには低い関連を持つラベルにする。そして、最も値が高いものをそのトピックのラベルとして選択する。

$$Score'(l,\theta_i) \approx (1+\frac{\mu}{k-1})Score(l,\theta_i) - \frac{\mu}{k-1}\sum_{j=1...k}Score(l,\theta_j) \quad (7.8)$$

k は全トピック数、μ はパラメータである。

(5) グラフのクラスターへのラベリング

前節の候補ラベルの評価方法を参考にし、抽出されたクラスターに対してラベリングを行う。そのために、クラスターが属する文書を特定する。特定した文書集合がクラスターのトピックを表しているものと仮定すし、ラベリングを行う。以下にクラスターへのラベリング手順について述べる。

①抽出された共起グラフのクラスターに属するノードから、そのキーワードが出現していた文書を特定する。このとき、キーワード集合の内、ある程度のキーワードが出現している文書を特定する。特定した文書集合をクラスターが属する文書集合 q とみなす。

②aで特定した文書集合中のワードの組み合わせからそのクラスターの候補ラベル $L=\{l_1, l_2, ..., l_m\}$ を作成する。l は i 個のワードからなるラベルである。

③式（7.7）の $D(\theta||C)$ はすべてのラベルにおいて一定なので、ラベルのランク付けを行う際には無視できる。また、本章では l、q ともに同一のテキスト集 C から生成されるので、*Bias(l,C)* は無視できる。そこで、以下の式を用いて候補ラ

ベルの $Score(l,\theta)$ を算出する。

$$p(w) = \frac{w の出現回数}{すべてのワードの出現回数}$$

$$p(w \mid \theta) = \frac{\theta 中の w の出現回数}{\theta 中のすべてのワードの出現回数}$$

$$p(l) = \prod_i p(w_i)$$

$$P(w,l) = \frac{\theta 内の w と l が同時に出現する文書数}{\theta 内の文書 j ごとの W_j と L の組み合わせの総数}$$

$$Score(l,\theta) = \sum_w p(w \mid \theta) \log \frac{p(w,l)}{p(w)p(l)} \tag{7.9}$$

V は全文書中のワードセット、W_j は θ 内の文書 j 内のすべてのワードである。

④ラベルに区別性を持たせるために、式（7.8）を用いて候補ラベルのスコアを再計算する。

⑤クラスターの候補ラベルの中で最もスコアが高いものをそのクラスターのラベルとして選択する。

7.3.3　ケーススタディ

　コーヒーを対象としたケーススタディを述べる。今回、コーヒーに関するデータセットを google から検索し、コーヒーに関する Web テキスト 198 件を用いた。キーワード抽出では、キーワードとなり得る名詞と形容詞のみキーワードとみなし、Mecab を用いて形態素解析を行った上で処置をした。またキーワードとしては、tfiidfi 値が上位 500 に入るものを採択した。Jaccard 係数の閾値としては、0.3 とした。またその際に独立してしまったキーワードは、削除した。ラベルは 2 つの語から成ると仮定し、クラスターが属する文書集合中の名詞 2 語の組み合わせから各クラスターの候補ラベルを作成した。また、式（7.8）でのパラメータ μ は 0.7 とした。

　ケーススタディの結果を図 7.6 に示す。図 7.6 のノードの色はそれぞれのクラスターを表しており、それぞれのクラスターに対してオートラベリングを行ったものである。このとき、クラスターのノード数が少ないものはラベリングを行わずとも

トピックを理解できると考え、クラスターのノード数が6つ以上のクラスターに対してラベリングを行った。また、ラベルの評価のために、共起グラフを見て人手でのラベリングも行った。その結果を表7.2に示す。これから、クラスター1、5はコーヒーの銘柄、品種などがオートラベルに表れており、事前期待が抽出できたことがわかる。しかし、表7.2から、クラスター1はオートラベルと人手のラベルとの間に差異が見られる。また、クラスター2、3、7でも同様にオートラベルと人手のラベルとの間に差異が見られる。このように、同一クラスター内でオートラベルと人手のラベルにおいて差異のあるラベルも存在する。その理由として、人手のラベリングは共起グラフのクラスターのノードを見て行ったので、クラスターが属する文書集合からラベリングを行ったオートラベルとの差異が見られたと考えられる。このことから、クラスターのノードからの候補ラベルの作成を考慮する必要があると考えられる。

7.3.4　おわりに

　サービスサイエンスにおいて重要な要素である事前期待とは、顧客がサービスを受ける前に抱いている期待のことである。サービスを提供する企業などが顧客の事前期待を把握していないと、事前期待と顧客が受けるサービスとの間にギャップが生まれ、顧客の評価に影響を与える。そのため、顧客の事前期待を知ることは重要である。事前期待を把握するためにはアンケートが有用であるが、これにはコストと時間がかかる。一方で、顧客はWebサイトなどから事前期待を抱くことが考えられる。そこで、本節では、事前期待をWebサイトのテキストから可視化することを目的とした。可視化にはWebサイトのキーワードをノードとし、それらの共起関係をエッジとした共起グラフを用いた。しかし、データ数が増大するとグラフから事前期待を発見することが容易ではなくなる。そこで、グラフのクラスターがトピックを表していると仮定し、クラスタリングとラベリングを用いて事前期待の発見が容易となる共起グラフを作成した。

　本節では、コーヒーに関連するWebテキストから事前期待の可視化を行った。クラスタリングにはNewman法を用い、ラベリングにはMeiらのラベリング手法を用いた。結果として、名詞2語から成るラベルでは適切に事前期待を表すことはできなかった。しかし、ラベルを1語単位で見ていくと、事前期待を表す語を抽出できていることがわかった。

（佐賀亮介）

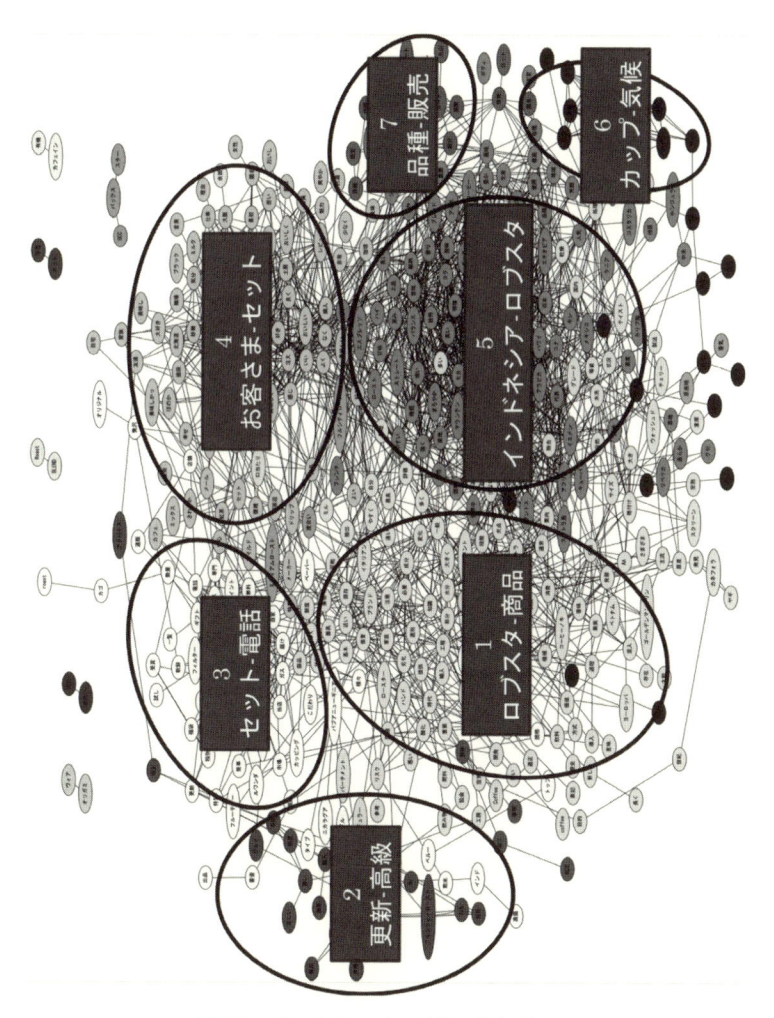

図7.6 オートラベリング後の共起グラフ

表7.2 人手とオートラベルの比較

クラスター番号	オートラベル	人手のラベル
1	ロブスター－商品	格付け 生産 製造 一般情報
2	更新－高級	作用 効能
3	セット－電話	店 営業 販売 売り（文句）
4	お客様－セット	飲み方 感想 好み 場所
5	インドネシア－ロブスタ	銘柄（種類）産地 特徴 味
6	カップ－気候	国（産地）栽培条件 気候 国土
7	お客様－更新	期間限定 限定販売 商品情報

8 おわりに

2016 年 4 月、わが国の今後の 5 年間の科学技術政策の骨格を定めた第 5 期科学技術基本計画が発効した。この計画の最大の特徴は、これまでの計画が、社会的な課題の解決や大学等の科学技術基盤の強化に向けられていたのに対して、ICT の爆発的な成長がこれからの社会に大きな影響を与えるとして、今後向かうべき社会を「超スマート社会」と名付け、ここに向かっての取組みを「Society 5.0」と掲げて推進するとしたこととされている（図 8.1）。欧米や中国が、ICT の発展を産業に取込んで「第 4 次産業革命」の実現を目指そうとしているのに対して、ICT は人々の在り方を含む社会を変革する影響力を持つと捉え、科学技術が目指すイノベーションとして Society 5.0 に取組むとしたことは、世界の中での大変な先進性を示しており、これが結実すれば、世界に対しても大きな貢献をもたらすと期待される。

基本計画では、Society 5.0 を実現するために、2015 年に特定した 11 システム（エネルギー・環境、社会インフラ・災害対応、道路交通・ものづくり・統合型材料開発・地域ケア・オリンピック関連のおもてなし、農林水産の流通・生産）を知的なサイバー・フィジカルシステム（CPS: Cyber-Physical Systems）の上に先行的に構築し、さらに、これらのシステムを連携させることによって相乗効果を生み出し、社会のシステム化やサービス化を促進するとしている（内閣府 , 2015）。

これらのシステム開発やその発展のために、個々のシステムの実現と運用を支え、また、システム間の連携を促すことを企図した「Society 5.0 プラットフォーム」の

超スマート社会：必要なもの・サービスを、必要な人に、必要な時に、必要なだけ提供し、社会の様々なニーズにきめ細かに対応でき、あらゆる人が質の高いサービスを受けられ、年齢、性別、地域、言語といった様々な違いを乗り越え、活き活きと快適に暮らすことのできる社会

Society5.0：狩猟社会、農耕社会、工業社会、情報社会に続くような新しい社会を生み出す変革を科学技術イノベーションが先導していく、という意味を込めている

図 8.1　政府による超スマート社会および Society 5.0 の説明（内閣府 , 2016）

構築も計画されている。自動走行に必要とされるダイナミックな3次元地図等の社会サービスの基盤となるいくつかの「データベース」、人々の発案を促し、また、システム間の連携や要素部品間の接続の指針を与える社会サービスシステムの「アーキテクチャ参照モデル」、人工知能、IoT、ビッグデータ等の「基盤技術」がSociety 5.0 プラットフォームを形成するとして、その内容を具体化する検討が進行中である。

　実世界（フィジカル空間）で生じている出来事の仕組みをサイバー空間に実世界のデジタルツインとして構築し、これを活用して、新たなサービス価値を発見・提供し続ける、第3世代のサービスシステムの実現が、社会のイノベーション課題として掲げられ、挑戦されようとしていると見ることができる。長年、システム科学技術の研究開発に携わってきたものにとっては、この挑戦を成功に導くには、2つの事柄が大切と思っている。一つは、システムの評価軸の設定であり、他の一つは、システムズアプローチの徹底である。

・評価軸の設定

　これから、我々はどんな社会に向かうべきか、その評価軸を定めることは容易ではないが、この努力なくして優れたシステムを作ることはできない。経済的な指標であるGDP（Gross Domestic Production、国内総生産）やGNI（Gross National Income、国民総所得）が日本再興戦略等の政策立案の場面でしばしば議論されているが、人々の幸せにとって経済面からの寄与はもはや飽和していることは経済人も指摘している（小林 , 2016）。OECD では、2011 年から、幸せ（Well-being）を測る枠組み作りが行われ、幸福度指標（Indicators of well-being）の集計がなされてきている（OECD, 2015）。その例として、図8.2 に、2015 年での日本の幸福度指標を示す。

　この指標は、生活の質に関する8項目（健康状態、仕事と生活のバランス、教育と技能、社会とのつながり、市民参加とガバナンス、環境の質、安全、主観的幸福）と物質的な状態を示す3項目（所得と財産、雇用と収入、住宅）からなっており、これらは、OECD 内での相互比較ができるような配慮の下に選ばれたものである。さらに、2015 年には、将来の幸福度を形作るストック（自然資本、人的資本、社会資本、経済資本）についても指標が設定された。幸せを測定する確かな方向性を示す検討が重ねられてきているといえるが、この取組やさらに類例（例えば、国連開発計画 UNDP: United Nations Development Programme による HDI: Human Development Index）を参考にしつつ、日本の文化的な背景はもとより、災害に対する安全と安心感の形成など日本固有の地勢的な条件の考慮、および、先行 11 システム分野に対

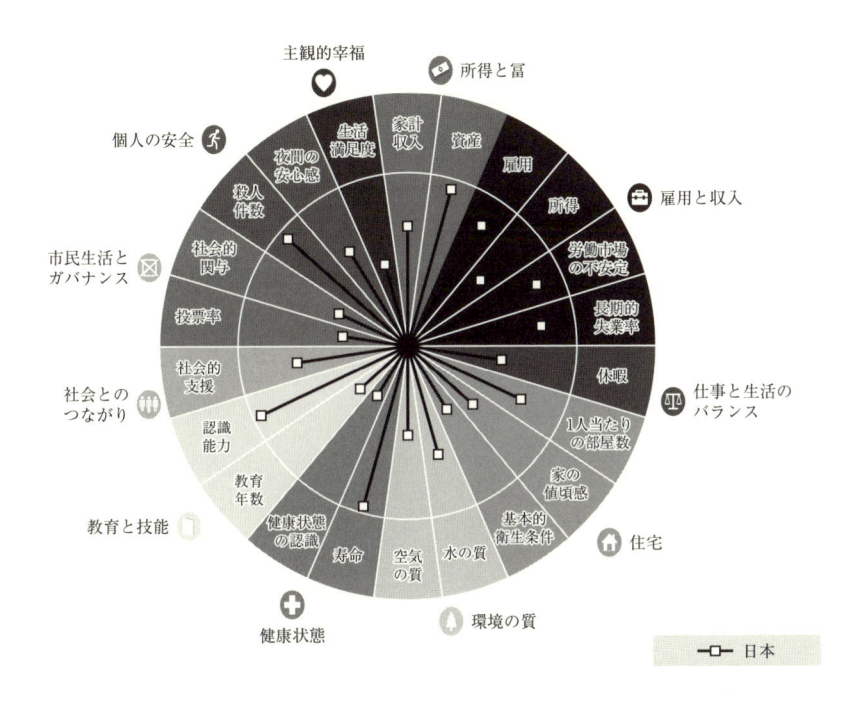

図8.2 日本の現在の幸福度指標（OECD，2016）

棒グラフは各項目における日本の幸福度の OECD 内ランキングを示し，線が長い項目ほど他国と比べて強みがあり，短いほど弱い

応した評価軸の設定を図って、これから取組もうとしているシステム構築の方向を適切に導くことが必要である。

・システムズアプローチの徹底

　人々やモノがあらゆる場面でデジタルに繋がることが可能となった時代では、これまでの物理的、制度的な制約を取り除いた、まったく新たな価値をもたらすサービスシステムの構築の機会が高まっており、その先行的な開発が急務である。これを推進するには、既存の知識体系にとらわれないメタな水準での思考法であるシステムズアプローチを行うことが大変に重要であり、価値創出の原動力となる。

　システムズアプローチは、「知を俯瞰する」、「知を統合する」、「社会的期待を発見する」という3つの知的プロセスに対する方法論を提供する（吉川，2013）。

　「知を俯瞰する」とは、対象とする事項に関して今までよりも広い視点からの関係性を見出すことを指す。伝統的な見方に縛られないで、新たな関係性を発見する

ために、「モデリング」と呼ぶ方法論がシステムズアプローチでは作られてきた。いま、関心のたかまっている Deep Learning もその一つに位置づけられるが、とくに着目すべきは、Web によって様々な知識へのアクセスができることから始まる飛躍的な発展の可能性である。これまではそれぞれのコミュニティの中だけでしか知られなかったというのが専門的な知識の存在であったが、Web の普及に伴って、独立して生まれた専門的知識の間の関連性を探索できるようになり、この結果、コミュニティを超えて関係性に関する新たな知識が生まれる可能性が高まってきたといえる。まだ、この技術化は試みが始まったばかりであるが、今後、大きな発展が期待される分野である。

　「知を統合する」とは、人工物（システム）を創出するための知の統合を指す。伝統的には、人工物の創出は様々な知を統合する芸術的、熟練的なプロセスとみなされていたが、システムズアプローチにおける継続的な努力により、統合プロセスの論理化が進み、新たな局面が生まれ始めている（例えば、Crawley, et al, 2016）。ここでは、創出すべき人工物は受益者（Operand）に対して利益をもたらす属性を持つとし、この利益はその受益者が変化することによって生じるとする。ここにおいて、受益者に変化をもたらす作用を「機能（Function）」と呼び、また、この作用を実現する実体を「形（Form）」と呼び、「機能」と「形」の対を人工物と定義する。作用（機能）については、形を通じた提供者と受益者との間のインタラクション（共創）プロセスとして詳細化を行い、並行して、形はさらにその構成要素としての分解を進めることにより、具体的な人工物が細部まで設計できるとしている。もとより、詳細化・分解を一意的に行うことはできず必然的に恣意性が含まれ、また、詳細化・分解のために想定すべき関与者やその相互作用、さらには、関連する技術の探索範囲も自ずと限られるのが現状の姿であるが、このような人工物の創出の定式化は、優れた人工物を効果的に導く上でのしっかりした道筋を提供するものと期待される。これに加えて、情報化からサイバーフィジカル化への進展のような社会の大変革が起こるような状況下での政策立案の方法論の構築を目指して生まれてきた移行管理（Transition Management）にも注目したい（Loorbach, 2007）。この取組みは、衆知を集め、多層的な視点から複数個のビジョンを構築し、これに沿った短期的な目標達成活動を反復して社会学習を重ね、所期の方向性を追求しようというものである。今日のような変革の時代における人工物の構築において、伝統的なシステムズアプローチに加えて、多様な価値観の下での社会進化を育むために考慮すべき重要事項といえる。

　「社会的期待を発見する」とは、「知の統合」が人工物をいかにして作るか

（How）を主題にしているのに対して、どんな人工物を作るべきか（What）を主題にするものである。提唱者である吉川（2013）は、地球温暖化問題のような学問分野を提供する大きなテーマ発見を想定しているが、企業家からすれば必ずしもそのようなスケールである必要はないであろう。政治、経済、社会、技術の変化が事業機会をもたらすとして、想定する分野のシナリオづくりを行うことが着実なアプローチといえる（鷲田，2016）。そして、「知を俯瞰する」で述べたとおり、Webにくり広げられる莫大な知識が、このシナリオづくりにおいて、様々な未来像を描き出すことを可能とするであろう。

　本書は、ICTがサイバー、フィジカルの両空間で劇的な可能性を生み出すことが予想される中で構築されるべき「第3世代のサービスシステム」の姿の描画に挑戦したものである。サービスシステムとは何か、システムがもたらす価値とは何か、システムが想定すべき人々の関係性とは何か、これからのICT等の先端技術と知識科学がどんな可能性をもたらすか、そして、いま具体的にどんな胎動が始まっているのか、北陸先端科学技術大学院大学の小坂研究室および電気学会サービスイノベーション調査専門委員会に係りのある人々が、あらたな潮流を予感しながら書き起こしたものである。個々には不整合があるかもしれない。しかし、ここで述べられた事柄や取組みが新たな世代のサービスシステム構築の道標を与え、そして、Society 5.0を具体化する着実な推進力となると信じている。

（舩橋誠壽）

参考文献

あ

ITmedia. 2016.「CES2016 の注目点、サムスンスマート冷蔵庫とマスターカード連携、IoT とフィンテック」.
http://blogs.itmedia.co.jp/borg7of9/2016/01/ces2016iot.html

赤津雅晴・平井千秋・長岡晴子. 2013.「顧客価値をいかに協創するか」『電気学会論文誌 C（電子・情報・システム部門誌）』, Vol.133, No.4（特集：新たなサービス社会に貢献する情報・システム技術）, pp.693-698.

秋吉政徳・松本慎平・荒木直樹. 2014.「学習内容の定着を促進する学習者適応型教育クラウドサービス」『電気学会情報システム研究会予稿集』IS-12-004, pp.15-18.

浅沼宏和. 2013.『ストーリーでわかる ― スターバックスの最強戦略』ぱる出版.

朝日監査法人. 2003.『図解 リスクマネジメント』東洋経済新報社.

朝日新聞. 2011.「創発する民主主義へ」朝日新聞 2011 年 9 月 3 日朝刊 13 面.

朝日新聞. 2016.「北海道でスマート漁業 生産額全国トップ、IT 駆使 レーダーや人工衛星で潮流・漁場分析」朝日新聞 2016 年 11 月 19 日夕刊 9 面.
http://techon.nikkeibp.co.jp/atcl/column/15/092300070/101400005/

アスクル. 2016a.「特集チャンスとピンチが混在 お届けビジネス 主役への挑戦 アスクル ビッグデータのオープン化で独自のビジネスモデルを構築」『流通情報雑誌 月刊 激流』国際商業出版, No.7, pp. 57-59.

アスクル. 2016b.「LOHACO EC マーケティングラボ 日立の AI 導入でマーケティングを強化」, 2016.10.21
http://prtimes.jp/main/html/rd/p/000000004.000021550.html.

安宅和人. 2016.「「ヒト・モノ・カネ」から「ヒト・データ・キカイ」へ 人口知能はビジネスをどう変えるか」『DIAMOND ハーバードビジネスレビュー』, ダイヤモンド社, Nov., pp.42-58.

石川奉矛・石黒正雄・熊谷貴禎・柴田吉隆・森本由起子・谷崎正明. 2015.「顧客協創方法論「NEXPERIENCE」の体系化」『日立評論』Vol.97, No.11, pp.23-28.

石橋忠子. 2016.「特集チャンスとピンチが混在 お届けビジネス 主役への挑戦 サービスの重層化とコスト削減の協調が同時進行」『流通情報雑誌 月刊 激流』国際商業出

　　版 , No.7, pp. 54-56.

伊丹敬之 . 1999.『場のマネジメント』NTT 出版 .

伊丹敬之 . 2005.『場の論理とマネジメント』東洋経済新報社 .

市江雅芳 . 2006.「音楽と人間との新しい関わり～音楽療法とその周辺～」『バイオメカニ
　　ズム学会誌』Vol.30, No.1, pp.26-30.

伊津美孝子・真嶋由貴恵・嶌田聡 . 2014.「e ラーニングを活用した新人看護師研修プログ
　　ラムの開発と評価」『教育システム情報学会誌』Vol.31, No.1, pp.57-68.

井上明人 . 2012.『ゲーミフィケーション』NHK 出版 .

井上 崇通・村松 潤一 . 2010.『サービス・ドミナント・ロジック ― マーケティング研究
　　への新たな視座』同文舘出版株式会社 .

岩手県北バス・ヤマト運輸 . 2016.「路線バスを活用した宅急便輸送「貨客混載」の開始に
　　ついて」

　　http://www.yamato-hd.co.jp/news/h27/h27_18_01news.html.

大分県健康づくり支援課 . 2016.「健康経営事業所について」.

　　http://www.pref.oita.jp/soshiki/12210/kenkoukeiei-syoukai.html.

小野 讓二 . 2010.「JCSI による顧客満足モデルの構築」『マーケティングジャーナル』
　　Vol.30, No.1, pp.20-34.

恩田守雄 . 2006.『互助社会論』世界思想社 .

か

鹿島久嗣・梶野洸 . 2012.「クラウドソーシングと機械学習」『人工知能学会誌』Vol.27,
　　No.4, pp.381-388.

鹿志村香・熊谷健太・古谷純 .　2011.「エクスペリエンスデザインの理論と実践」『日立評
　　論』Vol.93, No.11, pp.724-732.

カトリック生活 . 2016.「『迎える・祝う・ゆるす』という賜物に包まれた暮らし ラルシュ
　　かなの家を訪ねて」『カトリック生活』ドン・ボスコ社 , 2016 年 6 月 第 1044 号 ,
　　pp.4-7.

神谷美恵子 . 2004.『生きがいについて』みすず書房 .（初版 1966 同社刊）.

亀岡秋男 . 北陸先端科学技術大学院大学 MOT コース編集委員会サービスサイエンス・イ
　　ノベーション LLP 編集 . 2007.『サービスサイエンス　新時代を拓くイノベーション
　　経営を目指して』. NTS.

川喜田二郎 . 1967.『発想法 ― 創造性開発のために』中公新書 .

川口昭彦 . 2011.「質保証の観点から学習支援の重要性」『大学と学生』第 91 号 , 日本学生

支援機構 .

河﨑宜史・高野昌樹・山形和明・岡田久子. 2011.「エスノグラフィー調査の活用とその効果」『日立評論』Vol.93, No.11, pp.744–745.

桐野高明 . 2014.『医療の選択』岩波書店 .

熊谷徹. 2015.『日経ビジネス まるわかりインダストリー 4.0 第 4 次産業革命－ドイツが「第 4 の産業革命」を官民一体で進めるワケ』日経ムック .

黒須正明 , et al. 2013.『人間中心設計の基礎』近代科学社 .

小泉京美 . 2013.「33 年間「おもてなし日本一」を続ける加賀屋のサービスの原点を探る」『相模女子大学紀要』Vol.77, pp153-163.

厚生労働省 . 2013.「地域包括ケアシステム」.

厚生労働省大臣官房統計情報部 . 2014.「平成 25 年国民生活基礎調査」.
http://www.mhlw.go.jp/toukei/saikin/hw/k-tyosa/k-tyosa13/dl/06.pdf.

国土交通省 . 2014.『平成 25 年度 国土交通白書』国土交通省 . p.1.

国土交通省 . 2016.「平成 27 年度宅配便取扱実績関係資料」.
http://www.mlit.go.jp/common/001139889.pdf.

国土交通省総合政策局 . 2014.『インフラ長寿命化計画（行動計画）』国土交通省 , p.3.

国土交通省総合政策局 . 2013.『鉄道輸送統計年報（H25)』国土交通省 .

国土交通省鉄道局 . 2012.『鉄道統計年報（H24)』国土交通省 .

国土交通省鉄道局 . 2015.『鉄道統計年報（H27)』国土交通省 .

小坂満隆 . 2012.『サービス志向への変革』社会評論社 .

小林喜光 . 2016.「Japan 2.0 最適化社会に向けて」. 経済同友会.
https://www.doyukai.or.jp/policyproposals/articles/2016/pdf/161121a.pdf.

近藤勝則・海野敦史 . 2009.「インターネット利用の決定要因と利用実態に関する調査研究」, 総務省情報通信政策研究所 .

さ
齋藤実 . 2016.『物流ビジネス最前線 ネット通販、宅配便、ラストマイルの攻防』光文社 .

財務省 財務総合政策研究所 . 2014.「高齢社会における選択と集中に関する研究会」第 3 回会合資料 .
https://www.mof.go.jp/pri/research/conference/fy2013/zk101_03.htm.

坂下哲也 . 2016.「パーソナルデータと IoT・AI・ビッグデータ」『日本システム監査人協会第 219 回月例研究資料』（財）日本情報経済社会推進協会 ,2016.12.7

坂田行造 . 1981.『鉄道 100 年と社会文化史（鉄道・政経・交通・世相・庶民生活)』紀伊

国屋書店.

坂村健. 2016.「IoT の競争優位 ―「閉じた IoT」から「オープンな IoT」へ」『Harvard Business Review 別冊 2016 年 1 月号』ダイヤモンド社.

里見清一. 2016.『医者とはどういう職業か』新潮社.

里見清一. 2016.『医学の勝利が国家を滅ぼす』新潮社.

サービス産業生産協議会（SPRING）. 2009.「Japanese Customer Satisfaction Index」SPRING シンポジウム, http://www.service-js.jp/.

CNet. 2015.「NASA、3D プリンタで作ったロケットエンジン部品の試験に成功」. http://japan.cnet.com/news/society/35069501/.

柴田怜. 2011.「情報の非対称性による消費者への影響」『富山短期大学紀要』Vol.4.

清水博・三輪敬之・久米是志. 2000.『場と共創』NTT 出版

杉江修治・関田一彦・安永悟・三宅なほみ. 2004.『大学授業を活性化する方法』玉川大学出版.

杉山大輔. 2012.「第 5 章企業サステナビリティを促進するサービス深化」小坂満隆編.『サービス志向への変革』社会評論社.

杉山大輔. 2013.「企業サステナビリティを促進するサービス深化モデル」『研究・技術計画学会（サービスイノベーションの新展開特集）』Vol.28, No3/4, pp.303-312.

鈴木雅彦・小坂満隆. 2015.「「社会インフラサービス」としての鉄道事業のサービスモデル ～ SLA 概念を導入したサービス価値創造モデル～」『北陸先端科学技術大学院大学修士論文』

角忠夫. 2016.「我が国における製造業のサービス化の変遷と今後の展望」『サービソロジー』Vol3, No.3, pp.24-31.

諏訪良武. 2015.「サービスの価値と価格を解析する」, http://www.ipsj.or.jp/event/sj/sj2015/l2ist800000004ir-img/Session2.pdf.

諏訪良武・山本政樹. 2015.『サービスサイエンスによる顧客競争型 IT ビジネス』ISBN978-4-7981-4141, 翔泳社.

総務省統計局資料. 2013.「統計からみた我が国の高齢者（65 歳以上）―「敬老の日」にちなんで」統計トピックス No.72.
http://www.stat.go.jp/data/topics/topi720.htm.

総務省統計局. 2016.「統計からみた我が国の高齢者（65 歳以上）―「敬老の日」にちなんで ― 平成 28 年 9 月 18 日発表」統計トピックス No.97.

た

田尾雅夫 . 2012.『現代組織論』. 勁草書房 . pp.18-51.

高坂潤・小形俊輔・秋吉政徳 . 2016.「IoT による e-Learning サービス基盤に関する考察」『平成 28 年電気学会電子・情報・システム学会論文集』pp.697-698.

高橋多喜子 . 2004.「音楽療法概説」日本補完代替医療学会誌 Vol.1,No.1, PP.77-84.

高橋泰 . 2015.「人口減少社会に向けて老い方・死に方が変わる」『平成 27 年度第 2 回都市セミナー in 福岡市』, 2015.10.1.
　　http://urc.or.jp/wp-content/uploads/2015/10/ 440050051d22a78e6f5645d5ca18c696.pdf.

高久文麿 . 1999.『医の現在』岩波書店 .

武田悠也・越智洋司 . 2012.「Kinect を利用したモーションマイニングシステムの開発」『電子情報通信学会技術研究報告, 教育工学』Vol.112, No.66, pp.55-58.

谷本寛治 他 . 2013.『ソーシャル・イノベーションの創出と普及』NTT 出版

中央教育審議会 . 2012.「新たな未来を築くための大学教育の質的転換に向けて ― 生涯学び続け、主体的に考える力を育成する大学へ」文部科学省 .

辻一郎 . 2004.『のばそう健康寿命』岩波書店 .

寺本益英 . 1999.「関東大震災における応急対策：避難民の輸送と生活物資のロジスティックスを中心に」『経済学論究』, Vol. 53, No. 3, pp. 685-708.

デロイト・トーマツ・コンサルティング . 2016.「クルマの知能化・IoT 化」『モビリティー革命 2030 自動車産業の破壊と創造』日経 BP 社 , pp.28-49.

電気関係技術基準調査研究会（編）・国土交通省鉄道局（監）. 2014.『解説　鉄道に関する技術基準（電気編）第三版』日本鉄道電気技術協会 . pp.290-319.

電力・ガス取引監視等委員会 . 2016.「電力・ガス取引監視等委員会（第 53 回）― 配布資料」. http://www.emsc.meti.go.jp/activity/emsc/pdf/053_06_01.pdf.

東北学院大学経営学部おもてなし研究チーム編 . 2012.『旅館経営への複合的アプローチ（おもてなしの経営学：理論編）』創成社 .

徳江順一郎 . 2012.『ホスピタリティ・マネジメント』同文舘出版 .

徳永基与子・平野加代子 . 2014.「e ラーニングを活用した看護技術演習における動画の撮影・視聴による自己学習の工夫」『教育システム情報学会誌』Vol.31, No.1, pp.87-92.

豊田秀樹 . 2002.『項目反応理論［入門編］』朝倉書店 .

な

内閣府 . 2012.「高齢社会対策大綱」, 第 1, 目的及び基本的考え方, 1 大綱策定の目的 . 第 2,

分野別の基本的施策 — 3，3 社会参加・学習等分野に係る基本的施策．

内閣府．2013.『平成 25 年度 年次経済財政報告』内閣府．pp.337-344.

内閣府．2015.「科学技術イノベーション総合戦略 2015」.

    http://www8.cao.go.jp/cstp/sogosenryaku/2015.html.

内閣府．2016.「第 5 期科学技術基本計画」.

    http://www8.cao.go.jp/cstp/kihonkeikaku/index5.html.

中根滋．2015.『アップルを超えるイノベーションを起こす IoT 時代のものづくり経営戦略』幻冬舎．

中野義之．2008.「保安教育と技能伝承の実態調査の概要」『安全工学』Vol.47, No.6, pp.362-368.

中森義輝．2010.『知識構成システム論』．丸善出版．

長濱文与・安永悟・関田一彦・甲原定房．2009.「協同作業認識尺度の開発」『教育心理学研究』No.57, pp24-37.

成木弘子・飯田澄美子．2003.「コミュニティ・ケアを目的とした自主組織活動への参加を継続する要因 — 都市における事例研究」『日本健康教育学会誌』Vol.11, No.2, pp. 93-103.

西岡由紀子・小池睦悦．2006.「IT ビジネスに関するサービス工学的考察（ニーズ先行型設計におけるサービス工学の適用）」『日本機械学会第 16 回設計工学・システム部門講演会』.

西岡由紀子・山村圭．2010.「IT 化サービスにおける顧客の目的価値実現 — サービス指向要求開発方法論 MUSE」小坂満隆・舩橋誠壽（編）:『横断型科学技術とサービスイノベーション』第 5 章, pp.105-129, 社会評論社．

西岡由紀子．2010.「設計事務所が導く IT 化の目的価値の実現」『情報処理学会デジタルプラクティス, 特集 価値を導き出すコンサルティング』Vol.1, No.4, pp.190-199.

21 世紀政策研究所．2016. 報告書『新しい農業ビジネスを求めて』.

日経コンピュータ．2015.『The Next Technology　脳に迫る人口知能　最前線』日経 BP 社．

日経テクノロジー online サイト．2016.「海でも起きる IoT 革命、賽は投げられた」日経新聞社 2016 年 10 月 24 日

    http://techon.nikkeibp.co.jp/atcl/column/15/092300070/101400005/.

日本医療安全調査機構, http://www.medsafe.or.jp/.

日本学術会議報告．2003.『新しい学術の体系 — 社会のための学術と文理の融合』

日本施設園芸教会．2003.『生鮮野菜衛生管理ガイド — 生産から消費まで』.

Newsweek. 2016.「ボイスの時代がそこまできた。モバイルファーストを思い出せ」.
　　http://www.newsweekjapan.jp/yukawa/2016/11/post-13_3.php.
農林水産省経営局. 2014.「農業生産法人の農業参入について」.
野中郁次郎・臼井純子・渡辺南・信藤哲也・内本夏郎. 2000.『リレーション・プロセス・
　　マネジメント ── 実践・顧客の持つ知識を活用する経営』ダイヤモンド社. pp.128-129.
野中郁次郎・竹内弘高.（訳）梅本勝博. 1996.『知識創造企業』東洋経済新聞社.
野中郁次郎・遠山亮子・平田透. 2010.『流れを経営する ── 持続的イノベーション企業の
　　動態理論』東洋経済新報社.
延岡健太郎. 2008.『価値づくりの技術経営：意味的価値の創造とマネジメント』IIR
　　Working Paper WP#08-05. 一ツ橋イノベーションセンター.

は

橋本誠志. 2003.「財産権的アプローチを利用したインターネット上における個人データの
　　保護」『同志社政策科学研究』同志社大学, Vol.4, No.1, pp.45-64.
服部勝人. 2008.『ホスピタリティ入門（第2版）』丸善.
八山幸司. 2015.「米国におけるIoT（モノのインターネット）に関する取り組みの現状」
　　『ニューヨークだより』.
東中竜一郎. 2016.「対話システム研究の動向 ── 対話システムは次世代のインターフェー
　　スになるか」『情報処理』Vol.57, No.10, pp972-973.
東日本旅客鉄道株式会社. 2016.「グループ経営構想 V（ファイブ）「今後の重点取組み事
　　項」について」JR東日本HP.
　　https://www.jreast.co.jp/press/2013/20131019.pdf.
平井千秋・辻聡美・細田順子・石橋尚也. 2016.「製造業サービス化の試み」『サービソロ
　　ジー』Vol.3, No.1, pp.4-11.
平井千秋・古谷純. 2015.「顧客協創によるサービス事業」『日立評論』Vol.97, No.11,
　　pp.12-16.
広井良典. 2009.『コミュニティを問いなおす ── つながり・都市・日本社会の未来』ちく
　　ま新書.
藤井敏彦. 2012.『競争戦略としてのグローバルルール ── 世界市場で勝つ企業の秘密』東
　　洋経済新報社
藤井美樹・小坂満隆.2016a.「サービスの視点で音楽の価値を考える ── 高齢者の音楽活動
　　を通して」2016年度サービス学会 第4回 国内大会. 神戸大学百年記念館［神大会
　　館］. 瀧川記念学術交流会館発表論文集. 3月28・29日.

287

藤井美樹・小坂満隆 . 2016b.「高齢者の QOL 向上につながるコミュニティ活動を促進する価値共創モデルの提案 ― 高齢者の社会活動の成功事例分析から」『横幹』Vol.10, No.2, pp101-109.

古川康一 . 2009.『スキルサイエンス入門 ― 身体知の解明へのアプローチ（知の科学）』オーム社 .

古川真衣・村本充・三上剛 . 2012.「携帯端末用数学，一問一答式 e ラーニングシステムの開発と運用」『教育システム情報学会研究報告』Vol.27, No.2, pp.81-86.

北陸先端科学技術大学院大学　知識科学研究科監修 . 2008.『ナレッジサイエンス』近代科学社 .

細川敏幸 . 2012.「転換期の大学」『大学教育学会第 34 回大会 発表要旨集』 p1.

北海道大学病院 . 2016. 「網羅的ながん遺伝子診断とは？」.
http://www.huhp.hokudai.ac.jp/hotnews/detail/00001144.html

ま

毎日新聞 . 2016.「洗濯物、畳むのもロボット」.
http://mainichi.jp/articles/20161005/ddn/008/020/027000c.

松本裕樹・木場田昌宜・本山貢 . 2013.「高齢者向けエクササイズにおける音楽演奏形態の違いによる認知症予防効果の比較：生演奏と CD 再生演奏を比較して」『和歌山大学教育学部紀要，人文科学』第 63 集, pp. 93-99.

真野俊樹 . 2006.『入門医療経済学』中央公論社 .

真野俊樹 . 2012.『入門医療政策』中央公論社 .

みずほ銀行 . 2015.「高齢者市場への取組みの考察：社会的課題解決に向けて」『財務省 財務総合政策研究所高齢社会における選択と集中に関する研究会　第 3 回会合資料』.

宮野 厚 . 2013.『ITIL の基礎 ― ITIL ファンデーション（シラバス 2011）試験対応』ISBN978-4-83994-8603, マイナビ .

三輪泰史 . 2014.「オランダ農業の競争力強化戦略を踏まえた日本農業の活性化策」『Ｊ Ｒ Ｉ レビュー』, Vol.5, No.15.

村井純 . 2016. 「IoT の競争優位 ― 次なる産業革命はすでに始まっている」『Harvard Business Review』ダイヤモンド社 .

村本徹也 . 2015.「NPO 法人における互恵的価値共創モデルの事例研究」『2015 年度サービス学会第 3 回国内大会講演論文集』, pp.512-524.

メイヤロフ，ミントン . 1987.『ケアの本質 生きることの意味』田村真・向野宣之訳 ゆみる出版 .

森下俊一郎 . 2016.「おもてなしを活かした九州の地域活性化へ向けて ― 黒川温泉における観光産業としてのおもてなし経営の事例」公益財団法人九州経済調査協会（非公開）

文部科学省 . 2012.「超高齢化社会における生涯学習の在り方に関する検討会」第6回

や

矢崎義雄 . 2011.『医の未来』岩波書店 .

安永悟 . 2006.『実践・LTD 話し合い学習法』ナカニシヤ出版 .

安永悟 . 2012.『活動性を高める授業づくり ― 協同学習のすすめ』医学書院 .

薮谷隆 . 2010.「顧客との共創による省エネ・CO2 排出量削減を狙った生産装備サービス」（小坂満隆・舩橋誠壽（編）『横断型科学技術とサービスイノベーション』）社会評論社 . 第7章 , pp.157-172.

山崎秀夫 . 2016.「日本ナレッジ・マネジメント学会発行メルマガ第94号」.

山崎良兵 . 2015.「日経ビジネス まるわかりインダストリー 4.0 第4次産業革命 ― GE の破壊力」日経ムック .

山地弘起・川越明日香 . 2012.「国内大学におけるアクティブラーニングの組織的実践事例」『大学教育機能開発センター紀要』No.3, pp.67-85.

ヤマト運輸 . 2011.「IT でお客様により密着したサービスを実現」http://www.yamato-hd.co.jp/investors/library/report/pdf/146/146_01_03.pdf.

ヤマト運輸 . 2016.「宅急便40年の歩み」.http://www.kuronekoyamato.co.jp/ytc/corporate/ad/40th/.

山村順次 . 2015.『黒川温泉 2015 年度視察資料』黒川温泉観光旅館協同組合 .

八山幸司 . 2015.「米国における IoT（モノのインターネット）に関する取り組みの現状」『ニューヨークだより』.

吉川弘之 . 2013.「横幹の体幹」『横幹』Vol. 7, No. 1, pp. 7-12.

ら

楽天 . 2016.「世界初のドローン商用化で第一歩を踏み出す」『流通情報雑誌月刊激流』国際商業出版 ,2016.7,pp.54-56.

ラルシュかなの家 .2015.「恋するフォーチュンクッキー かなの家 ver.」<http://youtu.be/eh3Fk8--Mtw>（参照 2016-11-30）.

李妍焱 . 2016.「ソーシャル・イノベーションの条件 ― 南三陸町における復興事業を事例に」.『駒澤社会学研究』48 号 , pp.89- 121.

リスク管理・内部統制に関する研究会 . 2003.「リスク新時代の内部統制」『リスク管理・内部統制に関する研究会報告概要』.

リスクマネジメント規格活用検討会 . 2010.『ISO31000:2009 リスクマネジメント　解説と適用ガイド』日本規格協会 .

リンダ , グラットン・アンドリュースコット . 2016.『LIFE SHIFT』. 東京経済新報社 .

わ

ワイヤレスワイヤーニュース . 2016.「フォードとアマゾンが協業 ― スマートカーとスマートホームを結合へ」. https://wirelesswire.jp/2016/01/49302/.

鷲田祐一 . 2016.『未来洞察のための思考法』勁草書房 .

References

A

Akaka, M. A., S. L. Vargo and R. F. Lusch. 2013. "The complexity of context: a service ecosystems approach for international marketing". Journal of Marketing Research, Vol.21,No.4,,pp.1-20.

B

Bedbury, S. 2002. A New Brand World. (土屋京子訳『なぜみんなスターバックスに行きたがるのか？』講談社, 2002).

Bloomberg. 2016."Goldman Sachs Has Four Charts Showing the Huge Potential in Virtual and Augmented Reality". http://www.bloomberg.com/news/articles/2016-01-13/goldman-sachs-has-four-charts-showing-the-huge-potential-in-virtual-and-augmented-reality

Bohm, D. 2004. On Dialogue:2nd edition. Routledge（金井真弓訳『ダイアローグ ― 対立から共生へ、議論から対話へ』英治出版, 2007）.

Bourdieu, P. 1986. The Forms of Capital in John G. Richardson, ed., Handbook of Theory and Research for the Sociology of Education. Greenwood Press.

Brosch, T., D. Sander et al. 2016. Handbook of Value. Oxford University Press.

Brown, T. 2009. Change by Design : How Design Thinking Can Transform Organizations and Inspire Innovation（千葉敏生訳『デザイン思考が世界を変える』早川書店, 2014）.

C

Checkland, P., and Scholes, J. 1990, Soft Systems Methodology in Action, John Wiley & Sons（妹尾堅一郎監訳『ソフト・システムズ方法論』有斐閣, 1994）.

Coleman, J. 1988. Social Capital in the creation of Human Capital. American Journal of Sociology Supplement.

Colibaba, A., S. Colibaba, I. Gheorghiu, O. Ursa, C. Colibaba and A. Ionel. 2015. "Palliative Care MOOC Project Research Findings and the Development of Standardized Protocols: Multimedia Applications for Medical and Healthcare Education and E-learning", The 5th IEEE Intl. Conf. on E-Health and Bioengineering, pp.1-4.

Crawley, E., B. Cameron, and D. Selva. 2016. System Architecture, Strategy and Product Development for Complex Systems. Pearson.

Cronin Jr, J.J., S.A. Taylor. 1992. "Measuring Service Quality: A Reexamination and Extension", Journal of Marketing, Vol.56, No.3, pp.55-68.

D

Davis, F. D. 1989. "Perceived Usefulness, Perceived Ease of Use, and User Acceptance of Information Technology", MIS Quariterly, September, pp319-340.

Demirkan, H., M. Goul and S. Bouchard. 2012. "Introduction to the Service Systems and Cloud Computing Services Minitrack", 2012 45th Hawaii International Conference on System Sciences, p.1552.

F

Fishbein, M. and I.Ajzen. 1975. Belief, Attitude, Intention and Behavior: An Introduction to Theory and Research, Addison-Wesley.

Fujimaki, R. and S. Morinaga. 2012. "The Most Advanced Data Mining of the Big Data Era", NEC Technical Journal, 7: 91.

G

General Electric Company. 2013. GE 2012 Annual Report, pp. 9-16.

Gladwell, M. 2000. The Tipping Point: How Little Things Can Make a Big Difference. (高橋啓訳『ティッピング・ポイント ― いかにして「小さな変化」が「大きな変化」を生み出すか』飛鳥新社 , 2000).

Grönroos, C. 1984. "A Service Quality Model and its Marketing Implications" European Journal of Marketing, Vol.18, Iss:4, pp.36-44

Grönroos, C. and H. Pekka. 2010. "Adopting a service logic in manufacturing: Conceptual foundation and metrics for mutual value creation", Journal of Service Management, 21.5, pp.564-590.

H

Hart, S. L. 2007. Capitalism at the Crossroads, Aligning Business, Earth, and Humanity.

Persons Education Inc.（石原薫訳『未来をつくる資本主義』, 英治出版 , 2008）.

Hays, T. 2005. "Well‐being in later life through music", Australasian Journal on Ageing, Vol.24,No.1, pp. 28-32.

Hays, T. and M. Victor. 2005. "The meaning of music in the lives of older people: A qualitative study", Psychology of music Vol.33, No.4, pp.437-451.

Henderson, R. M. and K. B. Clark. 1990. "Architecture innovation: The reconfiguration of existing product technologies and the failure of established firms", Administrative Science Quarterly, Vol.35, No.1, pp.9– 30.

Heskett, J.L., T.O. Jones, G.W. Loveman, et. al., 1994. "Putting the Service-Profit Chain to Work", Harvard Business Review, March-April, pp.164-170.

Heskett, J., T. Jones, G. Loveman, E. Sasser and L. Schlesinger. 2008. "Putting the Service-Profit Chain to Work", Harvard Business Review, 2008.7.

Hsu, C. and H. Lu. 2004. "Why do people play on-line games? An extended TAM with social influences and flow experience", Information & Management, 41, pp.853-868.

I

IDC. 2016. "AR/VR Market to Grow to $162 Billion in 2020", http://www.idc.com/get-doc.jsp?containerId=prUS41676216

Information Audit and Control Association. 2012. "COBIT5: A Business Framework for the Governance and Management of Enterprise IT" , ISBN978-1-60420-283, ISACA.

J

Jiao, J. R., T. W. Simpson and Z. Siddique. 2007. "Product family design and platform-based product development: a state-of-the-art review". Journal of intelligent Manufacturing, Vol.18, No.1, pp.5-29.

Johnson, D., R. Johnson and K. Smith. 2007.（監訳）関田一彦『学生参加型の大学授業 ― 協同学習への実践ガイド』玉川大学出版

Jung, Y., B. Perez-Mira and S. Wiley-Patton. 2009. "Consumer adoption of mobile TV: Examining psychological flow and media content", Computers in Human Behavior, Vol. 25, Issue 1, pp.123-129.

K

Kolb, D. 1973."Toward a Typology of Learning Styles and Learning Environments: An

Investigation of the impact of Learning Styles and Discipline Demands on the Academic Performance", Social Adaptation and Career Choices of M.I.T. Seniors, M.I.T. Sloan School Working Paper, No, 68-73.

Kosaka, M., Q. Zhang, W. Dong and J. Wang. 2012. "Service value co-creation model considering experience based on service field concept", Proc. of IEEE International conference on service system and service management, pp.724- 729.

Kotler, P. and G. Armstrong. 1991. Principles of Marketing. Prentice Hall.

Kotler, P. and K. L. Keller. 2006. Framework for Marketing Management (3rd Edition)（恩蔵直人監修、月谷真紀訳『マーケティングマネジメント基本編第3版』ピアソン・エデュケーション, 2014）.

Kullback, S. and R. A. Leibler. 1951. "On information and sufficiency", The annals of mathematical statistics, Vol. 22, No. 1, pp.79-86.

Kumar, V., et al. 2010. "Undervalued or overvalued customers: capturing total customer engagement value", Journal of Service Research 13.3 , pp.297-310.

L

Lederer, A. L., D.J. Maupin, M.P. Sena and Y. Zhuang. 2000. "The technology acceptance model and the World Wide Web", Decision Support System 29, pp.269-282.

Liao, C. and C. Tsou. 2009. "User acceptance of computer-mediated communication: The Skype Out case" , Expert Systems with Applications, Volume 36, Issue 3, Part 1, pp.4595-4603.

Liedtka, J. and T. Ogilvie. 2011. Designing for Growth: A Design Thinking Tool Kit for Managers. Columbia Business School Publishing.

Liu, C. 2007. Modeling Consumer Adoption of The Internet as a Shopping Medium. Cambria Press.

Loiacono, E. T., R. T. Watson and L. G. Dale. 2002. "WebQual: A measure of web site quality", Marketing theory and applications, Vol.13, No.3, pp.432-438.

Loorbach, D. 2007. Transition Management, New mode of governance for sustainable development. International Books.

Lovelock, C. and L. Wright. 2002.（小宮路雅博 監訳、高畑泰・藤井大拙 訳）.『サービス・マーケティング原理』白桃書房 . pp.22-26, p.58, pp.67-71

Lusch, R. F. and S. Nambisan. 2015. "Service innovation: a service dominant logic perspective", MIS Quarterly, Vol. 39 No. 1, pp.155-175.

Lusch, R. F. and S. L. Vargo. 2014. Service-dominant logic : Premises, perspectives, possibilities. Cambridge University Press. New York

Lusch, R. F. and S. L.Vargo. 2016. （監訳）井上崇通『サービス・ドミナント・ロジックの発想と応用』同文館 .

M

Maciver, R.M. 1917. Community. Mucmillan, （中久郎・松本通晴監訳『コミュニティ』ミネルヴァ書房 , 1975）.

Maglio, P. P., S. Srinivasan, J. T. Kreulen, and J. Spohrer. 2006. "Service systems, service scientists, SSME, and innovation", Communications of the ACM, Vol 49, pp. 81-85.

Maglio, P. P., S. L. Vargo, N. Caswell and J. Spohrer. 2009. "The service system is the basic abstraction of service science", Information Systems and e-business Management, Vol.7,No.4, pp.395-406.

Maglio, P. P., C. A. Kieliszewski, J. C. Spohrer, Editors. 2010. "Handbook of Service Science". Springer.

Martin, R. 2009. "The Design of Business: Why Design Thinking Is the Next Competitive Advantage", Harvard Business School Press.

Maslow, A. H. 1969. Psychology of Science: A Reconnaissance Paperback, Joanna Cotler Books.

Mei, Q., X. Shen and C. Zhai. 2007. "Automatic labeling of multinomial topic models", Proceedings of the 13th ACM SIGKDD International Conference on Knowledge Discovery and Data Mining, pp.490-499.

Mikkola, J. H. 2007. "Management of product architecture modularity for mass customization: Modeling and theoretical considerations". IEEE Transactions on Engineering Management, Vol.54, No.1, pp.57–69.

Moore, J. F. 1996. The Death of Competition: Leadership and Strategy in the Age of Business Ecosystems, Harperbusiness.

Morishita S. 2016. "Omotenashi Management in Onsen Ryokan: A Case study of Kurokawa Onsen in Kyushu, Japan", Proceedings of The 4th International Conference on Servicelogy, pp.40-48.

Muramoto T. and M. Kosaka. 2016. "Reciprocal value co-creation in social services: a case study of a L'Arche community", proceedings of The fifth Asian Conference on Information Systems, ACIS 2016, pp.247-252.

N

Newcomb, P. J., B. Bras and D. W. Rosen. 1998. "Implications of modularity on product design for the life cycle". Journal of Mechanical Design, Vol.120, No.3, pp.483-490.

Newman. M. E. J. 2004. "Fast algorithm for detecting community structure in networks". Physical review E, Vol. 69, No. 6.

Newman, M. E. J. and M. Girvan. 2004. "Finding and evaluating community structure in networks", Physical review E, Vol.69, No.2.

Nishioka Y. and M. Kosaka. 2014. "Spiral Improvement of IT Solution Services based on the Service Field", ACIS2014, Special session on Service Science, pp.483-488.

Nonaka, I and H. Takeuchi. 1995. The Knowledge Creating Company (梅本勝博訳 『知識創造企業』東洋経済新報社, 1996).

Nonaka, I., R. Toyama, Konno. 2000. " SECI, Ba and Leadership", Long Range Planning, 33, pp.5-34.

Norman, D. 2013. The Design of Everyday Things: Revised and Expanded Edition, Basic Books.

Normann, R.1984. Service Management: Strategy and Leadership in Service Business, John Wiley & Sons Ltd.

O

OECD Better Life Initiative. 2015. How's Life? 2015, Measuring Well-Being. http://www.oecd.org/statistics/how-s-life-23089679.htm

OECD Better Life Initiative. 2016. How's Life in Japan? 日本の幸福度. https://www.oecd.org/statistics/Better-Life-Initiative-country-note-Japan-in-Japanese.pdf

Oladosu, J. B., M. O. Adigun and J. O. Emuoyibofarhe. 2013. "A Mobile Virtual Patient for Medical Learning", 2013 Pan African Intl. Conf. on Information Science, Computing and Telecommunications (PACT), pp.74-79.

Oldenburg, Ray. 1989. The Great Good Place – Cafés, Coffee Shops, Bookstores, Bars, Hair Salons and Other Hangouts at the Heart of Community. Da Capo Press. (忠平美幸訳 『「サードプレース」コミュニティの核になる「とびきり居心地のよい場所」』みすず書房, 2013).

P

Parasuraman, A., V. A. Zeithaml and L. L. Berry. 1985. "A Conceptual Model of Service

Quality and Its Implications for Future Research", Journal of Marketing, Vol. 49, No. 4, pp.41-50.

Parasuraman, A., V.A. Zeithaml and L.L. Berry. 1988. "SERVQUAL: A Multiple-Item Scale for Measuring Consumer Perceptions of Service Quality", Journal of Marketing, Vol.64, No.1, pp.12-40.

Parasuraman, A., V.A. Zeithaml and A. Malhotra. 2005. "E-S-QUAL: A Multiple-Item Scale for Assessing Electronic Service Quality" Journal of Service Research, Vol.7, No.3, pp.213-233.

Park, S.Y.. 2009. "An Analysis of the Technology Acceptance Model in Understanding University Students' Behavioral Intention to Use e-Learning," Educational Technology & Society, Vol.12, No.3, pp.150–162.

Pestoff, V. A. 1998. Beyond the Market and State. Social enterprises and civil democracy in a welfare society. Ashgate.

Polanyi, Karl. 1947. Our Obsolete Market Mentality. Commentary, Vol3.（玉野井芳郎・平野健一郎編訳『経済の文明史』ちくま学芸文庫 , 2003）.

Prahalad,C.K. and V. Ramaswamy. 2004. "The Future of Competition: Co-Creating Unique Value with Customers", Harvard Business Review Press（有賀　裕子訳『コ・イノベーション経営：価値共創の未来に向けて』東洋経済新報社 , 2013）.

Putnam, R. 1993. Making Democracy Work. Princeton University Press.（河田潤一訳『哲学する民主主義 伝統と改革の市民的構造』NTT 出版 , 2001）.

Putnam, R. 2000. Bowling Alone: The Collapse and Revival of American Community. Simon and Schuster.（柴内康文訳『孤独なボウリング ― 米国コミュニティの崩壊と再生』柏書房 , 2006）.

R

Reason, B., L. Lovlie and M. Flu. 2015. Service Design For Business: A Practical Guide to Optimizing the Customer, Wiley.

S

Schein, E.H., 2009.『人を助けるとはどういうことか』英治出版

Schein, E.H., 2014.『問いかける技術』英治出版

Schilling, M. A. 2000. "Toward a general modular systems theory and its application to interfirm product modularity", Academy of Management Review, Vol25.No.2, pp.312–334.

Shell, G. R. 1999. Bargaining for Advantage, Viking Penguin.

Shih, H. 2004. "An empirical study on predicting user acceptance of e-shopping on the Web," Information & Management, 41, pp.351-368.

Sibbet, D. 2010. Visual Meetings: How Graphics, Sticky Notes & Idea Mapping can Transform Group Productivity, John Wiley & Sons, Inc.

Spohrer, J. and P. P. Maglio. 2008. "Fundamentals of service science.Journal of the Academy of Marketing Science", Vol.36, No.1, pp.18–20.

Stickdorn, M and J. Schneider. 2013. This is Service Design Thinking, BIS Publishers

Sugiyama, D., K. Shirahada and M. Kosaka. 2014. "Proposition for Strategic 6ps and the Service business model for Corporate stainability", International Journal of Knowledge and System Science. Issue 3 of 2015.

Sugiyama, D., K. Shirahada and M. Kosaka. 2015. Elements to Organize the Third Place that Promotes Sustainable Relationships in Service Businesses. Technology in Society.

T

Tonnies, F. 1887. Gemeinschft und Gesselschaft. (杉之原寿一『ゲマインシャフトとゲゼルシャフト ― 純粋社会学の基本概念（上・下)』岩波文庫, 1957).

Tu, Q., A. V. Mark, T. S. Ragu-Nathan and R. N. Bhanu. 2004. "Measuring modularity-based manufacturing practices and their impact on mass customization capability: A customer-driven perspective". Decision Sciences, Vol.35, No.2, pp.147–168.

U

Ulrich, K. 1995. "The role of product architecture in the manufacturing firm", Research Policy, Vol.24, No.3, pp.419–440.

V

Vargo, S. L. and R. F. Lusch. 2004. "Evolving to a new dominant logic for marketing. Journal of marketing", Vol.68, No.1, pp.1-17.

Vargo, S. L. and R. F. Lusch. 2016. "Institutions and axioms: an extension and update of service-dominant logic", Journal of the Academy of Marketing Science, Vol.44, No.1, pp.5-23.

Vargo, S. L., P. P. Maglio and M. A. Akaka. 2008. "On value and value co-creation: A service systems and service logic perspective". European management journal, Vol.26, No.3, pp.145-152.

Y

Yoo, B and N. Donthu. 2001. "Developing a Scale to Measure the Perceived Quality of An Internet Shopping Site (SITEQUAL) ", Quarterly Journal of Electric Commerce, 2 (1) , pp.31-47.

Z

Zamirowski, E. J. and K. N. Otto. 1999. "Identifying product family architecture modularity using function and variety heuristics", In 11th International Conference on Design Theory and Methodology, ASME, Las Vegas ,Vol. 279.

Zeithaml, V.A. 1981. "How Consumer Evaluation Processes Differ Between Goods and Services", Marketing of Services AMA, pp.186-190.

http:

http://www.pwc.com/jp/ja/japan-knowledge/thoughtleadership/insurance-digital-iot1510.
html

著者紹介

編集、第1章 著者

小坂　満隆（こさか　みちたか）
1977年3月京都大学大学院工学研究科数理工学専攻修士課程修了。同年、㈱日立製作所システム開発研究所入所、同研究所所長、セキュリティ事業部長、等歴任後、北陸先端科学技術大学院大学に転出、知識科学研究科長歴任後、現在、知識科学系教授。システム工学、知識科学、サービスサイエンスの研究に従事、電気学会フェロー、計測自動制御学会フェロー、サービス学会理事他、学会活動に従事（工学博士）。

第2章 著者

近藤　朗（こんどう　あきら）
千葉大学自然科学研究科環境科学専攻デザイン科学講座博士課程後期修了。現在、株式会社日立ドキュメントソリューションズにて、ビジネスコミュニケーションのコンサルティング業務に従事。専修大学非常勤講師、人間中心設計推進機構理事など学術活動にも従事。デザイン学会、ヒューマンインターフェイス学会、感性工学会、サービス学会、日本マーケティング学会会員。博士（学術）。

大西　俊暢（おおにし　としのぶ）
1992年東北大学大学院工学研究科応用物理学専攻博士課程前期修了。同年、キヤノン株式会社入社。電子写真現像材、有機トランジスタのプロセスの研究開発、研究開発及び調達の企画に従事する。この間、28件の特許を取得。2010年北陸先端科学技術大学院大学知識科学研究科博士課程前期修了。現在、北陸先端科学技術大学院大学知識科学研究科博士課程後期課程在籍。

杉山　大輔（すぎやま　だいすけ）
1985年早稲田大学法学部卒業。大手鐵鋼メーカー、IT子会社にて、管理会計・投資効果評価等計数管理全般を実施するほか、バランスト・スコアカード、経営管理/ITコンサルティングに従事。北陸先端科学技術大学院大学知識科学研究科、博士前期課程、博士後期課程修了。持続可能性を前提としたサービスサイエンスの研究を推進。サービス学会、研究技術計画学会、電気学会、BSCフォーラム他、学会等活動を実施。博士（知識科学）。

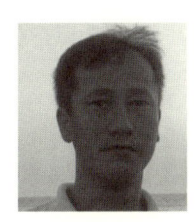

小川　貴巨（おがわ　たかお）
2016 年 9 月北陸先端科学技術大学院大学知識科学研究科修了、同年より博士後期課程在学。サービスにおける価値共創の形成過程や対話を研究。日本タンデム・コンピューターズ、日本ヒューレット・パッカード、サン・マイクロシステムズにてプロジェクトマネージャーとして金融システムを担当。現在外資系テレコム・データセンターサービス会社でマネージドサービスに従事。

鈴木　雅彦（すずき　まさひこ）
東京工業大学総合理工学研究科システム科学専攻修了。現在 JR 東日本研究開発センターに所属。鉄道のメンテナンスに関わる技術開発を担当。2015 年北陸先端科学技術大学院大学知識科学研究科博士前期課程修了、同博士後期課程在学中。電気学会会員。

山下　智規（やました　とものり）
1984 年山梨大学工学部精密機械工学科卒業。同年、富士通株式会社入社。CAD システムや大規模シミュレーション実行管理システムの開発に携わり、現在は開発マネジメントシステムを担当。2010 年北陸先端科学技術大学院大学知識科学研究科博士前期課程修了、同博士後期課程在学中。情報処理学会、イノベーション学会会員。

第 3 章　著者

村本　徹也（むらもと　てつや）
関西大学社会学部産業心理学専攻卒業。同年大手 ICT 企業入社。システムエンジニア、ナレッジマネジメントコンサルタントを経て、現場革新サービスの方法論開発を主導。2006 年マギル大学経営学修士取得、北陸先端科学技術大学院大学知識科学研究科博士後期課程在籍。研究テーマは福祉サービスにおける価値と知識の共創。社会福祉法人ラルシュかなの家理事、ラルシュ・インターナショナル国際理事会メンバー。

佐藤　美和子（さとう　みわこ）
横浜国立大学教育学部数学科卒業。日本電気株式会社勤務。住宅 CAD ソフト、住宅 SaaS 開発等を経て、現在、NEC Industrial IoT プロダクト・サービス、協調型アウトソーシング企画開発に従事。北陸先端科学技術大学院大学知識科学研究科博士前期課程在籍。電気学会サービスイノベーション第 III 期調査専門委員会委員、サービス学会第 III 期理事。

成瀬　博（なるせ　ひろし）
1990 年 3 月東京工科大学工学部情報工学科卒業。同年、日本電気株式会社に入社し、現在も勤務。2010 年 9 月北陸先端科学技術大学院大学知識科学研究科博士前期課程 MOT コース修了。同年 10 月より博士後期課程先端知識科学コース小坂研究室在籍中。イノベーション学会、情報処理学会会員。

萬田　大作（まんだ　だいさく）
1978 年生まれ。コルク取締役 CTO。
ナビタイムジャパンで経路検索エンジン R&D、フューチャーで IT コンサルタント、リクルートで新規事業開発 G マネージャーを経験後、2016 年クリエイターのエージェント会社コルク参画。
2017 年北陸先端科学技術大学院大学知識科学研究科博士前期課程修了。Twitter：@daisakku

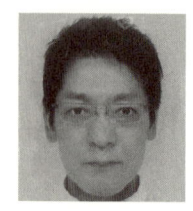

大塩　和寛（おおしお　かずひろ）
大手自動車メーカー販売会社を経て OKI ソフトウェアにて勤務、ソフトウェア開発及び新規事業推進業務に従事。北陸先端科学技術大学院大学知識科学研究科博士前期課程修了、同後期課程在籍。研究・イノベーション学会、サービス学会会員。

新村　成彦（しんむら　なるひこ）
1990 年東京水産大学（現東京海洋大学）水産学部食品生産科学科卒業。食品メーカー勤務。加工食品の研究開発業務を経て、現在は主に組織振興の企画・推進に従事。2016 年北陸先端科学技術大学院大学知識研究科博士前期課程修了。修士論文テーマは " 共体験に基づく組織文化変革 " に対するサービス劇場モデルの有効性。

岩内　輝雄（いわうち　てるお）
2004 年東京理科大学理学部第一部応用数学科卒業。同年から現在まで総合電機メーカーの公共システム開発部門に勤務。2017 年北陸先端科学技術大学院大学知識科学研究科博士前期課程修了。研究テーマは、社会課題解決のための創発促進。保有資格は、経済産業省 情報処理技術者（プロジェクトマネージャー、情報セキュリティスペシャリスト）など。2016 年同大学院大学にて、学生交流を促し学長賞を受賞。

第 4 章　著者

笹本　拓也（ささもと　たくや）
2003 年ヤマハ株式会社に入社し、Web サイトの企画・運用、法人向け音響製品や ICT 製品の営業・マーケティングに従事。2017 年北陸先端科学技術大学院大学知識科学研究科博士前期課程修了。

田中　史朗（たなか　ふみあき）
1981 年 3 月大阪大学工学部電気工学科卒業。2010 年 9 月北陸先端科学技術大学院大学知識科学研究科博士前期課程修了。電機メーカー勤務。社会インフラ向け監視制御システム開発、電機機器エンジニアリング、デジタル家電の組み込みソフトウェア開発のプロジェクトマネジメント、ソフトウェアプロセス改善、シックスシグマの支援業務に従事。情報処理学会、プロジェクトマネジメント学会、PMI 会員。PMP（Project Management Professional）。

和田　典子（わだ　のりこ）
メディトリーナ株式会社 代表取締役。日本女子大学家政学部理学科（物理）卒業後、NEC、DEC を経て、ソニー㈱にてソフトウェア設計改革業務に従事。2013 年より高齢者の介護施設運営に携わった後、2016 年ウェルネスサービス事業のメディトリーナ株式会社を設立。2015 年 3 月北陸先端科学技術大学院大学知識科学研究科博士後期課程（知識科学）修了。ISO/SC7WG6 メンバー、山梨英和大学客員研究員。

坂野　弘幸（さかの　ひろゆき）
2011 年 7 月筑波大学大学院ビジネス科学研究科（専門職修士）修了。早稲田大学商学部卒業後、磁気記録装置メーカー、精密機器メーカーの事業企画・商品企画・国内海外営業、海外現地法人勤務等を経て、現在は中小企業の海外進出支援コンサルタント業に従事。ロズウェルインターナショナル代表。北陸先端科学技術大学院大学博士後期課程在籍。

田代　洋一郎（たしろ　よういちろう）
1993 年東京電力株式会社に入社。変電所の保守・運転・建設業務に携わり、同社電力技術研究所にてファイバ型電流センサの開発に従事。現在、経営技術戦略研究所にて蓄電池および電気自動車の活用戦略策定、利用技術開発および電力貯蔵システムの国際規格化業務を担務。2013 年 3 月北陸先端科学技術大学院大学知識科学研究科博士前期課程 MOS コース修了。社会インフラのサービス化研究を推進。電気学会会員。

金野　浩之（こんの　ひろゆき）
1991 年総合電機メーカーの生産技術研究所に入社。重機メーカーにおける機械本体やサービスパーツのサプライチェーンマネジメント、保守サービスの支援などに関する研究開発に従事。
2017 年北陸先端科学技術大学院大学知識科学研究科博士前期課程修了。日本経営システム学会会員。

赤澤　聡（あかざわ　さとし）
2014 年 9 月北陸先端科学技術大学院大学知識科学研究科博士前期課程 MOT コース修了。1998 年東邦大学理学部物理学科卒業後、宇宙開発関連企業にて、官公庁向けシステム開発、各種衛星向け地上システムの設計や日本初の宇宙船「こうのとり」の開発に従事。宇宙を活用した様々なサービスを創出し、宇宙ビジネスを推進。

畑野　元（はたの　はじめ）
2013 年 9 月北陸先端科学技術大学院大学知識科学研究科博士前期課程 MOS コース修了。1998 年山口大学教育学部総合文化教育課程情報科学教育コース卒業後、IT 企業に従事。情報セキュリティコンサルティング会社、ISO 認証機関で活躍。現在、大手監査法人系コンサルティング会社勤務。CISA（ISACA）、ISMS 主任審査員（JRCA）、ITSMS 審査員補（IRCA）、QMS 審査員補（IRCA）、PCI QSA（PCISSC）、CSA（SAAJ）、情報セキュリティ監査人補（JASA）。

藤谷　昌敏（ふじたに　まさとし）
所属　北陸先端科学技術大学院大学　先端科学技術研究科博士前期課程。法務省入省（国際テロ対策など）、同省退官後、合同会社 OFFICE TOYA 創業、同代表、戦略研究学会、科学技術と経済の会、日本不動産学会、日本ロボット工業会などに参加。

第 5 章　著者

平井　千秋（ひらい　ちあき）
㈱日立製作所　社会イノベーション協創センター　主管研究。1985 年東京大学工学部精密機械工学科卒業。1987 年東京大学大学院工学研究科精密機械工学専攻修了。同年 ㈱日立製作所システム開発研究所入社。2007 年北陸先端科学技術大学院大学にて博士号取得（知識科学）。ソフトウェア生産性、知識管理、サービス工学などの研究に従事。情報処理学会、電気学会、プロジェクトマネジメント学会、サービス学会、各会員。

長岡　晴子（ながおか　はるこ）

㈱日立製作所　社会イノベーション協創センター主任研究員。1992年大阪大学基礎工学部情報工学科卒業。同年㈱日立製作所システム開発研究所入社。現在は、モデリングおよびシミュレーション技術による事業構造評価の研究に従事。電気学会会員、サービス学会理事、システム・ダイナミックス学会会員。

西岡　由紀子（にしおか　ゆきこ）

（株）アクト・コンサルティング執行役員。1977年京都大学大学院数理工学研究科修士課程終了。同年松下電器産業（現パナソニック）入社、数値解析、CADシステムの研究に従事、その後ディジタルコンピュータ（現ワイ・ディ・シー）にてUNIX、データベース、オブジェクト指向技術の導入に携わり、2005年より現職。サービスの視点からIT化のコンサルティング業務に従事。

薮谷　隆（やぶたに　たかし）

1980年3月北海道大学経済学部経済学科卒業、同年4月㈱日立製作所日立工場資材部入所。同部購買課長、㈱日立総合計画研究所主任研究員、㈱日立製作所日立工場パワエレクトロニクス設計部担当部長、本社電機グループCO2削減・省エネ事業推進センター部長歴任後退社。2009年4月トモソウ・ジャパン㈱代表取締役。電気学会、サービス学会会員、外国人として167番目のドン・コサック称号。

第6章　著者

森下俊一郎（もりした　しゅんいちろう）

1991年3月早稲田大学社会科学部卒業、2006年3月早稲田大学大学院社会科学研究科博士後期課程単位取得満期退学、2009年9月早稲田大学より博士（学術）取得。1991年4月日本ヒューレット・パッカード㈱入社、ビジネスプロセスアナリスト、プロジェクトマネージャーなどに従事。2014年4月九州産業大学商学部観光産業学科教員として着任。日本経営システム学会、サービス学会などの会員、PMP。

藤井　美樹（ふじい　みき）

1988年桐朋学園大学音楽学部演奏学科ピアノ科卒業。2015年北陸先端科学技術大学院大学知識科学研究科博士前期課程　技術・サービス経営i-MOSTコース修了、同年、同大学院知識科学研究科博士後期課程　先端知識科学コース入学、現在に至る。高齢者コミュニティ活動と音楽の関わりについての研究に従事。サービス学会などの会員。

根上　明（ねがみ　あきら）
玉川大学工学部マネジメントサイエンス学科教授。
2013 年北陸先端科学技術大学院大学知識科学研究科博士前期課程
修了。2014 年、玉川大学工学部マネジメントサイエンス学科準教授。
2015 年より現職。サービス知識科学研究室を主宰、サービスの視
点から経営資源の効果的なマネジメントを研究。

村本　徹也（むらもと　てつや）
（第 3 章　著者参照）

第 7 章　著者

秋吉　政徳（あきよし　まさのり）
1987 年 3 月京都大学大学院工学研究科数理工学専攻修士課程修了。
同年 4 月三菱電機㈱入社。2005 年 4 月大阪大学大学院情報科学研
究科准教授。2012 年 4 月広島工業大学教授。2014 年 4 月神奈川大
学教授となり現在に至る。知識情報処理の研究に従事。博士(工学)。
電気学会上級会員、IEEE，人工知能学会などの会員。

平松　綾子（ひらまつ　あやこ）
1998 年大阪大学大学院工学研究科情報システム工学専攻博士後期
課程修了。同年大阪産業大学工学部助手に着任後、講師、准教授
を経て、2013 年より同大学デザイン工学部情報システム学科教授。
情報システム計画および ITS、テキストマイニングに関する研究に
従事。博士（工学）。電気学会、IEEE、情報処理学会、システム制
御情報学会の会員。

佐賀　亮介（さが　りょうすけ）
2008 年大阪府立大学大学院博士後期課程修了。神奈川工科大学情
報学部助教、大阪府立大学工学研究科助教を経て現在、大阪府立
大学大学院人間社会システム科学研究科准教授兼株式会社ロッケ
ン代表取締役。博士（工学）。電気学会上級会員、情報処理学会、
IEEE、人工知能学会等会員。ナレッジマネジメント、情報可視化、
サービスサイエンス、データ工学などに従事。

第8章　著者

舩橋　誠壽（ふなばし　もとひさ）

1969 年京都大学大学院工学研究科数理工学専攻修士課程修了、同年、㈱日立製作所に入社、中央研究所、システム開発研究所にてシステム制御の研究開発に従事、2010 年退社。東京大学大学院数理科学研究科客員教授、京都大学大学院情報学研究科客員教授、国立環境研究所監事、横断型基幹科学技術研究団体連合事務局長等を歴任、現在、北陸先端科学技術大学院大学シニアプロフェッサー。計測自動制御学会名誉会員・フェロー、電気学会終身会員・フェロー、工学博士。

第3世代のサービスイノベーション

2017 年 3 月 25 日　初版第 1 刷発行
編　著＊小坂満隆
著　者＊第 3 世代のサービスイノベーション研究会
装　幀＊後藤トシノブ
発行人＊松田健二
発行所＊株式会社社会評論社
　東京都文京区本郷 2-3-10
　tel. 03-3814-3861/fax. 03-3814-2808
　http://www.shahyo.co/
組　版＊有限会社閏月社
印刷・製本＊倉敷印刷株式会社

Printed in Japan